Wirtschafts- und Steuerrecht

Band 30

Orkun Ekinci

Der Substanztest bei ausländischen Kapitalgesellschaften nach der Reform der Hinzurechnungsbesteuerung

Eine kritische Analyse unter besonderer Berücksichtigung der europäischen Grundfreiheiten

Nomos

HLB

Onlineversion
Nomos eLibrary

Die Deutsche Nationalbibliothek verzeichnet diese Publikation in der Deutschen Nationalbibliografie; detaillierte bibliografische Daten sind im Internet über http://dnb.d-nb.de abrufbar.

Zugl.: Trier, Univ., Diss., 2023

ISBN 978-3-7560-0593-2 (Print)
ISBN 978-3-7489-4105-7 (ePDF)

1. Auflage 2023

Meinen Eltern

Vorwort

Die vorliegende Arbeit entstand während meiner Tätigkeit als wissenschaftlicher Mitarbeiter an der Professur für Betriebswirtschaftslehre, insbesondere Betriebswirtschaftliche Steuerlehre und Unternehmensrechnung der Universität Trier. Sie wurde im Wintersemester 2022/2023 von der Wirtschaftswissenschaftlichen Fakultät der Universität Trier als Dissertation angenommen. Die Promotion fand im Februar 2023 ihren erfolgreichen Abschluss.

Den Abschluss meiner Promotion möchte ich nutzen, um verschiedenen Personen meine Dankbarkeit auszusprechen. Mein besonderer Dank gilt meinem geschätzten akademischen Lehrer und Doktorvater, Herrn Prof. Dr. *Lutz Richter*, für die sehr gute und vertrauensvolle Zusammenarbeit während meiner Zeit an der Professur. Herrn Prof. Dr. *Matthias Wolz* gilt mein Dank für die Übernahme des Zweitgutachtens.

Ebenso herzlich bedanken möchte ich mich bei Herrn RA und StB *Michael Wendt*, VRiBFH a.D., Herrn RA Prof. Dr. *Christian Jahndorf*, Herrn Prof. Dr. *Rolf Eckhoff* und Herrn Prof. Dr. *Marc Desens* für die Aufnahme meiner Arbeit in ihre Schriftenreihe „Wirtschafts- und Steuerrecht".

Das praktische Fundament der vorliegenden Arbeit wurde durch meine phasenweise parallele Tätigkeit bei der Sozietät YPOG (vormals Schnittker Möllmann Partners) in Köln gelegt. Hier bestand auch die Möglichkeit, Erkenntnisse aus der Beratungspraxis in die Arbeit einfließen zu lassen. Hierfür gilt mein Dank insbesondere Herrn StB Dipl.-Finw. (FH) *Andreas Kortendick*, LL.M., der mich im besonderen Maße fachlich unterstützt und durch gemeinsame Veröffentlichungen zu der Entwicklung der Dissertation beigetragen hat.

Des Weiteren möchte ich mich bei Herrn StB Prof. Dr. *Xaver Ditz* bedanken, der diese Untersuchung nicht nur anregte, sondern der auch mein fachliches Interesse an der Thematik geweckt hat.

Weiter möchte ich mich bei meinem Kollegen Herrn *Pawel Katra* bedanken, der mich während dieser Zeit nicht nur als Kollege, sondern auch als Freund stets unterstützt hat. Ein besonderer Dank gebührt darüber hinaus Herrn WP Prof. Dr. *Markus Widmann*, der stets ein offenes Ohr für die kleineren und größeren Probleme auf dem Weg zur Promotion hatte. Es war eine tolle Zeit!

Ferner möchte ich mich auch bei Herrn StB Dipl.-Finw. (FH) *Lukas Engels*, LL.M. bedanken, für die konstruktiven Anregungen und die fortlaufende Ermutigung während des Promotionsprozesses. Schließlich möchte ich mich auch bei Herrn *Jonas Bertrams* bedanken, der mich bei der finalen Korrektur tatkräftig unterstützt hat.

Mein größter Dank gilt meinen lieben Eltern, die mich während der gesamten Zeit meines Dissertationsvorhabens bedingungslos unterstützt und mir stets Rückhalt gegeben haben. Ihnen widme ich die vorliegende Arbeit.

Köln, im April 2023 *Orkun Ekinci*

Inhaltsverzeichnis

Abkürzungsverzeichnis

a. A.	andere Ansicht
a. F.	alte Fassung
ABl. EG/EU	Amtsblatt der Europäischen Gemeinschaft/Union
Abs.	Absatz
AdV	Aussetzung der Vollziehung
AEAStG	Anwendungserlass zum Außensteuergesetz
AEUV	Vertrag über die Arbeitsweise der Europäischen Union
AG	Aktiengesellschaft
ÄndBeschl.	Änderungsbeschluss
AO	Abgabenordnung
Art.	Artikel
AStG	Gesetz über die Besteuerung von Auslandsbeziehungen (Außensteuergesetz)
ATAD	Anti-Tax Avoidance Directive
ATADUmsG	Gesetz zur Umsetzung der Anti-Steuervermeidungsrichtlinie
Aufl.	Auflage
Az.	Aktenzeichen
BB	Betriebsberater (Zeitschrift)
BEPS	Base Erosion and Profit Shifting
Begr.	Begründet
Beschl.	Beschluss
BFH	Bundesfinanzhof
BFH/NV	Sammlung [amtlich nicht veröffentlichter] Entscheidungen des Bundesfinanzhofes
BGBl.	Bundesgesetzblatt
BMF	Bundesministerium für Finanzen
BR-Drucks.	Bundesrat-Drucksache
BsGAV	Betriebsstättengewinnaufteilungsverordnung
bspw.	beispielsweise

Bstb.	Buchstabe
BStBl.	Bundessteuerblatt
BT-Drucks.	Bundestag-Drucksache
BVerfG	Bundesverfassungsgericht
BVerfGE	Entscheidungssammlung des Bundesverfassungsgerichts
bzw.	beziehungsweise
d. h.	das heißt
DB	Der Betrieb (Zeitschrift)
DBA	Doppelbesteuerungsabkommen
d. Verf.	Anmerkungen des Verfassers
ders.	derselbe
dies.	dieselben
Diss.	Dissertationsschrift
DM	Deutsche Mark
DStJG	Deutsche Steuerjuristische Gesellschaft
DStR	Deutsches Steuerrecht (Zeitschrift)
DStZ	Deutsche Steuer-Zeitung (Zeitschrift)
EFG	Entscheidungen der Finanzgerichte
EFTA-GH	EFTA-Gerichtshof
EG	Europäische Gemeinschaft
EGV	Vetrag zur Gründung der Europäischen Gemeinschaft
endg.	endgültig
ESt	Einkommensteuer
EStG	Einkommensteuergesetz
EU	Europäische Union
EuGH	Europäischer Gerichtshof
EuR	Europarecht (Zeitschrift)
EUV	Vertrag über die Europäische Union
EuZW	Europäische Zeitschrift für Wirtschaftsrecht (Zeitung)
EWG	Europäische Wirtschaftsgemeinschaft
EWR	Europäischer Wirtschaftsraum
f.	folgende
ff.	fortfolgende

FG	Finanzgericht
FGO	Finanzgerichtsordnung
Fn.	Fußnote
FR	Finanz-Rundschau (Zeitschrift)
FS	Festschrift
G20	Gruppe der zwanzig wichtigsten Industrie- und Schwellenländer
GA	Generalanwalt/-anwältin
gem.	gemäß
GewSt	Gewerbesteuer
GewStG	Gewerbesteuergesetz
GG	Grundgesetz
ggf.	gegebenenfalls
Gl. A.	Gleiche Auffassung
GmbH	Gesellschaft mit beschränkter Haftung
GmbHR	GmbH-Rundschau (Zeitschrift)
GmbH-StB	GmbH-Steuer-Berater (Zeitschrift)
grds.	grundsätzlich
Habil.	Habilitationsschrift
Hrsg.	Herausgeber
Hs.	Halbsatz
i. d. F.	in der Fassung
i. d. R.	in der Regel
i. H. v.	in Höhe von
i. S.	im Sinne
i. S. d.	im Sinne des/der
i. S. e.	im Sinne einer/eines
i. S. v.	im Sinne von
i. V. m.	in Verbindung mit
IFSC	International Financial Service Center
Ifst	Institut Finanzen und Steuer
ISR	Internationale Steuerrundschau (Zeitschrift)
IStR	Internationales Steuerrecht (Zeitschrift)
IStR-Beihefter	Internationales Steuerrecht-Beihefter (Zeitschrift)

IWB	Internationale Wirtschafts-Briefe (Zeitschrift)
JStG	Jahressteuergesetz
KG	Kommanditgesellschaft
KGaA	Kommanditgesellschaft auf Aktien
KOM	Kommissionsdokument(e)
KSt	Körperschaftsteuer
KStG	Körperschaftsteuergesetz
Lfg.	Lieferung
Ltd	Limited
mind.	mindestens
m. w. N.	mit weiteren Nachweisen
Nr.	Nummer
Nrn.	Nummern
OECD	Organisation for Economic Co-operation and Development
OECD-MA	Musterabkommen der OECD zur Vermeidung der Doppelbesteuerung auf dem Gebiet der Steuern vom Einkommen und Vermögen
ÖStZ	Österreichische Steuerzeitung (Zeitschrift)
RdW	Recht der Wirtschaft (Zeitschrift)
RFH	Reichsfinanzhof
RFHE	Entscheidungen des Reichsfinanzhofs
Rn.	Randnummer
Rs.	Rechtssache
S.	Seite
SEStEG	Gesetz über steuerliche Begleitmaßnahmen zur Einführung der Europäischen Gesellschaft und zur Änderung weiterer steuerlicher Vorschriften
SchlA.	Schlussanträge
Schr.	Schreiben
sog.	sogenannte
StÄndG	Steueränderungsgesetz
StMBG	Missbrauchsbekämpfungs- und Steuerbereinigungsgesetz
SteuK	Steuerrecht kurzgefaßt (Zeitschrift)
StSenkG	Steuersenkungsgesetz
StuW	Steuer und Wirtschaft (Zeitschrift)

StVergAbG	Steuervergünstigungsabbaugesetz
SWI	Steuer und Wirtschaft International (Zeitschrift)
TIEA	Tax Information Exchange Agreement
Tz.	Textziffer
u. a.	und andere
Ubg	Die Unternehmensbesteuerung (Zeitschrift)
UmwStG	Umwandlungssteuergesetz
UntStFG	Unternehmenssteuerfortentwicklungsgesetz
Urt.	Urteil
u. U.	unter Umständen
vE	verdeckte Einlage
vGA	verdeckte Gewinnausschüttung
vgl.	vergleiche
z. B.	zum Beispiel
zugl.	zugleich

Erstes Kapitel: Einleitung

A. Einführung in die Thematik und Zielsetzung der Untersuchung

> *„Eine gerechte Gesellschaft gibt es nur mit einem gerechten Steuersystem. Diesem Gedanken folgt der heutige Kabinettbeschluss zur Umsetzung der ATAD-Richtlinie. Damit machen wir einen großen Schritt zu mehr Steuergerechtigkeit. Wir stellen uns aggressiver Steuergestaltung und Gewinnverlagerung entgegen. Es muss Schluss damit sein, dass sich große Konzerne um die Steuerpflicht herumdrücken. Jeder muss einen fairen Beitrag leisten. Mit dem heute beschlossenen Gesetz [ATADUmsG, d. Verf.] zeigen wir: Wir lassen nicht locker, wir stopfen Steuerschlupflöcher.“*[1]

Mit diesen Worten kommentierte der damalige Bundesfinanzminister und heutige Bundeskanzler Olaf Scholz den Kabinettbeschluss vom 24.3.2021 zum ATADUmsG.[2] Die Bundesregierung schlägt schärfere Regelungen zur Bekämpfung aggressiver Steuergestaltungen vor und schränkt damit nicht nur die Gestaltungsinstrumente multinationaler Unternehmen spürbar ein, sondern sorgt zugleich für eine weitere Harmonisierung des Unternehmenssteuerrechts innerhalb der EU. Damit rückt auch die Hinzurechnungsbesteuerung als Instrument zur Abwehr der Gewinnverlagerung in niedrig besteuernde Staaten in den Fokus der Steuerbehörden. Die durch das ATADUmsG neugefasste Hinzurechnungsbesteuerung geht weit über die Vorgaben der EU hinaus, was im Ergebnis zur Schwächung des Wirtschaftsstandorts Deutschland führt.

Nach der jüngsten Reform des AStG werden ausländische Einkünfte der Hinzurechnungsbesteuerung unterworfen, wenn

- ein oder mehrere Steuerinländer allein oder zusammen mit nahestehenden Personen i. S. d. § 1 Abs. 2 AStG unmittelbar oder mittelbar an einer ausländischen Kapitalgesellschaft zu mehr als der Hälfte beteiligt sind (§ 7 Abs. 1 und 2 AStG) bzw. wenn bei Zwischeneinkünften mit Ka-

---

1 Damaliger Bundesfinanzminister und heutiger Bundeskanzler Olaf Scholz in einer Pressemitteilung vom 24.3.2021 zum Gesetzesentwurf des ATADUmsG; abrufbar unter https://www.bundesfinanzministerium.de/Content/DE/Pressemitteilungen/Finanzpolitik/2021/03/2021-03-24-atad-umsetzung.html.

2 BGBl. I 2021, 2035.

pitalanlagecharakter ein Steuerinländer zu mind. 1 % oder gegebenfalls weniger als 1 % unmittelbar oder mittelbar an der ausländischen Kapitalanlagegesellschaft beteiligt ist (§ 13 Abs. 1 AStG),
- die ausländische Gesellschaft Einkünfte aus einer sog. passiven Tätigkeit i. S. d. Negativ-Katalogs des § 8 Abs. 1 AStG erzielt[3] und
- diese Einkünfte niedrig, d. h. mit weniger als 25 %, im Ansässigkeitsstaat besteuert werden (§ 8 Abs. 5 AStG).

Treffen die vorgenannten Voraussetzungen zu, werden die in der ausländischen Gesellschaft erzielten passiven Einkünfte den beteiligten Steuerinländern hinzugerechnet, unabhängig davon, ob die Einkünfte auf Ebene der ausländischen Gesellschaft thesauriert oder ausgeschüttet werden (§ 10 Abs. 1 und 2 AStG). Dies führt bei Auslandsengagements, insbesondere wegen der (hohen) Niedrigsteuersatzschwelle von 25 %, zu einer großen Unsicherheit, weil bei nahezu jedem Auslandsengagement das Damoklesschwert der Hinzurechnungsbesteuerung über den Steuerinländern schwebt.[4]

Die Bedeutung der Hinzurechnungsbesteuerung bei Auslandsengagements ist heute unbestritten. Dies zeigt sich zum einen an der Europäisierung der Hinzurechnungsbesteuerung durch die Einführung einer gemeinschaftsrechtlichen Richtlinie zur Bekämpfung von Steuervermeidungspraktiken mit unmittelbaren Auswirkungen auf das Funktionieren des Binnenmarkts (ATAD)[5] und zum anderen durch die in jüngerer Zeit ergangenen Urteile des BFH[6] und EuGH[7] im Kontext der Hinzurechnungsbesteuerung. Seit fast drei Jahren ist die Hinzurechnungsbesteuerung zudem regelmäßig Gegenstand von Vorträgen auf Fachtagungen – begleitet von zahlreichen Beiträgen im Schrifttum.[8] Diese Entwicklungen, aber insbesondere die

3 Zu diesen können auch solche mit Kapitalanlagecharakter i. S. d. § 13 AStG gehören.

4 Nach der derzeitigen Bestimmung gelten mehr als die Hälfte der EU-Mitgliedstaaten als niedrigbesteuert i. S. d. § 8 Abs. 5 AStG (ohne Berücksichtigung etwaiger Sonderregelungen wie das sog. maltesische tax-refund-System).

5 Richtlinie (EU) 2016/1164 des Rates vom 12.7.2016, ABl. EU L 193/1.

6 BFH, Urt. vom 18.12.2019 - I R 59/17, BStBl. II 2021, 270; vom 22.5.2019 - I R 11/19 (vormals I R 80/14), BStBl. II 2021, 265.

7 EuGH, Urt. vom 26.2.2019 - Rs. C-135/17, *X*, ECLI:EU:C:2019:136.

8 Unter anderem *Baur/Ullmann*, IWB 2021, 79; *Ditz/Ekinci*, Ubg 2021, 361; *Ditz/Quilitzsch*, Ubg 2021, 485; *Eimler*, FR 2021, 822; *Gebhardt/Krüger*, IWB 2021, 77; *Gütle/Sotta*, BB 2021, 224; *Holst/Krüger*, IStR 2021, 80; *Jacobsen*, DStZ 2021, 743; *Kahlenberg/Quilitzsch*, IStR 2021, 135; *Kanduth-Kristen/Müller-Thomczik/Reiter*, IStR 2021, 533; *Kilincsoy*, ISR 2021, 421; *Köhler*, ISR 2021, 201; *Köhler/Staats*, ISR 2021, 295; *Lentz/Sezer*, ISR 2021, 85; *Müller*, GmbH-StB 2021, 283; *Schnitger/Gebhardt/Krüger*, IWB 2021, 344; *Baumgartner*, IStR 2020, 524; *Böhmer/Oppel*, IWB 2020, 5; *Böhmer/Schewe/*

Neufassung der Hinzurechnungsbesteuerung durch das ATADUmsG, lassen eine kritische und fundierte Auseinandersetzung mit den neuen Regelungen zur Hinzurechnungsbesteuerung lohnenswert erscheinen.

Die Regelungen zur Hinzurechnungsbesteuerung befinden sich in einem dynamischen Wandel. Lag die Schwierigkeit bei der Hinzurechnungsbesteuerung bisher vor allem darin begründet, dass es hierzu vergleichsweise wenige einschlägige Judikate gab, wird diese neuerdings dadurch erhöht, dass es sich bei der Neufassung der Hinzurechnungsbesteuerung um eine verpflichtend umzusetzende Vorgabe des Unionsrechts handelt.[9] Dies führt dazu, dass neben dem nationalen Gesetzestext in Zukunft ebenso dem Richtlinientext – jedenfalls dort, wo der Richtlinientext ohne Veränderungen übernommen wurde – eine wesentliche Bedeutung zukommt. In den Fällen, in denen die nationalen Vorschriften über die Vorgaben des Sekundärrechts hinausgehen, sind weiterhin die primärrechtlichen Vorgaben zu beachten. Um den anwendbaren Rahmen der Hinzurechnungsbesteuerung abstecken zu können, ist es insoweit zwingend notwendig, sich vertieft mit den dahinterstehenden europarechtlichen Grundlagen zu befassen.

Die Hinzurechnungsbesteuerung muss sich in das enge Korsett der Grundfreiheiten fügen. Der erste Fall, in dem sich der EuGH mit der Hinzurechnungsbesteuerung und deren Vereinbarkeit mit den in den AEUV[10] verbürgten Grundfreiheiten beschäftigte, ist das EuGH-Urteil vom

---

Schlücke, FR 2020, 164; *Ditz u. a.*, DStR 2020, 73; *Gebhardt/Krüger*, IWB 2020, 109; *Haase/Nürnberg*, Ubg 2020, 1; *dies.*, Ubg 2020, 265; *Heckerodt/van Lück*, IStR 2020, 857; *Heinsen/Gsödl/Dietrich*, IStR 2020, 729; *Holle/Weiss*, IWB 2020, 333; *Jacobsen*, DStZ 2020, 113; *ders.*, DStZ 2020, 98; *Kahlenberg/Erdem*, IStR 2020, 95; *Kielawa-Buzala*, IStR 2020, 609; *Kortendick/Ekinci*, IStR 2020, 615; *Kraft*, FR 2020, 105; *Kühn/Schienke-Ohletz*, BB 2020, 1562; *Linn*, IStR 2020, 77; *Rautenstrauch*, GmbHR 2020, R36; *Richter/Kortendick/Ekinci*, GmbHR 2020, 694; *Schmidtmann*, IWB 2020, 176; *Weber/Zöller*, FR 2020, 288; *Binnewies/Gomes*, AG 2019, 340; *Cloer/Hagemann*, DB 2019, 1228; *Ditz/Engelen/Quilitzsch*, DStR 2019, 361; *Engelke/Hoffmann*, BB 2019, 1564; *Färber*, IWB 2019, 812; *Haase*, DStR 2019, 827; *Haase/Hofacker*, Ubg 2019, 260; *Heckerodt*, IStR 2019, 683; *Höring*, IWB 2019, 289; *Jacobsen*, DStZ 2019, 389; *Kahlenberg*, DB 2019, 1590; *Köhler*, ISR 2019, 175; *ders.*, ISR 2019, 441; *Kortendick/Joisten/Ekinci*, DStZ 2019, 510; *Kraft*, IWB 2019, 104; *Münch*, FR 2019, 902; *Schmidtmann*, GmbHR 2019, 59; *Schnitger/Krüger/Nielsen*, IStR 2019, 340; *Schönfeld*, IStR 2019, 397; *Schumann/Jahn*, IWB 2019, 410.

9 *Haase/Nürnberg*, Die neue Hinzurechnungsbesteuerung, 3. Aufl. 2021, 2.

10 Vertrag über die Arbeitsweise der Europäischen Union i. d. F. der Bekanntmachung vom 9.5.2008, zuletzt geändert durch Art. 2 ÄndBeschl. 2012/419/EU vom 11.7.2012, ABl. EU L 204, 131/1.

12.9.2006 in der Rs. *Cadbury Schweppes.*[11] So hat der EuGH im vorgenannten Urteil entschieden, dass die britische Hinzurechnungsbesteuerung (vergleichbar mit der damaligen Fassung der deutschen Hinzurechnungsbesteuerung) einen Verstoß gegen die Niederlassungsfreiheit darstelle,

> *„[...] es sei denn, eine solche Einbeziehung betrifft nur rein künstliche Gestaltungen, die dazu bestimmt sind, der normalerweise geschuldeten nationalen Steuer zu entgehen. Von der Anwendung einer solchen Besteuerungsmaßnahme ist folglich abzusehen, wenn es sich auf der Grundlage objektiver und von dritter Seite nachprüfbarer Anhaltspunkte erweist, dass die genannte beherrschte ausländische Gesellschaft ungeachtet des Vorhandenseins von Motiven steuerlicher Art tatsächlich im Aufnahmemitgliedstaat angesiedelt ist und dort wirklichen wirtschaftlichen Tätigkeiten nachgeht".*[12]

Diese Grundsatzentscheidung übertrug der EuGH mit Urteil vom 26.2.2019 in der Rs. *X* auf Beteiligungen an in Drittländern ansässigen Kapitalgesellschaften und stellte klar, dass die Regelungen der (deutschen) Hinzurechnungsbesteuerung ebenso einen Verstoß gegen die in Art. 63 Abs. 1 AEUV verbürgte Kapitalverkehrsfreiheit darstellen können.[13]

Die Hinzurechnungsbesteuerung bleibt auch nach der Reform das Herzstück des AStG. War die Hinzurechnungsbesteuerung früher doch wohl eher als Ausnahmevorschrift zu sehen, so entwickelt sie sich durch die Beibehaltung der Niedrigsteuergrenze i. H. v. 25 % und die Erfassung internationaler Unternehmensgruppen zunehmend zum Regelsteuerrecht. Innerhalb der Hinzurechnungsbesteuerung wird insoweit die neugefasste Gegenbeweismöglichkeit in § 8 Abs. 2 bis 4 AStG eine besondere Rolle einnehmen.

Der Gesetzgeber hat die Reform der Hinzurechnungsbesteuerung auch zum Anlass genommen, die Anforderungen an den Gegenbeweis nach § 8 Abs. 2 AStG zu konkretisieren. Dabei weicht der Gesetzgeber zum Teil wesentlich von den sekundärrechtlichen Vorgaben ab. Automatisch stellt sich damit die Frage ihrer Vereinbarkeit mit den Grundfreiheiten des Unionsrechts. Darüber hinaus beeinträchtigen unbestimmte Rechtsbegriffe wie „wesentliche wirtschaftliche Tätigkeit" und subjektive Kriterien wie „hinrei-

---

11 EuGH, Urt. vom 12.9.2006 - Rs. C-196/04, *Cadbury Schweppes und Cadbury Schweppes Overseas*, ECLI:EU:C:2006:544.

12 EuGH, Urt. vom 12.9.2006 - Rs. C-196/04, *Cadbury Schweppes und Cadbury Schweppes Overseas*, ECLI:EU:C:2006:544, Rn. 75.

13 EuGH, Urt. vom 26.2.2019 - Rs. C-135/17, *X*, ECLI:EU:C:2019:136, Rn. 58.

chend qualifiziertes Personal" die rechtssichere Anwendung der Norm. Ob die konkreten Anforderungen des Gesetzgebers an den Substanznachweis i. d. F. des ATADUmsG vor den europäischen Grundfreiheiten bestehen können, ist Gegenstand der folgenden Untersuchung.

Eine wissenschaftlich fundierte Ausarbeitung der nunmehr vollzogenen Änderungen und insbesondere der Frage nach der erforderlichen Substanz einer ausländischen Gesellschaft im Kontext der Hinzurechnungsbesteuerung, die zudem die Probleme der Praxis aufgreift und auf theoretischer Ebene dezidiert betrachtet, liegt in dieser Form bislang nicht vor. Die vorliegende Ausarbeitung setzt an dieser Stelle an, mit dem Bestreben, die bestehende Forschungslücke zu schließen – dies inbs. auch, weil künftig mehr Konzernstrukturen als bisher in den Anwendungsbereich der Hinzurechnungsbesteuerung fallen dürften. Der Fokus liegt dabei auf der Untersuchung des § 8 Abs. 2 bis 4 AStG, welche tatbestandsmäßig an die Substanz einer Gesellschaft anknüpft. Hierbei gilt es zu betonen, dass es für die Gewinnung aussagekräftiger Ergebnisse einer korrekten Übertragung der ausgewählten EuGH- und BFH-Rechtsprechung auf das deutsche nationale Steuerrecht bedarf.

Die vorliegende Untersuchung ist der normativen Betriebswirtschaftlichen Steuerlehre zuzuordnen, welche die kritische Würdigung des geltenden oder geplanten Steuerrechts zum Gegenstand hat.[14] Auch die Auslegung steuergesetzlicher Bestimmungen – zu diesen Bestimmungen zählt auch die Vorschrift des § 8 Abs. 2 AStG – gehört zum Aufgabenkatalog der Betriebswirtschaftlichen Steuerlehre.[15] Sie beleuchtet die Schnittstelle zwischen Europarecht einerseits sowie nationalem Steuerrecht andererseits. Von der Untersuchung ausgenommen ist das Verhältnis der Hinzurechnungsbesteuerung zum Investmentsteuerrecht[16] sowie die Bestimmung des § 15 AStG, welche die Besteuerung ausländischer Familienstiftungen regelt.[17]

14 Dazu *Förster*, StuW 2019, 317 ff. Zur Einordnung der Betriebswirtschaftlichen Steuerlehre im System der Steuerwissenschaften und ihrer Inhalte, Aufgaben, Entwicklung und der Existenzberechtigung siehe *Kußmaul*, StuW 1995, 3 ff.

15 So ausdrücklich *Förster*, StuW 2019, 317 (323 f.).

16 Vgl. § 7 Abs. 5 AStG; zur Schnittstelle von Hinzurechnungs- und Investmentbesteuerung; näher dazu *Grabbe*, DB 2022, 223 ff.

17 Siehe hierzu *Moser*, DStR 2020, 990 ff.

B. Gang der Untersuchung

Aus der Zielsetzung der Arbeit ergibt sich unmittelbar der Gang der Untersuchung. Im *zweiten Kapitel* wird zunächst die allgemeine Konzeption der Hinzurechnungsbesteuerung verdeutlicht (A). Anschließend wird der Hintergrund für die Einführung der Hinzurechnungsbesteuerung beleuchtet (B). Jene stellt für den Gesetzgeber ein wichtiges Instrumentarium dar, um missliebigen Verlagerungen mobiler Einkünfte entgegenzuwirken und die daraus resultierenden (unangemessenen) Steuervorteile aus der Nutzung des internationalen Steuergefälles zu beseitigen. Aufbauend auf diesen Grundlagen werden sodann die Neuregelungen der Hinzurechnungsbesteuerung umfassend analysiert (C). Ferner wird deren Verhältnis zu anderen nationalen und internationalen Vorschriften untersucht, da die Rangordnung zu diesen Regelungen eine wesentliche Grundlage für eine detaillierte unionsrechtliche Analyse schafft (D). Ein Zwischenergebnis fasst die bisherigen Erkenntnisse prägnant zusammen (E).

Das *dritte Kapitel* identifiziert den unionsrechtlichen Rahmen für eine Hinzurechnungsbesteuerung. Hierbei werden in einem ersten Schritt die unionsrechtlichen Anforderungen allgemein dargelegt, während anschließend der Bezug zur Hinzurechnungsbesteuerung hergestellt wird. Aufgrund seiner Relevanz steht der Substanztest im Mittelpunkt der Untersuchung. Da sich die wesentlichen unionsrechtlichen Restriktionen aus den Grundfreiheiten ableiten lassen, beschränkt sich die Analyse auf das Primärrecht. Dazu gilt es, zunächst die grundsätzliche Bedeutung der Grundfreiheiten für die Ausgestaltung der mitgliedstaatlichen Steuerregelungen bei grenzüberschreitenden Sachverhalten herauszustellen (A). Im Rahmen der Untersuchung der konkreten primärrechtlichen Vorgaben ist das Vorgehen sodann an das Prüfungsschema des EuGH angelehnt. Zu diesem Zweck werden zu Beginn die für den Untersuchungsgegenstand relevanten Grundfreiheiten, nämlich die Niederlassungs- und Kapitalverkehrsfreiheit, sowie deren Bedeutung für die Hinzurechnungsbesteuerung ausführlich beleuchtet (B). Ferner wird auf das Verhältnis der Grundfreiheiten zueinander eingegangen, um zu prüfen, welche Grundfreiheit im konkreten Fall einschlägig ist. Der Abgrenzung der Niederlassungs- und Kapitalverkehrsfreiheit kommt in Drittstaatenfällen zudem eine besondere Bedeutung zu, jedoch nur dann, wenn die zu prüfende nationale Regelung nicht nach der Beteiligungsintensität differenziert. Außerdem wird die einschränkende Wirkung der Stand-Still-Klausel auf die Kapitalverkehrsfreiheit näher erläutert, da diese unter gewissen Umständen den Zugang zur Kapitalverkehrsfreiheit von vornherein ausschließen kann. Die anschließende Diskussion geht der Frage nach, inwieweit die Regelungen der Hinzurechnungsbesteuerung eine Kollission mit den vorgenannten Grundfreiheiten begründen können (C). Gelangt man zu dem Ergebnis, dass die Hinzurechnungsbesteuerung eine Beschränkung der jeweils einschlägigen Grundfreiheit darstellen kann, ist zudem zu prüfen, ob die grundfreiheitliche Beschränkung u. U. durch einen unionsrechtlich anerkannten Rechtfertigungsgrund gerechtfertigt ist (D). Bei der Frage zur Verhältnismäßigkeit wird neben der zwingenden Möglichkeit, die Missbrauchsvermutung zu widerlegen, und der Rolle der Amtshilfe auch ein möglicher abweichender Maßstab für Drittstaatenbeteiligungen analysiert. Zum Schluss fasst ein Zwischenergebnis die unionsrechtichen Rahmenbedingungen zusammen (E).

Das *vierte Kapitel* dient schließlich der Überprüfung der konkreten Ausgestaltung des Substanztests mit den Anforderungen des Unionsrechts. Der Aufbau des Kapitels orientiert sich an der gesetzlichen Regelung und nimmt somit die Struktur des § 8 Abs. 2 bis 4 AStG auf. Ziel ist es, die Vereinbarkeit des § 8 Abs. 2 bis 4 AStG mit der grundfreiheitlichen Rechtsprechung zu prüfen, hierfür die im *zweiten* und *dritten Kapitel* gewonnenen Erkenntnisse auszuwerten und etwaige unionsrechtliche Verwerfungen zu belegen. Im Mittelpunkt der Untersuchung steht letztlich die Frage, ob der neugefasste und von der alten Fassung erheblich abweichende Substanztest in der geltenden Fassung unionsrechtlich haltbar ist.

Die Untersuchung schließt mit einer thesenförmigen Zusammenfassung der wesentlichen Ergebnisse.

Zweites Kapitel: Deutsche Hinzurechnungsbesteuerung

A. System der deutschen Hinzurechnungsbesteuerung

Das deutsche Ertragsteuersystem behandelt Körperschaften als eigenständige Steuersubjekte[18], deren Ergebnisse zunächst nur bei diesen der Besteuerung unterliegen.[19] Die Anteilseigner der Körperschaft versteuern lediglich die ihnen zuzurechnenden Ausschüttungen aus der Körperschaft sowie etwaige Gewinne aus der Veräußerung ihrer Anteile.[20] Dieser als Trennungsprinzip[21] bezeichnete Grundsatz besagt, dass sich Körperschaft und Anteilseigner grundsätzlich wie zwei fremde Dritte gegenüberstehen und als selbstständige Steuersubjekte unabhängig voneinander der Besteuerung unterliegen.[22] Die Körperschaft entfaltet insoweit eine steuerliche Abschirmwirkung, unabhängig davon, ob es sich um eine inländische oder ausländische Körperschaft handelt.[23]

Prägend für die Körperschaft ist insoweit, dass diese ihre Vermögenssphäre gegenüber ihren Anteilseignern dergestalt abschirmt, dass kein (steuerlicher) Durchgriff durch die Gesellschaft auf die Gesellschafter erfolgen kann.[24] Beide Steuersubjekte sind jeweils für sich zu betrachten. Jedes von ihnen besitzt eine eigene Leistungsfähigkeit, welche die Grundlage für die jeweilige Besteuerung darstellt.[25] Diese Abschirmwirkung hat zur Konsequenz, dass die erzielten Gewinne – sofern Ausschüttungen an die Anteilseigner unterbleiben – allein der Besteuerung auf Ebene der

---

18 § 1 Abs. 1 KStG.

19 *Hey*, in: Tipke/Lang (Begr.), Steuerrecht, 24. Aufl. 2021, Rn. 11.2.

20 *Hey*, in: Tipke/Lang (Begr.), Steuerrecht, 24. Aufl. 2021, Rn. 11.14.

21 Gegenmodell zum sog. Transparenzprinzip, welches für Personengesellschaften anzuwenden ist und zu einer sofortigen Zurechnung der durch die Gesellschaft erzielten Einkünfte bei den Gesellschaftern führt. Zu den wesentlichen Unterschieden zwischen Personen- und Kapitalgesellschaften siehe *Hey*, in: Tipke/Lang (Begr.), Steuerrecht, 24. Aufl. 2021, Rn. 11.2 f.

22 *Böhmer*, StuW 2012, 33 (34).

23 *Oppel*, in: Schaumburg (Hrsg.), Internationales Steuerrecht, 5. Aufl. 2023, Rn. 13.1; *Böhmer*, StuW 2012, 33 (34).

24 FG Hamburg, Urt. vom 4.4.2011 - 2 K 33/10, EFG 2011, 1460 (1464); *Böhmer*, StuW 2012, 33 (34).

25 *Böhmer*, StuW 2012, 33 (35).

Gesellschaft unterliegen.[26] Dies könnte Steuerinländer in die Versuchung führen, mobile Einkünfte (etwa Kapitaleinkünfte) auf niedrigbesteuerte ausländische Körperschaften zu verlagern, um in den Genuss des ausländischen Steuerniveaus zu gelangen, oder anders gesagt, um die (Höher-)Besteuerung in Deutschland zu umgehen. Denn durch die Übertragung der Vermögenswerte auf die ausländische Gesellschaft würden die aus diesen Vermögenswerten erzielten Erträge bis zur Ausschüttung aus der deutschen Besteuerungshoheit ausscheiden.[27] Der Vorteil der geringen steuerlichen Vorbelastung auf Ebene der ausländischen Gesellschaft und der damit einhergehende Steuerstundungseffekt würden solange erhalten bleiben, wie die Gesellschaft ihre Gewinne nicht ausschüttet (sog. „primäre Abschirmwirkung"). Zwar greift bei späterer Ausschüttung der Gewinne an natürliche Personen zusätzlich zur KSt der ausländischen Kapitalgesellschaft noch die ESt bzw. bei Körperschaften als Anteilseigner die KSt, jedoch wären diese Einkünfte auf Ebene der Anteilseigner weitestgehend von der Besteuerung befreit (sog. „sekundäre Abschirmwirkung").[28] Verbunden mit der geringen Vorbelastung auf Ebene der ausländischen Körperschaft könnte dies u. U. zu ungerechtfertigten Steuervorteilen und Wettbewerbsverzerrungen führen.

Um dieser potenziellen Verlagerung mobiler Einkünfte entgegenzuwirken und die daraus resultierenden (unangemessenen) Steuervorteile aus der Nutzung des internationalen Steuergefälles zu beseitigen, führte der deutsche Gesetzgeber im Jahr 1972 mit dem Inkrafttreten des AStG[29] die Hinzurechnungsbesteuerung ein. Um den inländischen Steuerpflichtigen die Vorteile aus der Einkünfteverlagerung auf niedrigbesteuerte ausländische Kapitalgesellschaften zu nehmen, durchbricht sie das Trennungsprinzip und rechnet die Einkünfte der ausländischen Körperschaft im Wege

---

26 *Oppel*, in: Schaumburg (Hrsg.), Internationales Steuerrecht, 5. Aufl. 2023, Rn. 13.1.

27 *Oppel*, in: Schaumburg (Hrsg.), Internationales Steuerrecht, 5. Aufl. 2023, Rn. 13.1.

28 Für im Betriebsvermögen gehaltene Beteiligungen gilt das sog. Teileinkünfteverfahren; die Beteiligungserträge unterliegen zwar der regulären tariflichen ESt, sind allerdings zu 40 % steuerfrei (§ 3 Nr. 40 Bstb. d EStG). Erträge aus im Privatvermögen gehaltenen Beteiligungen unterliegen der Abgeltungsteuer i. H. v. 25 % (§§ 20 Abs. 1 Nr. 1; 32d Abs. 1 EStG). Ist eine Körperschaft selbst Anteilseignerin, so bleiben die Dividenden grundsätzlich steuerfrei (§ 8b Abs. 1 KStG), wobei 5 % als nicht abziehbare Betriebsausgaben gelten (§ 8b Abs. 5 Satz 1 KStG). Eine Ausnahme gilt für sog. Streubesitzdividenden (§ 8b Abs. 4 KStG).

29 BGBl. I 1972, 1713.

einer fiktiven Dividende[30] direkt ihren (unmittelbaren und mittelbaren) inländischen Gesellschaftern entsprechend ihrer Beteiligungshöhe zu. Danach sollen bestimmte, in der ausländischen Gesellschaft angesammelte Einkünfte unabhängig von der tatsächlichen Ausschüttung der deutschen Besteuerung zugeführt werden. Die Steuersubjektivität der ausländischen Gesellschaft bleibt dabei gewahrt und wird lediglich wirtschaftlich durchbrochen.

B. Historische Herleitung und Zielsetzung der deutschen Hinzurechnungsbesteuerung

I. Ursprungsfassung mit der Einführung des AStG (1972)

Im sog. Oasenbericht der Bundesregierung vom 23.6.1964[31] wurde (soweit ersichtlich) zum ersten Mal darauf hingewiesen, dass in der Bundesrepublik Deutschland ansässige unbeschränkt Steuerpflichtige (unangemessene) Vorteile aus dem internationalen Steuergefälle ziehen, indem sie in niedrig besteuernden Staaten sog. Basisgesellschaften[32] gründeten, die letztlich der Verlagerung von mobilen Einkünften oder Vermögen der Gründer dienten. Die Einkünfte aus den auf diese Weise verlagerten Vermögenswerten konnten damit – bis zur Ausschüttung – gänzlich der inländischen Besteuerung entzogen werden.[33]

Als Reaktion auf die feststellbare Entwicklung einer verstärkten Steuerflucht ins niedrig besteuernde Ausland wurde mit der Bekanntmachung des AStG die Hinzurechnungsbesteuerung (§§ 7 ff. AStG) eingeführt. Mit ihr sollen bestimmte unerwünschte Gestaltungen bekämpft werden, die aus der (unangemessenen) Nutzung des internationalen Steuergefälles resultieren. Dies ergibt sich unmissverständlich aus der Gesetzesbegründung, wenn es dort heißt:

30 Zur konzeptionellen Ausgestaltung der Hinzurechnungsbesteuerung und den unterschiedlichen Theorien siehe *Ditz/Wassermeyer*, in: Flick/Wassermeyer/Baumhoff u. a. (Hrsg.), Außensteuerrecht, 98. Lfg. 7.2021, Vor §§ 7 bis14 AStG, Rn. 44 ff.

31 BT-Drucks. IV/2412.

32 Als Basisgesellschaft verstand der Gesetzgeber ausländische Körperschaften, die keiner aktiven werbenden Tätigkeit nachgingen; vgl. BT-Drucks. VI/2883, Begründung Allgemeiner Teil, Rn. 2.

33 BT-Drucks. IV/2412, Ziffer III. Abschn. 3.

> *„Die durch solche Gestaltungen [damit ist der Einsatz von Basisgesellschaften gemeint, d. Verf.] eintretende Abschirmung gegen die deutsche Steuerpflicht kann inländischen Steuerpflichtigen nicht mehr ohne Einschränkung auf das sachlich Vertretbare zugestanden bleiben.“*[34]

An diesem Punkt setzt die Hinzurechnungsbesteuerung an. Sie beseitigt die Abschirmwirkung, die mit dem Einsatz ausländischer Körperschaften verbunden ist, indem sie die in den ausländischen Gesellschaften angefallenen Gewinne, die nicht aus einer aktiven Wirtschaftstätigkeit[35], sondern aus passivem Erwerb stammen, direkt ihren unmittelbaren und mittelbaren inländischen Gesellschaftern entsprechend ihrer Beteiligungshöhe zurechnet. Voraussetzung hierfür war zum einen, dass in Summe eine mehrheitliche Beteiligung (> 50 %) an der ausländischen Gesellschaft von in Deutschland unbeschränkt steuerpflichtigen Personen vorlag (§ 7 Abs. 1 AStG i. d. F. 1972). Zum anderen mussten die passiven Einkünfte i. S. d. Negativkatalogs des § 8 Abs. 1 AStG i. d. F. 1972 im Ausland einer geringen Besteuerung unterlegen haben; damals bei weniger als 30 % (§ 8 Abs. 3 AStG i. d. F. 1972). Waren alle Voraussetzungen erfüllt, war die Hinzurechnungsbesteuerung durchzuführen und die Abschirmwirkung der ausländischen Gesellschaft zu durchbrechen.

Die Durchbrechung der Abschirmwirkung der rechtlich selbstständigen ausländischen Kapitalgesellschaft erfolgte durch die Fiktion einer Dividen-

34 BT-Drucks. VI/2883, Begründung Allgemeiner Teil, Rn. 30.

35 Als uneingeschränkt aktive Einkünfte wurden (i) Einkünfte aus Land- und Forstwirtschaft (§ 8 Abs. 1 Nr. 1 AStG i. d. F. 1972) und (ii) Einkünfte aus industrieller Tätigkeit (§ 8 Abs. 1 Nr. 2 AStG i. d. F. 1972) qualifiziert. Dagegen wurden (iii) Einkünfte aus Kreditinstituten oder Versicherungsunternehmen (§ 8 Abs. 1 Nr. 3 AStG i. d. F. 1972), (iv) Einkünfte aus Handelstätigkeiten (§ 8 Abs. 1 Nr. 4 AStG i. d. F. 1972), (v) Einkünfte aus Dienstleistungen (§ 8 Abs. 1 Nr. 5 AStG i. d. F. 1972), (vi) Einkünfte aus der Vermietung und Verpachtung (§ 8 Abs. 1 Nr. 6 AStG i. d. F. 1972), und (vii) Einkünfte aus Finanzierungstätigkeiten (§ 8 Abs. 1 Nr. 7 AStG i. d. F. 1972) als bedingt aktive Einkünfte qualifiziert; vgl. dazu etwa *Haas*, DStR 1973, 527 (529). Eingehend zu den einzelnen Katalogeinkünften *Rödel*, in: Kraft (Hrsg.), AStG, 2. Aufl. 2019, § 8 AStG, Rn. 70 ff.; *Geurts*, in: Fuhrmann (Hrsg.), AStG, 3. Aufl. 2017, § 8 AStG, Rn. 51 ff.; *Wassermeyer/Schönfeld*, in: Flick/Wassermeyer/Baumhoff u. a. (Hrsg.), 81. Lfg. 4.2017, Außensteuerrecht, § 8 AStG, Rn. 52 ff.; *Lehfeldt*, in: Strunk/Kaminski/Köhler (Hrsg.), AStG/DBA, 45. Lfg. 9.2016, § 8 AStG, Rn. 44 ff.; *Reiche*, in: Haase (Hrsg.), AStG/DBA. 3. Aufl. 2016, § 8 AStG, Rn. 21 ff.; *Vogt*, in: Brandis/Heuermann (Hrsg.), 135. Lfg. 11.2016, AStG, § 8 AStG, Rn. 12 ff.

denausschüttung.[36] Der Hinzurechnungsbetrag zählte zu den Einkünften aus Kapitalvermögen (§ 10 Abs. 2 Satz 1 AStG i. d. F. 1972). Gehörten Anteile an der ausländischen Gesellschaft zu einem Betriebsvermögen, führte der Hinzurechnungsbetrag zu einem Gewinnzuschlag außerhalb der Bilanz (§ 10 Abs. 2 Satz 2 AStG i. d. F. 1972). Bei späterer tatsächlicher Ausschüttung oder einer Veräußerung der Anteile wurden die erzielten Erträge von der Steuer freigestellt, um eine doppelte steuerliche Erfassung der ausländischen Gewinne beim Steuerinländer zu vermeiden (§ 11 Abs. 1 AStG i. d. F. 1972). Indes wurde die Steuerfreiheit nur gewährt, wenn die tatsächliche Ausschüttung oder die Veräußerung der Anteile innerhalb eines Vierjahreszeitraums nach Ablauf des Jahres der Hinzurechnung erfolgte (§ 11 Abs. 2 und 3 AStG i. d. F. 1972)[37]. Die Rechtspersönlichkeit und die steuerliche Eigenständigkeit der ausländischen Kapitalgesellschaft – auch als selbstständiges Einkünfteerzielungssubjekt – blieb im Grundsatz unangetastet.[38]

Erkennbar wollte der Gesetzgeber mit der Hinzurechnungsbesteuerung lediglich eine vorgezogene Dividendenbesteuerung bewirken und dem Anteilseigner keine Strafbesteuerung für das ausländische Engagement auferlegen.[39] Letztlich sollten bestimmte, in der ausländischen Gesellschaft erwirtschaftete Gewinne auch im Fall der Umleitung in niedrigbesteuernde Staaten zeitnah der inländischen Besteuerung zugeführt werden. Diese Drohkulisse sollte (mutmaßlich) einen gewissen Ausschüttungszwang auf die Anteilseigner ausüben.[40]

Weil die §§ 7 bis 12 AStG i. d. F. 1972 nur Zwischeneinkünfte[41] ausländischer Gesellschaften erfassten, an denen Steuerinländer unmittelbar beteiligt waren (ohne die Einbeziehung von Zwischeneinkünften, die in nachgeschalteten Zwischengesellschaften anfielen), erweiterte der Gesetzgeber den Anwendungsbereich der Hinzurechnungsbesteuerung über § 14 AStG i. d. F. 1972 auf nachgeschaltete Zwischengesellschaften (sog. übertragende Hinzu-

36 Vgl. *Ditz/Wassermeyer*, in: Flick/Wassermeyer/Baumhoff u. a. (Hrsg), 98. Lfg. 7.2021, Außensteuerrecht, Vor §§ 7 bis 14 AStG, Rn. 33; *Mössner/Rode*, in Fuhrmann (Hrsg.), AStG, 3. Aufl. 2017, § 7 AStG, Rn. 23.

37 Dasselbe galt für die Anteilsveräußerung; vgl. § 11 Abs. 3 AStG i. d. F. 1972.

38 Vgl. BT-Drucks. VI/2883, Begründung Allgemeiner Teil, Rn. 30; BFH, Urt. vom 2.7.1997 - I R 32/95, BStBl. II 1998, 176; zudem *Ditz/Wassermeyer*, in: Flick/Wassermeyer/Baumhoff u. a. (Hrsg.), 98. Lfg. 7.2021, Außensteuerrecht, Vor §§ 7 bis14 AStG, Rn. 33.

39 BT-Drucks. VI/2883, Begründung Allgemeiner Teil, Rn. 14.

40 So ausdrücklich *Schönfeld*, Hinzurechnungsbesteuerung und Europäisches Gemeinschaftsrecht (2005), S. 101.

41 Einkünfte, die aus einer passiven Tätigkeit stammten und niedrig besteuert wurden.

rechnungsbesteuerung).[42] Bei Anwendung des § 14 AStG i. d. F. 1972 wurden die bei der nachgeschalteten Zwischengesellschaft (Untergesellschaft) anfallenden Zwischeneinkünfte in einem ersten Schritt der dazwischengeschobenen ausländischen Gesellschaft (Obergesellschaft) zugerechnet, und zwar in dem Umfang, der dem Beteiligungsverhältnis dieser Gesellschaft an der Untergesellschaft entsprach. In einem zweiten Schritt wurden jene Einkünfte den inländischen (mittelbaren) Anteilseignern zusammen mit den Zwischeneinkünften der Obergesellschaft hinzugerechnet (§ 7 AStG i. d. F. 1972), sofern nach der Verrechnung ein positiver Hinzurechnungsbetrag verblieb.

Weil der Gesetzgeber lediglich unangemessene Steuervorteile ausgleichen wollte, ohne dem inländischen Steuerpflichtigen darüberhinausgehende Mehrbelastungen aufzuerlegen, war es nur folgerichtig, dass die Steuern auf die passiven Einkünfte, die zulasten der ausländischen Gesellschaft erhoben wurden, von dem Hinzurechnungsbetrag abgezogen wurden (§ 10 Abs. 1 AStG i. d. F. 1972). Auf Antrag konnte die von der Zwischengesellschaft entrichtete Steuer auf den Hinzurechnungsbetrag anstelle des Abzugs auch angerechnet werden (§ 12 Abs. 1 AStG i. d. F. 1972). § 10 Abs. 5 AStG i. d. F. 1972 legte zudem fest, dass auf den anzusetzenden Hinzurechnungsbetrag – in Angleichung an die Steuerfolgen bei einer tatsächlichen Ausschüttung – die Bestimmungen der DBA so anzuwenden waren, als wäre der Hinzurechnungsbetrag an den Steuerinländer ausgeschüttet worden. Insoweit war der Hinzurechnungsbetrag von der Steuer freizustellen, wenn diese im Rahmen einer DBA-Freistellung tatsächlich nicht angesetzt worden wäre, z. B. bei sog. internationalen Schachteldividenden[43]. Auch dies spricht dafür, dass die Hinzurechnungsbesteuerung lediglich eine vorgezogene Dividendenbesteuerung bewirken sollte. Durch diese Regelung lief die Urfassung der Hinzurechnungsbesteuerung indes in vielen Fällen ins Leere.[44]

Der Gesetzgeber sah zudem eine Freigrenze bei gemischten Einkünften vor (§ 9 AStG i. d. F. 1972). Demnach sollte die Hinzurechnungsbesteuerung nicht zur Anwendung kommen, wenn die in Betracht zu ziehenden

---

42 Vgl. BT-Drucks. VI/2883, Begründung Besonderer Teil, Rn. 116.

43 Einige DBA gewährten die Steuerfreistellung für ausländische Dividenden aus wesentlichen Beteiligungen. Eine Übersicht findet sich bei *Reuter/Asseyer*, DStR 1971, 335.

44 So unter anderem *Protzen*, in: Kraft (Hrsg.), AStG, 2. Aufl. 2019, § 7 AStG, Rn. 2; *Wassermeyer*, in: Flick/Wassermeyer/Baumhoff u. a. (Hrsg.), Außensteuerrecht, 84. Lfg. 3.2018, § 7 AStG, Rn. 3.1.

Einkünfte nicht mehr als 10 % der gesamten Bruttoerträge der Zwischengesellschaft betrugen und die gesamten Zwischeneinkünfte der ausländischen Gesellschaft oder die bei einem Steuerpflichtigen hinzuzurechnenden Einkünfte den Betrag von insgesamt 120.000,00 DM nicht überstiegen. Die Freigrenze bezog sich ausschließlich auf die nicht vom Hinzurechnungsbetrag ausgenommenen Einkünfte, d. h. auf Zwischeneinkünfte, die nicht durch das internationale Schachtelprivileg von der Hinzurechnungsbesteuerung ausgeschlossen waren.[45]

II. Ergänzung um eine Sonderregel für Kapitalanlageeinkünfte (1992/1994)

Im Rahmen des StÄndG 1992[46] führte der Gesetzgeber die Hinzurechnungsbesteuerung für Zwischeneinkünfte mit Kapitalanlagecharakter ein und ordnete in diesem Zusammenhang eine Hinzurechnungsbesteuerung selbst dann an, wenn keine Inländerbeherrschung vorlag (§ 7 Abs. 6 AStG i. d. F. 1992). Danach konnte selbst eine inländische Minderheitsbeteiligung von 10 % an einer ausländischen Gesellschaft die Hinzurechnungsbesteuerung auslösen, vorausgesetzt, die ausländische Gesellschaft erzielte überwiegend Zwischeneinkünfte mit Kapitalanlagecharakter. Zwischeneinkünfte mit Kapitalanlagecharakter wurden als Einkünfte der ausländischen Zwischengesellschaft definiert, die aus dem Halten, der Verwaltung, Werterhaltung oder Werterhöhung von Zahlungsmitteln, Forderungen, Wertpapieren, Beteiligungen oder ähnlichen Vermögenswerten stammten (§ 10 Abs. 6 AStG i. d. F. 1992). Diese Definition gilt auch heute noch in § 13 Abs. 2 AStG unverändert fort.

In diesem Kontext hob der Gesetzgeber mit dem neu eingeführten § 10 Abs. 6 AStG i. d. F. 1992 zudem den DBA-Schutz für Zwischeneinkünfte mit Kapitalanlagecharakter auf.[47] Danach sollte die abkommensrechtliche

45 *Wassermeyer*, in: Flick/Wassermeyer/Baumhoff u. a. (Hrsg), Außensteuerrecht, 74. Lfg. 10.2014, § 9 AStG, Rn. 1.

46 BGBl. I 1992, 297.

47 Ausweislich der Gesetzesbegründung wollte der Gesetzgeber mit dieser Gesetzesänderung ungerechtfertigten Steuervorteilen begegnen, die durch den Einsatz steuerlich privilegierter ausländischer Kapitalanlagegesellschaften erzielt werden konnten, z. B. durch sog. IFSC-Gesellschaften; vgl. BT-Drucks. 12/1506, Einzelbegrü., S. 181; zur Funktions- und Wirkungsweise des „Steuersparmodells" durch den Einsatz ausländischer Kapitalanlagegesellschaften siehe *Protzen*, in: Kraft (Hrsg.), AStG, 2. Aufl. 2019, § 7 AStG, Rn. 2; *Wassermeyer* in: Flick/Wassermeyer/Baumhoff u. a. (Hrsg.), 84. Lfg. 3.2018, Außensteuerrecht, § 7 AStG Rn. 3.8 ff.; *Tulloch*, DB 1992, 1444 (1446 ff.).

Freistellung gem. § 10 Abs. 5 AStG i. d. F. 1972 nicht mehr greifen, soweit im Hinzurechnungsbetrag überwiegend Zwischeneinkünfte mit Kapitalanlagecharakter enthalten waren (sog. *treaty override*[48]). Gleichwohl wurden weitreichende Ausnahmen von der Hinzurechnungsbesteuerung zugelassen (§ 10 Abs. 6 Satz 2 Nr. 1 bis 4 AStG i. d. F. 1992).[49]

Darüber hinaus wurde für Betriebsstättenfälle die im DBA vorgeschriebene Befreiung versagt und durch die Anrechnung der ausländischen Steuern ersetzt, sofern die ausländische Betriebsstätte – analog zu den ausländischen Tochterkapitalgesellschaften – überwiegend Zwischeneinkünfte mit Kapitalanlagecharakter erzielte (§ 20 Abs. 2 AStG i. d. F. 1992).

Durch das StMBG[50] wurde – mit Wirkung zum 1.1.1994 – die Hinzurechnungsbesteuerung für Zwischeneinkünfte mit Kapitalanlagecharakter weiter verschärft. Das in § 7 Abs. 6 Satz 1 und § 10 Abs. 6 Satz 1 AStG i. d. F. 1972 enthaltene Erfordernis des Überwiegens der Zwischeneinkünfte mit Kapitalanlagecharakter als Auslöser der erweiterten Hinzurechnungsbesteuerung wurde gestrichen und durch eine Freigrenze in Anlehnung an § 9 AStG i. d. F. 1972 ersetzt.

---

48 Mit einem sog. *treaty override* werden völkerrechtliche Verträge durch spätere, ihnen widersprechende innerstaatliche Rechtsnormen „überschrieben" bzw. „verdrängt". In diesem Sinne das *treaty override* definierend *Lehner*, in: Vogel/Lehner (Hrsg.), 7. Aufl. 2021, DBA, Grundlagen des Abkommensrechts, Rn. 194; *Musil*, IStR 2014, 192. Dies könnte auch als einseitiger Bruch eines Völkervertrags durch nationales Recht gewertet werden; so ausdrücklich *Schaumburg*, in: Schaumburg (Hrsg.), Internationales Steuerrecht, 5. Aufl. 2023, Rn. 3.24. Zur Zulässigkeit eines solchen *treaty overrides* vgl. BVerfG, Beschl. vom 15.12.2015 - 2 BvL 1/12, BVerfGE 141. Eine Übersicht potenzieller *treaty overrides* im nationalen Steuerrecht findet sich bei *Jochimsen/Gradl*, IStR 2015, 236.

49 Diese Ausnahmen betrafen (i) Einkünfte mit dienender Funktion, die aus einer aktiven Tätigkeit stammen, (ii) Einkünfte, die aus Gesellschaften stammen, an denen die ausländische Gesellschaft zu mind. 10 % beteiligt war, (iii) Einkünfte aus konzerninterner Finanzierung, wobei diese Ausnahmeregelung durch das StMBG mit Wirkung zum 1.1.1994 ersatzlos gestrichen wurde und (iv) Einkünfte aus Dienstleistungen, die auf die ausländische Gesellschaft entfallen, insoweit der Fremdvergleichsgrundsatz beachtet wurde. Zu den Ausnahmetatbeständen siehe *Köhler*, BB 1993, 337 (338); *Debatin*, DB 1992, S. 2159 (2161); *Tulloch*, DB 1992, 1444.

50 BGBl. I 1993, 2310.

III. Wechsel der Einkunftsart und Einführung einer Schedulenbesteuerung (2000)

Durch das StSenkG vom 23.10.2000[51] hat die Hinzurechnungsbesteuerung einen fundamentalen Systemwechsel vollzogen.[52] Dieser Wechsel bezog sich einerseits auf die Art der Besteuerung und andererseits auf den Telos der Regelung.[53] Den Auslöser des Systemwechsels bildete das in 2001 eingeführte klassische Körperschaftsteuersystem in der Bundesrepublik Deutschland und die damit einhergehende pauschale Entlastung in- und ausländischer Beteiligungserträge und diesbezüglicher Veräußerungsgewinne auf Ebene der Anteilseigner.[54] Danach sind Gewinnausschüttungen und Gewinne aus der Veräußerung in- und ausländischer Körperschaften durch ein generelles Dividendenprivileg freigestellt. Nach dem Halbeinkünfteverfahren hatten natürliche Personen als Empfänger nur die Hälfte – ab dem Jahr 2009 dann 60 %[55] (sog. Teileinkünfteverfahren) – der ausgeschütteten Gewinne bzw. Veräußerungserlöse zu versteuern,[56] die andere Hälfte – ab dem Jahr 2009 40 % – war nach § 3 Nr. 40 Bstb. d EStG steuerfrei. Für körperschaftsteuerpflichtige Anteilseigner wurde eine vollständige Dividendenfreistellung eingeführt (§ 8b Abs. 1 KStG). Jedoch mussten die körperschaftsteuerpflichtigen Anteilseigner pauschal 5 % der Gewinne als nicht abzugsfähige Betriebsausgaben der inländischen Besteuerung unterwerfen (§ 8b Abs. 5 Satz 1 KStG). Gleiches galt für die Gewinne aus der Veräußerung von in- und ausländischen Beteiligungen (§§ 3 Nr. 40 Bstb. a EStG, 8b Abs. 2, 3 KStG).

Die eingeführte partielle Steuerfreiheit in- und ausländischer Beteiligungserträge sollte eine innerkonzernliche Mehrfachbelastung vermeiden, indem bereits einmal versteuerte Gewinne nach Ausschüttungen an den

51 BGBl. I 2000, 1433.

52 So auch *Schön*, DB 2001, 940 (941); *Rättig/Protzen*, IStR 2000, 548; *dies*, IStR 2000, 394.

53 *Rättig/Protzen*, IStR 2000, 548 (550 f.).

54 Vgl. BT-Drucks. 14/2683, Begründung Besonderer Teil, S. 132; Ausführlich dazu *Rödder/Schumacher*, in: Schaumburg/Rödder, Unternehmensteuerreform 2008, S. 151 ff.

55 Für Ausschüttungen nach dem 1.1.2009.

56 Eine steuerliche Doppelbelastung wurde über eine Anrechnung der im Ausland zulasten des inländischen Steuerpflichtigen erhobenen Steuer vermieden. Im Konkreten wurde der verbleibende Betrag gem. § 34c Abs. 1 Satz 1 EStG um die ausländische (Quellen-)Steuer durch Anrechnung – wahlweise durch Abzug (§ 34c Abs. 2 EStG) – entlastet.

Anteilseigner nicht noch ein weiteres Mal besteuert werden.[57] Ausweislich der Gesetzesbegründung setzt dies jedoch gedanklich voraus, dass *„die an den Letztempfänger ausgeschütteten Dividenden auf der Ebene der ausschüttenden Gesellschaften einer ausreichenden Vorbelastung unterlegen haben"*.[58] Eine ausreichende Vorbelastung wurde naturgemäß bei inländischen Kapitalgesellschaften angenommen. Zudem wurde eine angemessene Vorbelastung unterstellt, wenn Gewinne ausländischer Gesellschaften aus aktiven Tätigkeiten i. S. d. § 8 Abs. 1 AStG stammten oder bei passiven Einkünften, wenn diese im Ausland keiner Niedrigbesteuerung unterlagen.[59]

Durch die vollständige bzw. teilweise Dividendenfreistellung konnten Steuerinländer vorgenannte in- und ausländische Beteiligungserträge zum Teil steuerfrei vereinnahmen. Hätte der Gesetzgeber keine Modifikationen innerhalb der Hinzurechnungsbesteuerung vorgenommen, hätte dies auch für passive niedrigbesteuerte Einkünfte gegolten. Denn die Dividendenfreistellung nach § 3 Nr. 40 Bstb. d EStG und § 8b Abs. 1 KStG galt jeweils unabhängig von der steuerlichen Vorbelastung des ausgeschütteten Gewinns und auch unabhängig davon, ob die Einkünfte aus aktivem oder passivem Erwerb stammten.

Im Zuge des dargestellten Systemwechsels waren Anpassungen innerhalb des Systems der Hinzurechnungsbesteuerung notwendig. Die niedrig besteuerten Einkünfte der ausländischen Körperschaft aus passivem Erwerb sollten nunmehr im Wege eines „Einkünfteerhöhungsbetrags eigener Art"[60] der inländischen Ertragsbesteuerung zugeführt werden und quasi als „achte Einkunftsart" definitiv wirken. Für diesen Zweck sah der Gesetzgeber bei niedrig[61] vorbelasteten passiven Einkünften (Hinzurechnungsbetrag) eine schedulenartige (einheitliche) Sondersteuer i. H. v. 38 % vor (§ 10 Abs. 2 Satz 2 AStG i. d. F. 2000). Die Vorbelastung berücksichtigte in pauschaler

57 BT-Drucks. 14/2683, Begründung Allgemeiner Teil, S. 94 und Begründung Besonderer Teil, S. 120.

58 BT-Drucks. 14/2683, Begründung Besonderer Teil, S. 132.

59 *Maier-Frischmuth*, IStR 2001, 610 (611); *Menck*, IWB 2000, 527.

60 BFH, Urt. vom 7.9.2005 - I R 118/04, BStBl. II. 2006, 537, Tz. II.1; ebenso *Wassermeyer/Schönfeld* in: Flick/Wassermeyer/Baumhoff u. a. (Hrsg.), 88. Lfg. 3.2019, Außensteuerrecht, § 10 AStG, Rn. 144; *Luckey*, in: Strunk/Kaminski/Köhler (Hrsg.), AStG/DBA, 48. Lfg. 8.2017, § 10 AStG, Rn. 40; *Vogt*, in: Brandis/Heuermann (Hrsg.), 139. Lfg. 11.2017, AStG, § 10 AStG, Rn. 16.

61 Mit der Absenkung des inländischen Körperschaftsteuersatzes im Rahmen des StSenkG auf 25 % wurde auch die Schwelle der Niedrigbesteuerung i. S. d. § 8 Abs. 3 AStG und damit die als „angemessen" erachtete Vorbelastung von bisher 30 % auf 25 % gesenkt.

Form den einheitlichen Körperschaftsteuersatz von 25 % sowie eine Gewerbesteuerbelastung von 13 %.[62]

Durch diese Änderungen wurde der Hinzurechnungsbesteuerung zugleich eine zusätzliche Aufgabe zuteil. Sie sollte künftig als eine Art Ausgleich für eine reduzierte Steuerlast des Anteilseigners einer Zwischengesellschaft verstanden werden, die in ihrem Sitzstaat oder im Staat ihrer Geschäftsleitung keiner angemessenen körperschaftsteuerlichen Vorbelastung unterlegen hatte. Zu diesem Zweck sollte die Hinzurechnungsbesteuerung bei grenzüberschreitenden Sachverhalten die für das neue System erforderliche Vorbelastung herstellen und ungerechtfertigt erzielte Steuervorteile durch eine zusätzliche Besteuerung im Inland wieder ausgleichen.[63] Dass der Gesetzgeber jedoch weiterhin lediglich passive niedrigbesteuerte Einkünfte der Hinzurechnungsbesteuerung unterwerfen wollte, spricht dafür, dass er weiterhin geneigt war, neben dem neuen Motiv auch am ursprünglichen Motiv festzuhalten, nämlich Gestaltungen zu begegnen, die sich der Abschirmwirkung zwischengeschalteter ausländischer Kapitalgesellschaften bedienen, um ungerechtfertigte steuerliche Vorteile zu erlangen.

IV. Aufhebung der schedulenartigen Besteuerung (2001)

Aufgrund systematischer Mängel[64] wurden die geplanten Änderungen in der Hinzurechnungsbesteuerung im Rahmen des UntStFG rückwirkend wieder aufgehoben und der Fassung vor der Änderung durch das StSenkG angeglichen.[65] Im Konkreten bedeutete dies, dass der Hinzurechnungsbetrag systematisch wieder den Einkünften aus Kapitalvermögen i. S. d. § 20

62 *Schönfeld*, Hinzurechnungsbesteuerung und Europäisches Gemeinschaftsrecht, 2005, S. 116.

63 BT-Drucks. 14/2683, Begründung Besonderer Teil, S. 133; ebenso *Schön*, DB 2001, 940 (941); *Grotherr*, IWB 2000, 935.

64 Siehe hierzu den Bericht BMF an den Finanzausschuss des Deutschen Bundestages zur Fortentwicklung des Unternehmenssteuerrechts vom 18.4.2001, abgedruckt in: FR 2001, Beilage 11, S. 31; zudem *Maier-Frischmuth*, IStR 2001, 610 (612 f.).

65 BT-Drucks. 14/6882, Begründung Besonderer Teil, S. 43. Die durch das StSenkG eingeführte schedulenartige Besteuerung kam also nie zur Anwendung. Obschon die fundamentalen Änderungen nach dem StSenkG wieder aufgehoben wurden, noch bevor sie erstmals zur Anwendung kommen konnten, ist die Anpassung im Rahmen des StSenkG für die Hinzurechnungsbesteuerung von besonderer Bedeutung, da diese zum Wegfall der Stand-Still-Klausel führte; vgl. BFH, Urt. vom 22.5.2019 - I R 11/19, BStBl. II 2021, 265; näher dazu Kapitel 3 B.V.

Abs. 1 Nr. 1 EStG (§ 10 Abs. 2 Satz 1 AStG i. d. F. 2001) bzw. bei Anteilen im Betriebsvermögen den Einkünften aus Gewerbebetrieb zugeordnet wurde (§ 10 Abs. 2 Satz 2 AStG i. d. F. 2001). Damit wurde die steuerliche Erfassung des Hinzurechnungsbetrags als eine Art „Sondersteuer“ außerhalb der ESt und KSt wieder rückgängig gemacht. Zur Erreichung des Vorbelastungsgebotes blieb die Anwendung des Halbeinkünfteverfahrens nach § 3 Nr. 40 Bstb. d EStG und die Dividendenbefreiung nach § 8b Abs. 1 KStG auf den Hinzurechnungsbetrag ausgeschlossen (§ 10 Abs. 2 Satz 3 AStG i. d. F. 2001). Außerdem wurde die bisherige Frist des § 11 Abs. 2 und 3 AStG i. d. F. 1972, die eine Kürzung des Hinzurechnungsbetrags bei tatsächlicher Ausschüttung bzw. Anteilsveräußerung innerhalb von vier Jahren enthielt, im Rahmen des UntStFG auf sieben Jahre angehoben (§ 3 Nr. 41a und b EStG i. d. F. 2001). Kam es innerhalb von sieben Jahren nach der Hinzurechnungsbesteuerung zu einer Ausschüttung oder Veräußerung der Anteile an der ausländischen Gesellschaft, so wurden die insoweit entstehenden Einkünfte – jedenfalls bei Anteilseignern, die der ESt unterlagen[66] – vollständig von der Steuer freigestellt, um eine Doppelbesteuerung der gleichen Gewinne im Rahmen der Hinzurechnungsbesteuerung und der späteren tatsächlichen Ausschüttung bzw. Anteilsveräußerung zu vermeiden. Wurde diese Frist überschritten, drohte eine Überbesteuerung, da die Besteuerung des Hinzurechnungsbetrags und die Dividendenbesteuerung kumulativ wirkten.[67] Ferner wurde im Rahmen der Gesetzesänderung klargestellt,

66 Ob die Sieben-Jahres-Frist auch für körperschaftsteuerpflichtige Anteilseigner galt, war höchstrichterlich nicht entschieden. Der BFH schien sich aber gegen eine Anwendung auszusprechen; vgl. BFH, Urt. vom 26.4.2017 - I R 84/15, BStBl. II 2018, 492, Tz. II.19; a. A. war indes die Finanzverwaltung (R 8.1 KStH 2015). Jedenfalls waren die nachfolgenden Gewinnausschüttungen wie im Rahmen von § 8b Abs. 1 KStG der Schachtelstrafe zugänglich, mit der Folge, dass 5 % der ausgeschütteten Dividenden stets als nichtabzugsfähige Betriebsausgaben zu behandeln waren; vgl. dazu BFH, Urt. vom 26.4.2017 - I R 84/15, BStBl. II 2018, 492, Tz. II.17. In diesen Konstellationen wird eine teilweise Doppelbesteuerung mit dem Hinzurechnungsbetrag offenkundig hingenommen. Kritisch hierzu *Intemann*, in: Herrmann/Heuer/Raupach (Hrsg.), EStG und KStG, 294. Lfg. 10.2019, § 3 Nr. 41 EStG, Rn. 14; *Schönfeld/Rüsch*, in: Flick/Wassermeyer/Baumhoff u. a. (Hrsg.), Außensteuerrecht, 89. Lfg. 6.2019, § 3 Nr. 41 EStG, Rn. 60; aus dem früheren Schrifttum: *Gläser/Zöller*, IStR 2016, 870; *Kollruss/Schrey/Benten*, GmbHR 2013, 684; *Kollruss*, GmbHR 2009, 1312; *Köhler*, DStR 2005, 227.

67 Vgl. bis einschließlich des Veranlagungszeitraum 2021 geltenden Fassung die beispielhafte Berechnung von *Schönfeld/Rüsch*, in: Flick/Wassermeyer/Baumhoff u. a. (Hrsg.), Außensteuerrecht, 89. Lfg. 6.2019, § 3 Nr. 41 EStG, Rn. 18; zudem *Levedag*, in Schmidt (Begr.), EStG, 40. Aufl. 2021, § 3 Nr. 41 EStG, Rn. 147; *Intemann*, in Her-

dass der Hinzurechnungsbetrag der GewSt unterliegt, wenn die Beteiligung an der ausländischen Gesellschaft zu einem Gewerbebetrieb gehört.[68]

Im Rahmen des UntStFG wurde zudem die Beteiligungsgrenze für Zwischeneinkünfte mit Kapitalanlagecharakter von 10 % auf 1 % herabgesenkt bzw. das Erfordernis einer Mindestbeteiligung für Zwecke der Hinzurechnungsbesteuerung von Zwischeneinkünften mit Kapitalanlagecharakter vollständig aufgehoben, wenn die ausländische Gesellschaft ausschließlich oder fast ausschließlich (d. h. zu mind. 90 %)[69] Zwischeneinkünfte mit Kapitalanlagecharakter erzielte (§ 7 Abs. 6 AStG i. d. F. UntStFG). Die Freigrenze blieb unverändert. Mithin wurde auch der Aktivkatalog um Gewinnausschüttungen aus Kapitalgesellschaften und Gewinne aus Anteilsveräußerungen ergänzt (§ 8 Abs. 1 Nr. 8 und 9 AStG i. d. F. UntStFG) und zudem das Konkurrenzverhältnis des Investmentsteuergesetzes (damals AuslInvestmG) zur Hinzurechnungsbesteuerung erstmals gesetzlich geregelt, indem den Vorschriften des Investmentsteuergesetzes Vorrang vor der Hinzurechnungsbesteuerung gewährt wurde, wenn gleichzeitig die Voraussetzungen beider Vorschriften erfüllt worden sind (§ 7 Abs. 7 AStG i. d. F. 2001).

V. Vollständige Aufhebung des DBA-Schutzes (2003)

Durch das StVergAbG[70] erfolgte die vollständige Aufhebung des DBA-Schutzes im Rahmen der Hinzurechnungsbesteuerung, indem § 10 Abs. 5 AStG i. d. F. 1972 ersatzlos gestrichen wurde. Nach der Gesetzesbegründung sei die Fortgeltung des § 10 Abs. 5 AStG i. d. F. 1972 nicht mehr gerechtfertigt, da diese

> *„[…] die konsequente Durchsetzung der Ziele der Hinzurechnungsbesteuerung im Verhältnis zu den wenigen Ländern [behindere, d. Verf.], die sich in bestimmten Bereichen für Ausländer als Gebiete mit Vorzugsteuersätzen anbieten und damit potenziell unfairen Steuerwettbewerb betreiben und*

---

mann/Heuer/Raupach (Hrsg.), EStG und KStG, 294. Lfg. 10.2019, § 3 Nr. 41 EStG, Rn. 3.

68 So die Gesetzesbegründung mit aller Deutlichkeit; vgl. BT-Drucks. 14/6882, Begründung Besonderer Teil, S. 43.

69 Vgl. *Rättig/Protzen*, IStR 2001, 601 (604); *Rödder/Schmumacher*, DStR 2001, 1685 (1690).

70 BGBl. I 2003, 660.

> *hierfür insbesondere die DBA mit der Bundesrepublik Deutschland nutzen können, die für Beteiligungserträge, soweit eine Mindestbeteiligung gegeben ist, uneingeschränkte Steuerfreistellung anordnen".*[71]

Außerdem würde sich die Bundesrepublik Deutschland

> *„[...] sowohl in der EU als auch in der OECD dem Vorwurf unfairen Steuerwettbewerbs aussetzen, wenn sie Beteiligungserträge gemäß § 8b Abs. 1 KStG uneingeschränkt freistellte und für den Fall der niedrigen Besteuerung der Beteiligungserträge, soweit sie nicht aus aktiver Betätigung stammen, keine Ausgleichsmaßnahme zur Verfügung hätte, wie sie die Hinzurechnungsbesteuerung darstellt".*[72]

Aus diesen Gründen bestünde ein gesetzgeberischer Korrekturbedarf, der sämtliche passive und niedrigbesteuerte Einkünfte ausnahmslos in die steuerliche Bemessungsgrundlage einbezöge und zwar ungeachtet einer etwaigen DBA-Freistellung.[73]

Die bisher angeordnete partielle Durchbrechung des DBA-Schutzes in § 10 Abs. 6 AStG i. d. F. 1992 für Zwischeneinkünfte mit Kapitalanlagecharakter reichte dem Gesetzgeber als Abwehrmaßnahme gegen unfairen Steuerwettbewerb offenkundig nicht mehr aus. Als Konsequenz wurde für die Anwendbarkeit von DBA auf den Hinzurechnungsbetrag nicht länger nach der Art der Zwischeneinkünfte differenziert.[74] Folglich war damit auch § 10 Abs. 6 AStG i. d. F. 1992 obsolet geworden.[75]

Der Ausdruck „Zwischeneinkünfte mit Kapitalanlagecharakter" wurde durch den Wegfall von § 10 Abs. 6 AStG i. d. F. StÄndG in § 7 Abs. 6a AStG definiert.[76] Zusätzlich wurde parallel zur Aufhebung des DBA-Schutzes bei Investitionen über eine ausländische Kapitalgesellschaft auch der DBA-Schutz für sämtliche Zwischeneinkünfte bei Investitionen über ausländische Betriebsstätten aufgehoben.[77] Entsprechend wurde § 20 Abs. 2 AStG i. d. F. 1992 modifiziert. Die in einer ausländischen Betriebsstätte anfallenden Zwischeneinkünfte waren demnach stets von der Freistellungs-

71 BT-Drucks. 15/119, Begründung Besonderer Teil, S. 54.
72 BT-Drucks. 15/119, Begründung Besonderer Teil, S. 54; kritisch dazu *Sieker*, IStR 2003, 78 (79).
73 BT-Drucks. 15/119, Begründung Besonderer Teil, S. 54.
74 *Sieker*, IStR 2003, 78 (79 f.).
75 *Köhler*, DStR 2003, 1156 (1159).
76 Vgl. BT-Drucks. 15/119, Begründung Besonderer Teil, S. 54.
77 Vgl. BT-Drucks. 15/119, Begründung Besonderer Teil, S. 54.

methode auszuschließen und durch Anwendung der Anrechnungsmethode zu ersetzen.[78] Der Wegfall des § 10 Abs. 5 AStG führte auch zur Streichung des § 14 Abs. 4 AStG i. d. F. 1992, der die Anwendung der DBA-Schachtelprivilegien für nachgeschaltete Zwischengesellschaften i. S. d. § 14 AStG i. d. F. 1972 regelte.[79] Durch das SEStEG[80] wurde zudem – auf Vorschlag des Finanzausschusses des Bundestags[81] – der Aktivitätskatalog um einen neuen § 8 Abs. 1 Nr. 10 AStG i. d. F. 2003 erweitert.[82]

VI. Einführung der Exkulpationsklausel (2008)

1. Ausgangssituation

Seit der Einführung des klassischen Körperschaftsteuersystems werden Beteiligungserträge von nachgeschalteten in- und ausländischen Kapitalgesellschaften weitestgehend von der Besteuerung auf Anteilseignerebene freigestellt.[83] Dies gilt für Beteiligungserträge unabhängig von der steuerlichen Vorbelastung der (ausländischen) Beteiligungsgesellschaft und auch unabhängig davon, ob die (ausländische) Beteiligungsgesellschaft einer aktiven oder passiven Tätigkeit nachgeht. Des Weiteren werden die Einkünfte einer in- und ausländischen Kapitalgesellschaft i. d. R. steuerlich nicht den Anteilseignern zugeordnet, solange jene nicht ausgeschüttet werden, sondern werden allein auf Ebene der Kapitalgesellschaft erfasst und der Besteuerung unterworfen. Allerdings sieht der Gesetzgeber – wie dargestellt – eine „Sonderregelung" vor. Die Hinzurechnungsbesteuerung weicht von diesen Grundsätzen ab. Sie durchbricht das Trennungsprinzip und erfasst die auf Ebene der ausländischen Kapitalgesellschaft erzielten und niedrig besteuerten Einkünfte bei den dahinterstehenden Gesellschaftern –

78 Vgl. BT-Drucks. 15/119, Begründung Besonderer Teil, S. 54.

79 Vgl. BT-Drucks. 15/119, Begründung Besonderer Teil, S. 54.

80 BGBl. I 2006, 2782.

81 Vgl. BT-Drucks. 16/3315, S. 52.

82 Danach waren Einkünfte aus Umwandlungen grundsätzlich als aktive Einkünfte zu behandeln, wenn sie nach dem deutschen UmwStG zu Buchwerten hätten erfolgen können (§ 8 Abs. 1 Nr. 10 Hs. 1 AStG). Allerdings sah § 8 Abs. 1 Nr. 10 Hs. 2 AStG eine Ausnahmeregelung bei Beteiligungen an ausländischen Gesellschaften vor, die Zwischeneinkünfte mit Kapitalanlagecharakter erzielten; dazu ausführlich *Schmidtmann*, IStR 2007, 229 ff.

83 Eine Einschränkung gilt jedoch z. B. für sog. Streubesitzdividenden (§ 8b Abs. 4 KStG) und für Bezüge, die das Einkommen der leistenden Körperschaft gemindert haben (§ 8b Abs. 1 Satz 2 KStG).

ausschüttungsunabhängig wohlgemerkt. Darüber hinaus werden die Steuerfreistellungen auf Anteilseignerebene nach § 3 Nr. 40 Bstb. d EStG bzw. § 8b Abs. 1 KStG für nicht anwendbar erklärt. Eine solche steuerliche Ungleichbehandlung zwischen dem Halten von Beteiligungen an inländischen und ausländischen Kapitalgesellschaften benachteiligt grenzüberschreitende Sachverhalte potenziell im Vergleich zu reinen Inlandssachverhalten.

Bereits früh wurde im Schrifttum auf die Unvereinbarkeit einer solchen Regelung mit dem auf Beseitigung der zwischenstaatlichen Verkehrshindernisse gerichteten System der Grundfreiheiten, nämlich der Niederlassungs- und Kapitalverkehrsfreiheit, hingewiesen.[84] Im Jahr 2006 musste sich der EuGH in der Rs. *Cadbury Schweppes*[85] schließlich mit dieser Frage näher befassen und sich erstmalig zur Vereinbarkeit - in diesem Fall - der (britischen) Hinzurechnungsbesteuerung zu den europäischen Grundfreiheiten äußern.

2. Lehren aus der Cadbury-Schweppes-Entscheidung

a) Sachverhalt des Ausgangsverfahrens

In der Rs. *Cadbury Schweppes* stand die britische Hinzurechnungsbesteuerung auf dem Prüfstand mit den Grundfreiheiten des AEUV (ehemals EG-Vertrag). Die im Vereinigten Königreich ansässige Cadbury Schweppes plc (CS) hielt eine Reihe von Beteiligungen an Tochter- und Enkelgesellschaften mit Sitz im Vereinigten Königreich, in anderen Mitgliedstaaten und in Drittstaaten. Zu diesem Konzern gehörte auch die Cadbury Schweppes Overseas Ltd (CSO), eine im Vereinigten Königreich ansässige Tochtergesellschaft der CS, über die sie zwei mittelbare Beteiligungen an in Irland

84 Unter anderem *Rättig/Protzen*, GmbHR 2003, 503 ff.; *dies*, IStR 2003, 195 ff.; *Sullivan/Wallner/Wübbelsmann*, IStR 2003, 6 (9 ff.); *Lang*, IStR 2002, 217 ff.; *Lieber*, FR 2002, 139 (149 ff.); *Saß*, DB 2002, 2342 (2344 ff.); *Schön*, DB 2001, 940 (942 ff.); *Wassermeyer*, IStR 2001, 113 (114 ff.); *Dautzenberg*, FR 2000, 720 (728); *Spengel/Jaeger/Müller*, IStR 2000, 257 (260 ff.); *Wassermeyer*, EuZW 2000, 513 ff.; *Hahn*, IStR 1999, 609 (614 ff.).

85 EuGH, Urt. vom 12.9.2006 - Rs. 196/04, *Cadbury Schweppes und Cadbury Schweppes Overseas*, ECLI:EU:C:2006:544; zur Entscheidung ausführlich *Jost*, Betriebsstätten – Missbrauch und Niederlassungsfreiheit, 2012, S. 30 ff.; *Hackemann*, IStR 2007, 351 ff.; *Hahn*, IStR 2006, 667 ff.; *Kleinert*, GmbHR 2006, 1056 ff.; *Köhler/Eicker*, DStR 2006, 1871 ff.; *Kraft/Bron*, IStR 2006, 614 ff.; *Wassermeyer*, DB 2006, 2050 ff.; *Wassermeyer/Schönfeld*, GmbHR 2006, 1065 ff.; zur mündlichen Verhandlung vor dem EuGH *Rödder/Schönfeld*, IStR 2006, 49 ff.

ansässigen Gesellschaften, nämlich die Cadbury Schweppes Treasury Services (CSTS) und die Cadbury Schweppes Treasury International (CTSI), hielt.[86] Die im International Financial Services Centre Dublin (IFSC) gegründeten Gesellschaften unterfielen einem privilegierten Steuersatz von 10 %.[87]

Die in Irland ansässigen Gesellschaften hatten die Aufgabe, Mittel zur Konzernfinanzierung zu beschaffen und diese den zahlreichen Tochtergesellschaften des Cadbury-Schweppes-Konzerns zur Verfügung zu stellen. Sie fungierten ausschließlich als Konzernfinanzierungsgesellschaften und waren allein zu dem Zweck in den Dublin Docks gegründet worden, die Konzernfinanzierungsgewinne dem privilegierten irischen Steuersatz von 10 % zu unterwerfen.[88] Weil die irischen Gesellschaften die Voraussetzungen der britischen Vorschriften über beherrschte ausländische Gesellschaften[89] erfüllten,[90] wurden die niedrigbesteuerten Gewinne der CSTI der britischen Hinzurechnungsbesteuerung unterworfen und im Ergebnis auf das Steuerniveau der britischen Muttergesellschaft (CSO) hochgeschleust, so dass auf Ebene der Muttergesellschaft eine KSt von 8.638.633,54 £ entstand. Die CSTS erwirtschaftete im gleichen Geschäftsjahr Verluste, die steuerlich unberücksichtigt blieben.[91]

---

86 EuGH, Urt. vom 12.9.2006 - Rs. C-196/04, *Cadbury Schweppes und Cadbury Schweppes Overseas*, ECLI:EU:C:2006:544, Rn. 13.

87 EuGH, Urt. vom 12.9.2006 - Rs. C-196/04, *Cadbury Schweppes und Cadbury Schweppes Overseas*, ECLI:EU:C:2006:544, Rn. 14. Das IFSC wurde 1987 im ehemaligen Hafengelände in Dublin gegründet. Es handelte sich hierbei um eine von der EG-Kommision genehmigte und mehrfach verlängerte Fördermaßnahme, um Irland für internationale Investitionen attraktiver zu machen. Bei den gegründeten Gesellschaften handelte es sich um Kapitalgesellschaften, die Einkünfte vor allem aus dem Halten und Umschichten von Wertpapieren bezogen. IFSC-Gesellschaften erhielten auf Antrag einen ermäßigten Körperschaftsteuersatz von 10 % und wurden i. d. R. zu dem alleinigen Zweck in Dublin errichtet, um in den Genuss der steuerlichen Regelungen des IFSC zu kommen; vgl zu den IFSC-Gesellschaften im Einzelnen z.B. *Tulloch*, DB 1992, 1444 (1446).

88 EuGH, Urt. vom 12.9.2006 - Rs. C-196/04, *Cadbury Schweppes und Cadbury Schweppes Overseas*, ECLI:EU:C:2006:544, Rn. 18.

89 Die für das Streitjahr maßgeblichen Regeln über beherrschte ausländische Gesellschaften waren in den Sections 747-756 und in den Anhängen 24-26 ICTA des Gesetzes über die ESt und KSt (Income Corporation Taxes Act 1988) geregelt.

90 Dazu sogleich.

91 EuGH, Urt. vom 12.9.2006 - Rs. C-196/04, *Cadbury Schweppes und Cadbury Schweppes Overseas*, ECLI:EU:C:2006:544, Rn. 20.

b) Rechtlicher Hintergrund

aa) Körperschaftsteuersystem des Vereinigten Königreichs

Das Körperschaftsteuersystem des Vereinigten Königreichs basiert, ebenso wie in Deutschland, auf dem Welteinkommensprinzip.[92] Das bedeutet, dass eine dort ansässige Körperschaft mit ihren inländischen und ausländischen Einkünften (Welteinkommen) der KSt unterliegt. Nach dem im Vereinigten Königreich ebenfalls geltenden Trennungsprinzip werden die Gewinne ihrer Tochtergesellschaften im Zeitpunkt der Erzielung so lange nicht in die Steuerbemessungsgrundlage der inländischen Muttergesellschaft einbezogen, wie diese sie nicht ausschüttet.[93] Die von einer inländischen Tochtergesellschaft wiederum ausgeschütteten Gewinne sind auf Ebene der inländischen Muttergesellschaft von der KSt befreit. Dagegen wurden die von einer ausländischen Tochtergesellschaft ausgeschütteten Dividenden im Vereinigten Königreich der Besteuerung unterworfen. Jedoch gewährte das Vereinigte Königreich zur Vermeidung der wirtschaftlichen Doppelbesteuerung eine Steuergutschrift in Höhe der Steuer, die von der ausländischen Tochtergesellschaft anlässlich der Erzielung der Gewinne entrichtet wurde.[94] Von diesen allgemeinen Regeln sahen die Vorschriften des Vereinigten Königreichs jedoch eine Ausnahme vor. Unter bestimmten und noch zu erläuternden Voraussetzungen wurden bei beherrschten ausländischen Gesellschaften die im Ausland erzielten Gewinne entgegen den allgemeinen körperschaftsteuerlichen Regelungen auf Ebene der inländischen Muttergesellschaft bereits im Zeitpunkt der Erzielung der ausländischen Gewinne ausschüttungsunabhängig, d. h. auch bei Thesaurierung, besteuert, sobald die Gewinne in der ausländischen Gesellschaft anfielen.[95]

---

92 EuGH, Urt. vom 12.9.2006 - Rs. C-196/04, *Cadbury Schweppes und Cadbury Schweppes Overseas*, ECLI:EU:C:2006:544, Rn. 3; ebenso *Körner*, IStR 2004, 697 (698).

93 EuGH, Urt. vom 12.9.2006 - Rs. C-196/04, *Cadbury Schweppes und Cadbury Schweppes Overseas*, ECLI:EU:C:2006:544, Rn. 4. Wie in Deutschland werden die Kapitalgesellschaften als eigenständige Steuersubjekte behandelt.

94 EuGH, Urt. vom 12.9.2006 - Rs. C-196/04, *Cadbury Schweppes und Cadbury Schweppes Overseas*, ECLI:EU:C:2006:544, Rn. 4.

95 EuGH, Urt. vom 12.9.2006 - Rs. C-196/04, *Cadbury Schweppes und Cadbury Schweppes Overseas*, ECLI:EU:C:2006:544, Rn. 5 f.

bb) Anwendungsvoraussetzungen der britischen Hinzurechnungsbesteuerung

Die für den Sachverhalt des Ausgangsverfahrens maßgeblichen britischen Regelungen über beherrschte ausländische Gesellschaften sahen eine Hinzurechnungsbesteuerung vor, wenn die inländische Muttergesellschaft zu mehr als 50 % an der ausländischen Gesellschaft beteiligt war und die beherrschte ausländische Gesellschaft in ihrem Ansässigkeitsstaat – im Vergleich zu inländischen Kapitalgesellschaften – einem niedrigeren Besteuerungsniveau unterlag.[96] Ein niedrigeres Besteuerungsniveau lag dann vor, wenn die von der Tochter zu entrichtende Steuer weniger als drei Viertel von dem betrug, was die Tochtergesellschaft im Vereinigten Königreich zu entrichten hätte, wenn die Gewinne der Tochtergesellschaft dort besteuert worden wären.[97] Mit anderen Worten: Ein Niedrigsteuerland für Zwecke der britischen Hinzurechnungsbesteuerung lag vor, wenn die ausländische KSt weniger als 75 % der britischen KSt (damals 33 %) betrug, d. h. bei weniger als 24,75 % lag. Zur Erinnerung: Die Gewinne der im IFSC niedergelassenen irischen Gesellschaften unterfielen einem privilegierten Steuersatz von 10 %.

cc) Ausnahmen von der Anwendbarkeit der britischen Hinzurechnungsbesteuerung

Gleichwohl sahen die britischen Regelungen über beherrschte ausländische Gesellschaften eine Reihe von Ausnahmen vor, welche die Anwendbarkeit der britischen Hinzurechnungsbesteuerung ausschlossen.[98] Sie kam unter anderem dann nicht zur Anwendung, wenn die beherrschte ausländische Gesellschaft alternativ (1) eine „akzeptable Ausschüttungspolitik“ verfolgte, d. h. einen bestimmten Prozentsatz (90 % im Streitjahr) ihrer verteilungsfähigen Gewinne binnen 18 Monaten nach Einkünfteerzielung an die britischen Anteilseigner ausschüttete, (2) bestimmten, von der KSt befreiten

96 EuGH, Urt. vom 12.9.2006 - Rs. C-196/04, *Cadbury Schweppes und Cadbury Schweppes Overseas*, ECLI:EU:C:2006:544, Rn. 6 f.

97 EuGH, Urt. vom 12.9.2006 - Rs. C-196/04, *Cadbury Schweppes und Cadbury Schweppes Overseas*, ECLI:EU:C:2006:544, Rn. 7.

98 EuGH, Urt. vom 12.9.2006 - Rs. C-196/04, *Cadbury Schweppes und Cadbury Schweppes Overseas*, ECLI:EU:C:2006:544, Rn. 8 f.

Tätigkeiten nachging, (3) an einer anerkannten Börse notiert war und sich 35 % der Stimmrechte im Streubesitz befanden, (4) Gewinne erzielte, die einen Gesamtbetrag von 50.000 £ nicht überstiegen oder (5) den sog. Motivtest bestand. Zur Erfüllung des Motivtests musste der Steuerpflichtige nachweisen, dass die durch Geschäftsbeziehungen zwischen der Mutter- und Tochtergesellschaft verursachten Gewinnminderungen auf Ebene der Muttergesellschaft nicht steuerlich induziert waren.[99] Die britischen Behörden sahen augenscheinlich keine der genannten Voraussetzungen als erfüllt an, so dass sie auf Ebene der Muttergesellschaft eine KSt i. H. v. 8.638.633,54 £ ansetzten. Strittig war, ob die Rechtsvorschriften über beherrschte ausländische Gesellschaften wie derjenigen des Vereinigten Königreichs mit den europäischen Grundfreiheiten vereinbar sind und, wenn ja, welche unionsrechtlichen Anforderungen der EuGH an eine solche Regelung stellt, damit sie im Einklang mit dem unionsrechtlichen Verhältnismäßigkeitsgrundsatz steht.

c) Entscheidung des EuGH

aa) Prüfung am Maßstab der Niederlassungsfreiheit

Der EuGH stellte zunächst klar, dass die Vereinbarkeit der infrage stehenden Rechtsvorschriften am Maßstab der Niederlassungsfreiheit zu bewerten ist. Der Anwendungsvorrang ergebe sich aus der ständigen Rechtsprechung des EuGH, nach der nationale Vorschriften immer dann in den sachlichen Geltungsbereich der Niederlassungsfreiheit fallen, wenn die infrage stehende nationale Regelung nur auf Gesellschaften anwendbar ist, die Kapitalanteile an einer Gesellschaft mit Sitz in einem anderen Mitgliedstaat hält, die es ihr ermöglicht, einen sicheren Einfluss auf die Entscheidung der Beteiligungsgesellschaft auszuüben und deren Tätigkeit zu bestimmen.[100] Da die den vorliegenden Fall betreffenden Rechtsvorschriften

99 EuGH, Urt. vom 12.9.2006 - Rs. C-196/04, *Cadbury Schweppes und Cadbury Schweppes Overseas*, ECLI:EU:C:2006:544, Rn. 10.

100 EuGH, Urt. vom 12.9.2006 - Rs. C-196/04, C-196/04, *Cadbury Schweppes und Cadbury Schweppes Overseas*, ECLI:EU:C:2006:544, Rn. 31; vgl. in diesem Sinne auch EuGH, Urt. vom 20.9.2018 - Rs. C-685/16, *EV*, ECLI:EU:C:2018:743, Rn. 34; vom 24.11.2016 - Rs. C-464/14, *SECIL*, ECLI:EU:C:2016:896, Rn. 32; vom 13.11.2012 - Rs. C-35/11, *Test Claimants in the FII Group Litigation*, ECLI:EU:C:2012:707, Rn. 91; vom 19.07.2012 - Rs. C-31/11, *Scheunemann*, ECLI:EU:C:2012:481, Rn. 23; vom

über beherrschte ausländische Gesellschaften eine qualifizierte Mehrheitsbeteiligung von mehr als 50 % an der ausländischen Gesellschaft forderten, sei für die Bewertung des infrage stehenden Sachverhalts ausschließlich die Niederlassungsfreiheit maßgeblich.[101] Zwar trug die Klägerin vor, dass die Vorschriften über beherrschte ausländische Gesellschaften möglicherweise auch beschränkende Auswirkungen auf die Dienstleistungs- und Kapitalverkehrsfreiheit hätten, allerdings führte der EuGH hierzu aus, dass derartige Auswirkungen lediglich die unvermeidliche Konsequenz einer eventuellen Beschränkung der Niederlassungsfreiheit seien und insoweit keine eigenständige Prüfung im Hinblick auf die vorgenannten Grundfreiheiten rechtfertigen würden.[102]

bb) Beschränkung der Niederlassungsfreiheit

Der EuGH führte weiter aus, dass die Niederlassungsfreiheit einem Staatsangehörigen der EU oder einer nach dem Recht der EU gegründeten Gesellschaft die Aufnahme oder die Verlagerung der wirtschaftlichen Tätigkeit *(primäre Niederlassung)* sowie die Gründung einer Agentur, Zweigniederlassung (Betriebsstätte) oder Tochtergesellschaft in einem beliebigen anderen Mitgliedstaat *(sekundäre Niederlassung)* ermögliche.[103] Selbst wenn die Niederlassungsfreiheit ihrem Wortlaut nach die Inländergleichbehandlung im Aufnahmemitgliedstaat sichern soll, so verbiete sie darüber hinaus auch herkunftsseitige Beschränkungen, welche die Freiheit der Niederlassung beschränken könnten. Danach ist es dem Herkunftsmitgliedstaat grundsätzlich untersagt, die Niederlassung eines Staatsangehörigen oder einer nach seinem Recht gegründeten Gesellschaft in einem anderen Mitgliedstaat zu behindern.[104]

21.11.2002 - Rs. C-436/00, *X und Y*, ECLI:EU:C:2002:704, Rn. 37; vom 13.4.2000 - Rs. C-251/98, *Baars*, ECLI:EU:C:2000:205, Rn. 22.

101 EuGH, Urt. vom 12.9.2006 - Rs. C-196/04, *Cadbury Schweppes und Cadbury Schweppes Overseas*, ECLI:EU:C:2006:544, Rn. 32.

102 EuGH, Urt. vom 12.9.2006 - Rs. C-196/04, *Cadbury Schweppes und Cadbury Schweppes Overseas*, ECLI:EU:C:2006:544, Rn. 33. Zur Abgrenzung und zum Konkurrenzverhältnis zwischen Niederlassungs- und Kapitalverkehrsfreiheit siehe Kapitel 3 B.IV.

103 EuGH, Urt. vom 12.9.2006 - Rs. C-196/04, *Cadbury Schweppes und Cadbury Schweppes Overseas*, ECLI:EU:C:2006:544, Rn. 41.

104 EuGH, Urt. vom 12.9.2006 - Rs. C-196/04, *Cadbury Schweppes und Cadbury Schweppes Overseas*, ECLI:EU:C:2006:544, Rn. 42.

Die unterschiedliche steuerliche Behandlung von Tochtergesellschaften nach Sitz und der Steuerbelastung sowie der daraus resultierende Nachteil für ansässige Muttergesellschaften stellen solche Beschränkungen der Niederlassungsfreiheit dar. Dieser steuerliche Nachteil, den die inländischen Anteilseigner bei Beteiligungen im niedrigbesteuerten Ausland befürchten müssen - im Konkreten den ausschüttungsunabhängigen Zugriff auf die Gewinne beherrschter ausländischer Gesellschaften - könnte ansässige Gesellschaften nämlich davon abhalten, eine Tochtergesellschaft in einem anderen Mitgliedstaat zu gründen, zu erwerben oder zu behalten.[105] Das vorgetragene Argument, dass die für die beherrschende inländische Muttergesellschaft anfallende Steuer für die Gewinne der ausländischen Gesellschaft das Ziel der steuerlichen Neutralität verfolge, da die anfallende Steuer bei Anwendung der Hinzurechnungsbesteuerung nicht höher ausfalle, als wenn die Gewinne von einer Tochtergesellschaft mit Sitz im Vereinigten Königreich erwirtschaftet worden wären, ändere an dieser Auffassung nichts.[106] Der Herkunftsstaat habe in solchen Fällen schlicht nicht das Recht, den steuerlichen Vorteil durch eine weniger günstige steuerliche Behandlung der Muttergesellschaft zu kompensieren.[107]

cc) Rechtfertigung für die Beschränkung der Niederlassungsfreiheit

Als Ergänzung fügte der EuGH indes hinzu, dass die Beschränkung der Niederlassungsfreiheit durch nationale Regelungen wie die der britischen Hinzurechnungsbesteuerung unter dem Gesichtspunkt der Bekämpfung missbräuchlicher Praktiken gerechtfertigt werden kann, wenn dies speziell rein künstliche Gestaltungen betrifft, die dazu bestimmt sind, der normalerweise geschuldeten Steuer (künstlich) zu entgehen.[108] Ausgangspunkt dieser Klarstellung dürften (mutmaßlich) die vom Vereinigten Königreich und den beteiligten Mitgliedstaaten (darunter Deutschland) geäußerten Bedenken sein, dass die Vorschriften über beherrschte ausländische Gesellschaften

---

105 EuGH, Urt. vom 12.9.2006 - Rs. C-196/04, *Cadbury Schweppes und Cadbury Schweppes Overseas*, ECLI:EU:C:2006:544, Rn. 46.

106 EuGH, Urt. vom 12.9.2006 - Rs. C-196/04, *Cadbury Schweppes und Cadbury Schweppes Overseas*, ECLI:EU:C:2006:544, Rn. 45.

107 EuGH, Urt. vom 12.9.2006 - Rs. C-196/04, *Cadbury Schweppes und Cadbury Schweppes Overseas*, ECLI:EU:C:2006:544, Rn. 49.

108 EuGH, Urt. vom 12.9.2006 - Rs. C-196/04, *Cadbury Schweppes und Cadbury Schweppes Overseas*, ECLI:EU:C:2006:544, Rn. 51 und 55.

„[...] den Kampf gegen eine besondere Form der Steuerumgehung bezweckten, die darin bestehe, dass eine ansässige Gesellschaft künstlich Gewinne aus dem Mitgliedstaat, in dem diese erzielt worden seien, dadurch in einen Staat mit niedrigerem Besteuerungsniveau verlagere, dass sie dort Tochtergesellschaften gründe und dass sie Rechtsgeschäfte tätige, die hauptsächlich dazu bestimmt seien, eine solche Verlagerung zugunsten dieser Tochtergesellschaft herbeizuführen".[109]

Insoweit gilt eine Ausnahme zugunsten der Mitgliedstaaten, wenn die Beschränkung der Bekämpfung von missbräuchlichen Praktiken dient und dem Grundsatz der Verhältnismäßigkeit genügt.[110] Im Hinblick auf die Hinzurechnungsbesteuerung bedeutet dies, dass die Beschränkung nur dann verhältnismäßig ist, wenn der Gesetzgeber dem betroffenen Steuerpflichtigen die Möglichkeit einräumt, den Missbrauchsvorwurf im konkreten Einzelfall mittels Nachweises von Substanz und einer tatsächlichen wirtschaftlichen Betätigung zu widerlegen und damit zu beweisen, dass es sich bei der ausländischen Gesellschaft um keine rein künstliche Gestaltung handelt.[111] Dies müsse anhand objektiver und von dritter Seite nachprüfbarer Anhaltspunkte belegt werden, bspw. in Form von Geschäftsräumen, Personal und Ausrüstungsgegenständen.[112]

Daraus lässt sich ableiten, dass ein generalisierender Missbrauchsvorwurf seitens der Mitgliedstaaten ohne die Möglichkeit für den betroffenen Steuerpflichtigen, die Missbrauchsvermutung zu widerlegen, mit der Niederlassungsfreiheit unvereinbar ist. Sofern die betroffene Gesellschaft beweisen könne, dass sie im anderen Mitgliedstaat einer wirklichen wirtschaftlichen Tätigkeit mittels einer festen Einrichtung auf unbestimmte Zeit nachgeht, müsse dies eine Hinzurechnungsbesteuerung ausschließen.[113] Nicht ausreichend sei hingegen eine fiktive Ansiedlung, wie sie für Briefkasten- oder Strohfirmen charakteristisch ist, ohne wirkliche territoria-

109 EuGH, Urt. vom 12.9.2006 - Rs. C-196/04, *Cadbury Schweppes und Cadbury Schweppes Overseas*, ECLI:EU:C:2006:544, Rn. 48.

110 EuGH, Urt. vom 12.9.2006 - Rs. C-196/04, *Cadbury Schweppes und Cadbury Schweppes Overseas*, ECLI:EU:C:2006:544, Rn. 47.

111 EuGH, Urt. vom 12.9.2006 - Rs. C-196/04, *Cadbury Schweppes und Cadbury Schweppes Overseas*, ECLI:EU:C:2006:544, Rn. 65 und 70.

112 EuGH, Urt. vom 12.9.2006 - Rs. C-196/04, *Cadbury Schweppes und Cadbury Schweppes Overseas*, ECLI:EU:C:2006:544, Rn. 67.

113 EuGH, Urt. vom 12.9.2006 - Rs. C-196/04, *Cadbury Schweppes und Cadbury Schweppes Overseas*, ECLI:EU:C:2006:544, Rn. 65.

le Anknüpfung im anderen Mitgliedstaat.[114] Auf subjektive Steuervermeidungsabsichten käme es insoweit nicht an.[115]

3. Der Substanztest als Rettungsanker der deutschen Hinzurechnungsbesteuerung

Mit dem Urteil vom 12.9.2006 zog der EuGH in der Rs. *Cadbury Schweppes* die europarechtlichen Grenzen für die Ausgestaltung der Hinzurechnungsbesteuerung. Als unmittelbare Reaktion auf die Entscheidung des EuGH sah sich auch der deutsche Gesetzgeber gezwungen, den Substanztest in die deutsche Hinzurechnungsbesteuerung aufzunehmen, fehlte es doch bisher an der Möglichkeit des Steuerpflichtigen, die typisierende Missbrauchsvermutung zu widerlegen.[116] Anders als die britischen Regelungen sah die deutsche Hinzurechnungsbesteuerung keine Möglichkeit des Gegenbeweises vor. Damit fehlte der deutschen Hinzurechnungsbesteuerung das entscheidende Merkmal, um dem unionsrechtlichen Verhältnismäßigkeitsgrundsatz zu genügen.[117] Im Ergebnis verstieß die deutsche Hinzurechnungsbesteuerung offenkundig gegen das EU-Recht.

Mit der Einführung des § 8 Abs. 2 AStG im Rahmen des JStG 2008[118] hat der Gesetzgeber versucht, den europarechtlichen Anforderungen zu genügen.[119] Die in § 8 Abs. 2 AStG i. d. F. 2008 normierte Vorschrift räumt seither den betroffenen Steuerpflichtigen die Möglichkeit ein, die mit den §§ 7 ff. AStG einhergehende typisierende Missbrauchsvermutung im Einzelfall zu widerlegen und somit die Hinzurechnungsbesteuerung abzuwenden, sofern die Bedingungen der Vorschrift erfüllt werden.

Für das Gelingen des Entlastungsbeweises musste der betroffene Steuerpflichtige nachweisen können, dass die beherrschte ausländische Gesellschaft in ihrem Sitzstaat oder am Ort ihrer Geschäftsleitung einer tatsächlichen wirtschaftlichen Tätigkeit (positive Abgrenzung zu rein künstlichen

---

114 EuGH, Urt. vom 12.9.2006 - Rs. C-196/04, *Cadbury Schweppes und Cadbury Schweppes Overseas*, ECLI:EU:C:2006:544, Rn. 68.

115 EuGH, Urt. vom 12.9.2006 - Rs. C-196/04, *Cadbury Schweppes und Cadbury Schweppes Overseas*, ECLI:EU:C:2006:544, Rn. 65.

116 Zur grundlegenden Verpflichtung der Mitgliedstaaten zur Umsetzung von EuGH-Entscheidungen siehe *Schlücke*, Die Umsetzung von EuGH-Entscheidungen in das deutsche Steuerrecht, 2014, S. 73 ff.

117 *Kraft/Bron*, IStR 2006, 614 (620).

118 BGBl. I 2007, 3186.

119 Näher hierzu *Köhler/Haun*, Ubg 2008, 73.

Gestaltungen) nachgeht (§ 8 Abs. 2 Satz 1 AStG i. d. F. 2008). Die Ausnahme von der Hinzurechnungsbesteuerung war indes nur anwendbar, wenn die ausländische Gesellschaft ihren Sitz oder ihre Geschäftsleitung in einem Mitgliedstaat der EU oder einem weiteren Vertragsstaat des EWR-Abkommens hatte (§ 8 Abs. 2 Satz 1 AStG i. d. F. 2008). Demnach galt sie nicht bei Beteiligungen an Drittstaatengesellschaften bzw. bei Beteiligungen an Gesellschaften, die ihren Sitz in Staaten hatten, die keine steuerliche Amtshilfe leisteten (§ 8 Abs. 2 Satz 2 AStG i. d. F. 2008).[120] Diese konnten sich nicht aus der Hinzurechnungsbesteuerung exkulpieren.[121]

§ 8 Abs. 2 Satz 5 AStG i. d. F. 2008 konkretisierte die Vorschrift dahingehend, dass die Widerlegungsmöglichkeit dem Grunde nach nur Einkünfte verschonte, die durch die konkrete wirtschaftliche Tätigkeit erzielt worden waren (sog. segmentierende Betrachtung) und der Höhe nach nur jenen Teil der Einkünfte, die dem Fremdvergleichsgrundsatz standhielten.[122] § 8 Abs. 2 Satz 3 und 4 AStG i. d. F. 2008 schränkte den Anwendungsbereich der Exkulpationsklausel weiter ein, indem Zurechnungsbeträge aus nachgeschalteten Gesellschaften, die weder ihren Sitz noch ihre Geschäftsleitung in EU-/EWR-Staaten hatten, sowie Zwischeneinkünfte, die einer Betriebsstätte mit Belegenheit außerhalb der EU-/EWR-Staaten zuzuordnen waren, von der Gegenbeweismöglichkeit ausgeschlossen wurden. Darüber hinaus wurde mit der Erweiterung des § 20 Abs. 2 AStG durch die Ergänzung „ungeachtet von § 8 Abs. 2" die Gegenbeweismöglichkeit für Betriebsstättenfälle auch innerhalb der EU-/EWR-Mitgliedstaaten ausgeschlossen.[123]

Mit dem AmtshilfeRLUmsG[124] vom 26.6.2013 wurde der Gegenbeweis nach § 8 Abs. 2 AStG i. d. F. 2008 dann auch um Beteiligungen i. S. d. § 7 Abs. 6 AStG erweitert („im Sinne des § 7 Abs. 2 oder Abs. 6" statt im „Sinne des § 7 Abs. 2"). Die Widerlegungsmöglichkeit ist seitdem auch für ausländische Zwischengesellschaften möglich, die nicht inländisch be-

---

120 Siehe hierzu auch die scharfe Kritik von *Köhler/Haun*, Ubg 2008, 73 (76 ff.).

121 Im Vorfeld zu der Einführung des § 8 Abs. 2 AStG i. d. F. 2008 hatte die deutsche Finanzverwaltung zudem ein BMF-Schreiben – vgl. BMF, Schr. vom 8.1.2007, IV B 4 – S 1351 – 1/07, BStBl. I 2007, Nr. 3, 99 – erlassen, welches – unter zum Teil überzogenen Voraussetzungen – den Gegenbeweis für EU-/EWR-Gesellschaften zuließ. Ausführlich zum BMF-Schreiben vgl. *Goebel/Palm*, IStR 2007, 720 (723 ff.); *Haun/Käshammer/Reiser*, GmbHR 2007, 184 ff.; *Köhler/Eicker*, DStR 2007, 331 ff.; *Köplin/Sedemund*, BB 2007, 244 ff.; *Krogmann/Vitale*, IWB 2007, 417 ff.

122 Siehe hierzu ausführlich Kapitel 4 D.

123 Zur Vereinbarkeit dieser Regelung mit dem Unionsrecht siehe *Jost*, Betriebsstätten – Missbrauch und Niederlassungsfreiheit, 2012, S. 164 ff.

124 BGBl. I 2013, 1809.

herrscht sind, jedoch Einkünfte mit Kapitalanlagecharakter erzielen und einer niedrigen Besteuerung im europäischen Ausland unterliegen.

C. Neuregelung der Hinzurechnungsbesteuerung durch das ATADUmsG

I. Hintergrund der Neuregelung und Vorgaben der ATAD zur Ausgestaltung der Hinzurechnungsbesteuerung[125]

Mit der ATAD wurde jüngst für alle Mitgliedstaaten ein Paket rechtlich verpflichtender Mindeststandards zur Bekämpfung der Steuerumgehung eingeführt.[126] Ziel der ATAD ist es, Gestaltungen zur Steuervermeidung, wozu auch die Vorschriften zur Hinzurechnungsbesteuerung zählen, strengeren Restriktionen zu unterwerfen und die BEPS-Handlungsempfehlungen „EU-weit einheitlich", „wirksam", „rasch" und „koordiniert" umzusetzen, um eine „Fragmentierung des Marktes zu verhindern" und die derzeitigen „Inkongruenzen und Marktverzerrungen" zu beseitigen.[127] Die ATAD legt hierfür die Spielregeln fest.

Für eine reibungslose Funktionsweise des Binnenmarkts müssen die Mitgliedstaaten

> *„[…] ihre BEPS-Verpflichtungen erfüllen und allgemeine Maßnahmen zur Bekämpfung von Steuervermeidungspraktiken und zur Gewährleistung einer fairen und wirksamen Besteuerung in der Union ergreifen und dabei in ausreichend kohärenter und koordinierter Weise vorgehen".*[128]

125 Zum Teil in *Richter/Kortendick/Ekinci*, GmbHR 2020, 694 (701) veröffentlicht.

126 Für einen Überblick über die einzelnen Maßnahmen siehe *Fehling*, in: Schaumburg/Englisch (Hrsg.), Europäisches Steuerrecht, 2. Aufl. 2020, Rn. 17.35 ff.

127 Zweiter Erwägungsgrund der Richtlinie (EU) 2016/1164 des Rates vom 12.7.2016, ABl. EU L 193/1.

128 Zweiter Erwägungsgrund der Richtlinie (EU) 2016/1164 des Rates vom 12.7.2016, ABl. EU L 193/1. Konkret überführt die ATAD drei der 15 BEPS-Aktionspunkte des von der OECD entwickelten Aktionsplans zur Bekämpfung der Gewinnverkürzung und Gewinnverlagerung in europäisches Recht. Dabei handelt es sich um die Vorschriften zur Beschränkung der Abzugsfähigkeit von Zinsen (Art. 4 ATAD bezogen auf BEPS-Aktionspunkt 4), zur Hinzurechnungsbesteuerung (Art. 7 und 8 ATAD bezogen auf BEPS-Aktionspunkt 3) und zur Bekämpfung hybrider Gestaltungen (Art. 9 ATAD bezogen auf BEPS-Aktionspunkt 2).

Art. 7 und 8 ATAD verpflichten als Teil des Pakets die Mitgliedstaaten zur Einführung einer Hinzurechnungsbesteuerung.[129] Dabei definiert Art. 7 Abs. 1 Satz 1 ATAD die Voraussetzungen, unter welchen niedrige oder steuerbefreite Einkünfte einer beherrschten ausländischen Gesellschaft der Hinzurechnungsbesteuerung unterfallen sollen. Danach soll die Hinzurechnungsbesteuerung nur bei beherrschten ausländischen Gesellschaften angewendet werden, wenn

i. die beherrschende inländische Muttergesellschaft selbst oder zusammen mit ihren verbundenen Unternehmen unmittelbar oder mittelbar mehr als 50 % der Stimmrechte, 50 % des Kapitals oder 50 % der Gewinnansprüche an der ausländischen beherrschten Gesellschaft hält (Art. 7 Abs. 1 Satz 1 Bstb. a ATAD) und
ii. die tatsächlich entrichtete KSt im Ansässigkeitsstaat des beherrschten ausländischen Unternehmens weniger als die Hälfte der KSt beträgt, welche nach der geltenden Körperschaftsteuerregelung der beherrschenden inländischen Muttergesellschaft erhoben worden wäre (Art. 7 Abs. 1 Satz 1 Bstb. b ATAD).

Sofern die entsprechend normierten Voraussetzungen erfüllt sind, so dass von einer beherrschten ausländischen Gesellschaft i. S. d. Art. 7 Abs. 1 Satz 1

129 Siehe zum Richtlinienvorschlag insbesondere die Regelungen der Hinzurechnungsbesteuerung betreffend unter anderem die Beiträge von *Fehling*, in: Schaumburg/Englisch (Hrsg.), Europäisches Steuerrecht, 2. Aufl. 2020, Rn. 17.68 ff.; *Böhmer/Gebhardt/Krüger*, in: Hagemann/Kahlenberg (Hrsg.), Anti Tax Avoidance Directive (ATAD), 2019, S. 545 ff.; *Haase*, ISR 2017, 349 (353 ff.); *Orlet*, in: Lang/Rust/Schuch u. a. (Hrsg.), Die Anti-Tax-Avoidance-Richtlinie, 2017, S. 114 ff.; *Schönfeld*, IStR 2017, 721 ff.; *Wenzel*, ISR 2017, 432 ff.; *Linn*, IStR 2016, 645 ff.; *Rautenstrauch/Suttner*, BB 2016, 2391 ff.; *Schnitger/Nitzschke/Gebhardt*, IStR 2016, 960 ff. Die Ausgestaltung der Hinzurechnungsbesteuerung in der ATAD orientiert sich dabei maßgeblich an den Arbeiten und Vorschlägen der OECD, die bereits 2013 als Teil des umfassenden BEPS-Aktionsplans gegen Gewinnverlagerungen und Gewinnverkürzungen mit dem Aktionspunkt 3 eine Best-Practice-Empfehlung für die Ausgestaltung einer robusten Hinzurechnungsbesteuerung ausgearbeitet hat; siehe OECD (2015), Designing Effective Controlled Foreign Company Rules, Action 3 - 2015 Final Report, OECD/G20 Base Erosion and Profit Shifting Project, OECD Publishing, http://dx.doi.org/10.1787/9789264241152-en; zu den einzelnen Aktionspunkten des BEPS-Projekts *Kofler/Schnitger* (Hrsg.), BEPS-Handbuch, 2019; *Jacobs/Endres/Spengel*, in: Jacobs (Hrsg.), Internationale Unternehmensbesteuerung, 2016, S. 96 ff.; *Oppel*, SteuK 2016, 53; *Benz/Böhmer*, DB 2015, 2535; *Oestreicher* (Hrsg.), BEPS – Base Erosion und Profit Shifting, 2015; insbesondere zu Aktionspunkt 3 *Kraft*, in: Kofler/Schnitger (Hrsg.), BEPS-Handbuch, 2019, S. 243 ff.; *Eilers/Henning*, ISR 2015, 422 ff.

ATAD gesprochen werden kann, werden sodann in Art. 7 Abs. 2 ATAD jene Einkünfte der ausländischen beherrschten Gesellschaft definiert, die der Hinzurechnungsbesteuerung unterworfen werden sollen. Die Richtlinie bietet dabei zwei verschiedene Ansätze an, zwischen denen die Mitgliedstaaten wählen können. Fällt eine ausländische Gesellschaft in den Anwendungsbereich der Hinzurechnungsbesteuerung, sind die Mitgliedstaaten entweder verpflichtet, alle nicht ausgeschütteten Einkünfte der beherrschten ausländischen Gesellschaft aus bestimmten Kategorien[130] der Hinzurechnungsbesteuerung zu unterwerfen, dazu zählen (i) Zinsen und sonstige Einkünfte aus Finanzanlagevermögen, (ii) Lizenzgebühren oder sonstige Einkünfte aus geistigem Eigentum, (iii) Dividenden und Einkünfte aus der Veräußerung von Anteilen, (iv) Einkünfte aus dem Finanzierungsleasing, (v) Einkünfte aus finanziellen Tätigkeiten und (vi) Einkünfte aus Abrechnungsunternehmen, die keinen oder nur geringen wirtschaftlichen Mehrwert bringen (Art. 7 Abs. 2 Satz 1 Bstb. a ATAD; katalogbasierter Ansatz). Oder sie müssen alternativ und anstelle des Katalogs passiver Einkünfte solche Einkünfte der Hinzurechnungsbesteuerung unterwerfen, die aus einer unangemessenen Gestaltung resultieren, deren wesentlicher Zweck die Erlangung eines steuerlichen Vorteils ist (Art. 7 Abs. 2 Satz 1 Bstb. b ATAD; transaktionsbezogener Ansatz).

Für Zwecke des transaktionsbezogenen Ansatzes gilt eine Gestaltung oder eine Abfolge von Gestaltungen als unangemessen,

> „*[...] sofern das Unternehmen oder die Betriebsstätte nicht selbst Eigentümer der Vermögenswerte wäre oder die Risiken, aus denen seine gesamten Einkünfte oder Teile davon erzielt werden, nicht eingegangen wäre, wenn es nicht von einer Gesellschaft beherrscht würde, deren Entscheidungsträger die für diese Vermögenswerte und Risiken relevanten Aufgaben ausführen, die für die Erzielung der Einkünfte des beherrschten Unternehmens ausschlaggebend sind*“.[131]

Vereinfacht ausgedrückt geht es um die Frage, ob die beherrschte ausländische Tochtergesellschaft auch ohne das Beherrschungsverhältnis Eigentümer der Vermögenswerte geworden wäre und inwieweit sie die daraus

130 Dazu ausführlich *Böhmer/Gebhardt/Krüger*, in: Hagemann/Kahlenberg (Hrsg.), Anti Tax Avoidance Directive (ATAD), 2019, S. 607-648.

131 Art. 7 Abs. 2 Satz 1 Bstb. b Satz 2 ATAD.

entstehenden Risiken auch ohne das Beherrschungsverhältnis eingegangen wäre.[132]

Für den Fall, dass sich ein Mitgliedstaat für den katalogbasierten Ansatz entscheidet, muss nach Art. 7 Abs. 2a Unterabs. 2 ATAD eine Hinzurechnungsbesteuerung unterbleiben, wenn die beherrschte ausländische Gesellschaft, gestützt auf Personal, Ausstattung, Vermögenswerte und Räumlichkeiten, eine wesentliche wirtschaftliche Tätigkeit ausübt und dies durch relevante Fakten und Umstände nachgewiesen werden kann. Art. 7 Abs. 2a Unterabs. 2 ATAD soll augenscheinlich die primärrechtlichen Anforderungen des EuGH erfüllen.[133] Erreicht wird damit die bei typisierenden Missbrauchsvermeidungsvorschriften insoweit erforderliche Möglichkeit des Gegenbeweises. Ist die beherrschte ausländische Gesellschaft in einem Drittstaat ansässig, der keine Vertragspartei des EWR-Abkommens ist, so steht es den Mitgliedstaaten grds. frei, die Gesellschaft von dem Substanztest auszuschließen (Art. 7 Abs. 2 Satz 3 ATAD). Die Richtlinie verpflichtet die Mitgliedstaaten also im Verhältnis zu Drittstaaten nicht, eine solche Substanzausnahme zu gewährleisten. Darüber hinaus sieht Art. 7 Abs. 3 Satz 1 ATAD eine Bagatellgrenze vor. So dürfen die Mitgliedstaaten gem. Art. 7 Abs. 3 Satz 1 ATAD beherrschte ausländische Gesellschaften oder Betriebsstätten aus der Anwendung der Hinzurechnungsbesteuerung ausnehmen, sofern höchstens ein Drittel der gesamten Einkünfte des beherrschten ausländischen Unternehmens oder der Betriebsstätte aus passivem Erwerb stammen. Ferner sieht Art. 7 Abs. 3 Satz 2 ATAD eine Ausnahme für Finanzunternehmen[134] vor.[135]

Für den Fall, dass sich ein Mitgliedstaat für den transaktionsbezogenen Ansatz entscheidet, sieht die ATAD ebenfalls eine Bagatellgrenze vor. Sollte sich der Mitgliedstaat für diesen Ansatz entscheiden, so kann er von der Hinzurechnung der Einkünfte der beherrschten ausländischen Gesellschaft bei der beherrschenden Gesellschaft absehen, wenn die Gewinne des beherrschten ausländischen Unternehmens bzw. die der Betriebsstätte

132 *Orlet*, in: Lang/Rust/Schuch u. a. (Hrsg.), Die Anti-Tax-Avoidance-Richtlinie, 2017, S. 125.

133 So der zwölfte Erwägungsgrund der Richtlinie (EU) 2016/1164 des Rates vom 12.7.2016, ABl. EU L 193/1 mit aller Deutlichkeit.

134 Als Finanzunternehmen i. S. d. ATAD gilt eines der in Art. 2 Abs. 5 ATAD genannten Unternehmen.

135 Bei Finanzunternehmen dürfen die Mitgliedstaaten von der Hinzurechnungsbesteuerung absehen, wenn höchstens ein Drittel der passiven Einkünfte aus Transaktionen mit der betroffenen Muttergesellschaft oder ihren verbundenen Unternehmen stammen.

750.000 € (absolute Freigrenze) und deren „nicht kommerziellen Einkünfte", also Einkünfte aus passivem Erwerb, 75.000 € (relative Freigrenze) nicht übersteigen oder wenn die Gewinne des beherrschten ausländischen Unternehmens nicht mehr als 10 % ihrer betrieblichen Aufwendungen für den Besteuerungszeitraum ausmachen (Art. 7 Abs. 4 ATAD).

Einerseits sind die Ähnlichkeiten zu der deutschen Hinzurechnungsbesteuerung offensichtlich. Andererseits weichen die Vorgaben erheblich von der Rechtslage in Deutschland bis zur Einführung des ATADUmsG ab. Im Vergleich zur deutschen Rechtslage fällt vor allem auf, dass eine ausländische Gesellschaft nach Art. 7 Abs. 1 Bstb. a ATAD nur dann als beherrscht gelten soll, wenn ein oder mehrere Gesellschafter, die miteinander verbunden sind, zu mehr als 50 % an der ausländischen Gesellschaft beteiligt sind. Dagegen erfasste die deutsche Hinzurechnungsbesteuerung bis zur Einführung des ATADUmsG jene inländischen Gesellschafter, die kumulativ die 50 %-Grenze überschritten, selbst wenn diese sich einander nicht nahestanden, d. h. einander fremd waren (§ 7 Abs. 1 AStG i. d. F. 2008). Bezüglich der vom Beherrschungstatbestand erfassten Fälle tritt daneben noch eine weitere Abweichung zur bisherigen deutschen Rechtslage hervor: Um das Vorliegen einer Beherrschung zu prüfen, sollen nach Art. 7 Abs. 1 Bstb. a ATAD – im Gegensatz zur bisherigen deutschen Rechtslage – auch die Gewinnansprüche berücksichtigt werden. Augenfällig ist auch die unterschiedliche Definition der Niedrigsteuerschwelle. Während gem. Art. 7 Abs. 1 Satz 1 Bstb. b ATAD eine Niedrigbesteuerung immer dann vorliegen soll, wenn die im Ausland vom beherrschten Unternehmen entrichtete KSt weniger als 50 % der Steuerbelastung im Mitgliedstaat des Steuerpflichtigen beträgt – angewendet auf Deutschland würde die Niedrigbesteuerung 7,5 % betragen –[136], weicht die deutsche Rechtslage doch erheblich von den Vorgaben ab und postuliert eine Niedrigbesteuerung bereits bei weniger als 25 %. Zudem enthält Art. 7 Abs. 2 Bstb. a ATAD im Gegensatz zur deutschen Regelung einen Passivkatalog zur Bestimmung der im Rahmen der Hinzurechnungsbesteuerung einzubeziehenden Einkünfte. Dagegen enthalten die Vorschriften der deutschen Hinzurechnungsbesteuerung einen Aktivkatalog, um die unschädlichen Einkünfte zu definieren.[137]

Die Vorgaben der Art. 7 und 8 ATAD richten sich grundsätzlich an alle Steuerpflichtigen, die in einem oder mehreren Mitgliedstaaten körper-

136 Ausgehend von einem Körperschaftsteuersatz von 15 %.

137 Sog. Negativabgrenzung der passiven Einkünfte.

schaftsteuerpflichtig sind (Art. 1 ATAD). Dies schließt die in einem Mitgliedstaat belegenen Betriebsstätten steuerlich intransparenter Unternehmen mit ein, selbst dann, wenn es sich um Betriebsstätten von steuerpflichtigen Unternehmen handelt, die steuerlich in einem Drittland ansässig sind. Steuerlich transparente Unternehmen und natürliche Personen sind ausdrücklich nicht von der Richtlinie erfasst.[138]

II. Gesetz zur Umsetzung der ATAD (ATADUmsG)

Die Richtlinie gilt nicht unmittelbar, sondern bedarf eines Umsetzungsaktes der Mitgliedstaaten. Diese wiederum sind verpflichtet, die Vorgaben der Richtlinie fristgemäß und zielkonform in nationales Recht umzusetzen (Art. 288 Abs. 3 AEUV und Art. 4 Abs. 3 EUV). Da sich die Vorschriften in nunmehr 27 verschiedene Systeme der Unternehmensbesteuerung einfügen müssen, sind die Regelungen der ATAD auf allgemeine Bestimmungen beschränkt.[139] Dieses Ziel wird durch die Einführung eines EU-weiten Mindestschutzes erreicht. Solche Bestimmungen sind gekennzeichnet durch die allgemeine Existenz einer Öffnungsklausel für nationale Regelungen. Sie erlauben den Mitgliedstaaten, mit dem Primärrecht in Einklang stehende strengere Vorschriften zu erlassen oder aufrechtzuerhalten, um ein höheres nationales Schutzniveau sicherzustellen (vorliegend Art. 3 ATAD). Im Schrifttum wird diese Mindestharmonisierung kritisiert, weil sie gerade zu einer Fragmentierung des Binnenmarkts führe, indem sie unterschiedlich strenge nationale Regelungen zulasse, solange das Mindestschutzniveau nicht unterschritten wird.[140]

Die Vorgaben der ATAD waren bis zum 31.12.2018 in das nationale Recht umzusetzen (Art. 11 Abs. 1 ATAD). Dieser Reformbedarf wurde durch das ATADUmsG aufgegriffen und mit zweieinhalbjähriger Verspätung am 25.6.2021 mit Wirkung zum Veranlassungszeitraum 2022 in nationales

138 Vierter Erwägungsgrund der Richtlinie (EU) 2016/1164 des Rates vom 12.7.2016, ABl. EU L 193/1.

139 Dritter Erwägungsgrund der Richtlinie (EU) 2016/1164 des Rates vom 12.7.2016, ABl. EU L 193/1.

140 So etwa *Eilers/Oppel*, IStR 2016, 312 (313); *Lüdicke/Oppel*, DB 2016, 549 (550); *Oppel*, IStR 2016, 797 (798).

Recht umgesetzt.[141] Dieser Anlass sollte dazu genutzt werden, die Hinzurechnungsbesteuerung in Einklang mit den Mindestvorgaben der ATAD zu bringen und gleichzeitig das zugrunde liegende Regelwerk „zur Stärkung des Wirtschaftstandorts Deutschland zeitgemäß und rechtssicher" auszugestalten.[142]

Um es vorwegzunehmen: Die Änderungen im Rahmen des ATADUmsG perpetuieren den Kern der deutschen Hinzurechnungsbesteuerung. Der Steuergesetzgeber hält weiterhin an den bekannten Tatbestandsvoraussetzungen fest, die für die Abgrenzung derjenigen ausländischen Gesellschaften, die für eine Hinzurechnungsbesteuerung in Betracht kommen, von anderen ausländischen Gesellschaften entscheidend sind. Weiterhin werden ausschließlich ausländische Einkünfte der Hinzurechnungsbesteuerung unterworfen, wenn (i) ein inländischer Steuerpflichtiger die ausländische Gesellschaft beherrscht (§ 7 AStG), (ii) die ausländische Gesellschaft Einkünfte aus einer passiven Tätigkeit i. S. d. Negativ-Katalogs des § 8 Abs. 1 AStG erzielt, (iii) diese Einkünfte niedrig besteuert werden, d. h. mit weniger als 25 % (§ 8 Abs. 5 AStG) und (iv) der Gegenbeweis i. S. d. § 8 Abs. 2 bis 4 AStG für EU-/EWR-Gesellschaften nicht gelingt. Sind die Tatbestandsvoraussetzungen erfüllt, ist eine Hinzurechnungsbesteuerung durchzuführen. Gleichwohl sieht der Gesetzgeber im Detail eine Reihe substanzieller Anpassungen im Tatbestand vor. Beispielsweise wurde das Beherrschungskriterium des § 7 AStG bedeutend geändert und der Substanztest nach § 8 Abs. 2 bis 4 AStG inhaltlich deutlich verschärft. Darüber hinaus sind wesentliche Änderungen auf Rechtsfolgenebene geplant, die strukturell mit der Tatbestandsebene zusammenhängen.

141 Zu den daraus möglicherweise resultierenden Konsequenzen siehe *Ditz/Wassermeyer*, in: Flick/Wassermeyer/Baumhoff u. a. (Hrsg.), Außensteuerrecht, 98. Lfg. 7.2021, Vor §§ 7 bis 14 AStG, Rn. 81; *Kraft/Hohage*, FR 2021, 538.

142 BT-Drucks. 19/28652, Begründung Allgemeiner Teil, S. 25.

III. Tatbestandsvoraussetzungen und Rechtsfolgen der deutschen Hinzurechnungsbesteuerung nach dem ATADUmsG

1. Tatbestandsvoraussetzungen der Hinzurechnungsbesteuerung

a) Beherrschung einer ausländischen Gesellschaft (§ 7 AStG)[143]

aa) Ausländische Gesellschaft

Die Hinzurechnungsbesteuerung setzt eine ausländische Gesellschaft voraus. § 7 Abs. 1 AStG definiert die ausländische Gesellschaft als eine Körperschaft, Personenvereinigung oder Vermögensmasse i. S. d. KStG, die weder Geschäftsleitung noch Sitz im Inland hat und die nicht gem. § 3 Abs. 1 KStG von der Körperschaftsteuerpflicht ausgenommen ist. Aufgrund des ausdrücklichen Verweises auf das KStG gilt als ausländische Gesellschaft der Katalog an Körperschaften, die unter den § 1 Abs. 1 KStG fallen würden, soweit die Anknüpfungspunkte für eine unbeschränkte Körperschaftsteuerpflicht im Inland vorlägen.[144] Dazu zählen im Einzelnen

- Kapitalgesellschaften (insbesondere Europäische Gesellschaften, AG, KGaA auf Aktien, GmbH),
- Genossenschaften einschließlich der Europäischen Genossenschaften,
- Versicherungs- und Pensionsfondsvereine auf Gegenseitigkeit,
- sonstige juristische Personen des privaten Rechts,
- nichtrechtsfähige Vereine, Anstalten, Stiftungen und andere Zweckvermögen des privaten Rechts und
- Betriebe gewerblicher Art von juristischen Personen des öffentlichen Rechts.

Für Zwecke der Hinzurechnungsbesteuerung muss die ausländische Gesellschaft insoweit als Kapitalgesellschaft qualifizieren. Für die Qualifikation als Kapitalgesellschaft ist auf das deutsche Recht zurückzugreifen und ein sog. Typenvergleich durchzuführen.[145] Immer dann, wenn im Wege des

143 Im Wesentlichen bereits veröffentlicht in *Kortendick/Ekinci*, IStR 2020, 615.

144 *Köhler*, in: Strunk/Kaminski/Köhler (Hrsg.), AStG/DBA, 47. Lfg. 7.2017, § 7 AStG, Rn. 42.

145 *Vogt*, in: Brandis/Heuermann (Hrsg.), AStG, 132. Lfg. 05.2016, § 7 AStG, Rn. 14; *Wassermeyer*, in: Flick/Wassermeyer/Baumhoff u. a. (Hrsg.), Außensteuerrecht, 84. Lfg. 3.2018, § 7 AStG, Rn. 10 f.; *Köhler*, in: Strunk/Kaminski/Köhler (Hrsg.), AStG/DBA, 47. Lfg. 7.2017, § 7 AStG, Rn. 43.

Rechtstypenvergleichs eine ausländische körperschaftsteuerpflichtige Körperschaft, Personenvereinigung oder Vermögensmasse in ihrer wirtschaftlichen Stellung und ihrem rechtlichen Aufbau vergleichbar ist mit einer inländischen Körperschaft i. S. d. § 1 Abs. 1 KStG, kann auch von einer ausländischen Gesellschaft i. S. d. § 7 Abs. 1 AStG ausgegangen werden.[146] Die nationale steuerliche Einordnung des ausländischen Rechtsträgers erfolgt dabei unabhängig von der zivilrechtlichen und steuerlichen Einordnung im Ausland.[147] Mit anderen Worten: Für die Qualifikation des ausländischen Rechtsgebildes ist ausschließlich das innerstaatliche Ertragsteuerrecht maßgebend.

Die zur Beurteilung heranzuziehenden Kriterien zur steuerlichen Einordnung ausländischer Gesellschaften lassen sich aus der Rechtsprechung des RFH[148] und des BFH[149] entnehmen. Sowohl der RFH als auch der BFH haben dabei charakteristische Merkmale definiert, die von der Finanzverwaltung[150] und den Finanzgerichten[151] bei der Durchführung des Rechtstypenvergleichs übernommen wurden. Danach sind folgende Beurteilungsmerkmale für die Einordnung als Körperschaft i. S. d. § 1 Abs. 1 KStG maßgebend:[152]

- Erlangung der Rechtsfähigkeit mit der Eintragung ins Register (formale Gründungsvoraussetzungen);

146 *Wassermeyer*, in: Flick/Wassermeyer/Baumhoff u. a. (Hrsg.), Außensteuerrecht, 84. Lfg. 3.2018, § 7 AStG, Rn. 10.

147 *Köhler*, in: Strunk/Kaminski/Köhler (Hrsg.), AStG/DBA, 47. Lfg. 7.2017, § 7 AStG, Rn. 43.

148 RFH, Urt. vom 12.2.1930 - VI A 899/27, RFHE 27, S. 77 ff.

149 Zuletzt BFH, Beschl. vom 18.5.2021 - I B 75/20 (AdV), BFH/NV 2021, 1489; BFH, Urt. vom 20.8.2008 - I R 34/08, BStBl II 2009, 263; BFH, Urt. vom 23.6.1992 - IX R 182/87, BStBl. II 1992, 972.

150 BMF, Schr. vom 19.3.2004, IV B 4 – S 1301 USA-22/04, BStBl. I 2004, Nr. 6, S. 411 unter IV.

151 FG Berlin-Brandenburg, Urt. vom 14.10.2008 - 6 K 33331/03 B, EFG 2009, 201; FG Münster, Urt. vom 17.8.2009 - 8 K 4552/04 F, EFG 2009, 1951; FG München, Urt. vom 5.10.2011 - 3 V 2094/11, EFG 2012, 723.

152 Vgl. hierzu BMF, Schr. vom 19.3.2004, IV B 4 – S 1301 USA – 22/04, BStBl. I 2004, 411 zur steuerlichen Einordnung der nach dem Recht der Bundesstaaten der USA gegründeten Limited Liability Company. Zur Beurteilung kann auch auf die Tabelle 1 und 2 in der Anlage zum sog. Betriebsstättenerlass verwiesen werden – siehe BMF, Schr. vom 24.12.1999, IV B 4 – S 1300 – 111/99, BStBl. I 1999, 1076. Des Weiteren bietet die Anlage im BMF, Schr. vom 26.9.2014, IV B 5 – S 1300/09/10003, BStBl. I 2014, 1258 betreffend die „Anwendung der Doppelbesteuerungsabkommen (DBA) auf Personengesellschaften“ weitere Hinweise für die Einordnung ausgewählter internationaler Gesellschaftsformen.

- zentralisierte Geschäftsführung und Vertretung;
- beschränkte Haftung für Verbindlichkeiten der Gesellschaft;
- freie Übertragbarkeit der Anteile;
- Gewinnzuteilung durch Beschluss;
- Einlagenverpflichtung bei der Kapitalaufbringung;
- unbegrenzte Lebensdauer der Gesellschaft, d. h. unabhängig vom Gesellschafterbestand;
- Gewinnverteilung nach Verhältnis der Geschäftsanteile.

Eine ausländische Gesellschaft ist hiernach als Körperschaft einzuordnen, wenn sich bei einer Gesamtbetrachtung der maßgebenden ausländischen Bestimmungen und der getroffenen Vereinbarungen über die Organisation und Struktur der Gesellschaft ergibt, dass diese rechtlich und wirtschaftlich einer inländischen Körperschaft gleicht. Andernfalls ist sie als Personengesellschaft zu qualifizieren, die i. d. R. keine Hinzurechnungsbesteuerung nach den Maßgaben des §§ 7 ff. AStG auslöst.[153]

bb) Beherrschung durch einen unbeschränkt Steuerpflichtigen

Während der Grundtatbestand der Hinzurechnungsbesteuerung bislang voraussetzte, dass unbeschränkt Steuerpflichtige insgesamt zu mehr als der Hälfte (> 50 %) an einer ausländischen Körperschaft, Personenvereinigung oder Vermögensmasse beteiligt sind (§ 7 Abs. 1 AStG a. F.), d. h. unabhängig davon, ob diese gemeinsam geplant oder rein zufällig die Beteiligungsgrenze überschritten, beschränkt sich das neue Beherrschungskonzept im ATADUmsG – in Übereinstimmung mit den Vorgaben der ATAD – nunmehr auf die Fälle, in denen ein unbeschränkt Steuerpflichtiger tatsächlich die ausländische Gesellschaft beherrscht (§ 7 Abs. 1 AStG). Damit ist der Anwendungsbereich der Hinzurechnungsbesteuerung ausgeschlossen, wenn es an einer tatsächlichen Beherrschung eines einzelnen oder eines Personenverbunds fehlt. Infrage käme dann nur noch die Hinzurechnung möglicher Zwischeneinkünfte mit Kapitalanlagecharakter nach § 13 AStG.[154]

Angesichts der Zielsetzung der Hinzurechnungsbesteuerung ist ein solches Beherrschungskonzept im Ausgangspunkt zu begrüßen. Allein die

153 Unter Vorbehalt des § 20 Abs. 2 Satz 1 AStG.
154 Siehe hierzu Kapitel 2 C.III.3.a.

zufällige (unmittelbare und mittelbare) Beteiligung mehrerer Steuerinländer an einer ausländischen Gesellschaft rechtfertigt die Hinzurechnungsbesteuerung nicht.[155] In der Regel fehlt es in diesen Fällen am notwendigen Einfluss, die Ausschüttungspolitik der ausländischen Gesellschaft zu bestimmen, um eine potenzielle Steuerumgehung im Inland durch Nutzung der Abschirmwirkung niedrig besteuerter ausländischer Kapitalgesellschaften zu verwirklichen. Bei bloßen Streubesitzbeteiligungen kann nicht davon ausgegangen werden, dass die ausländische Gesellschaft durch die Steuerinländer allein für den Zweck errichtet wurde, mobile passive Einkünfte gezielt auf die Auslandsgesellschaft zu verlagern.

Wer unbeschränkt steuerpflichtig ist, richtet sich nach den einzelnen Steuergesetzen. In Betracht kommen natürliche Personen (§§ 1 Abs. 1 bis 3, 1a EStG) sowie Körperschaften (§ 1 Abs. 1 und 3 KStG). Unbeschränkt einkommensteuerpflichtig ist jede natürliche Person, die ihren Wohnsitz (§ 8 AO) und/oder ihren gewöhnlichen Aufenthalt (§ 9 AO) in Deutschland hat. Darüber hinaus werden auch diejenigen Personen als unbeschränkt einkommensteuerpflichtig behandelt, die weder Wohnsitz noch gewöhnlichen Aufenthalt im Inland haben, jedoch einen Antrag nach § 1 Abs. 3 EStG stellen. Selbiges gilt für die fiktive unbeschränkte Steuerpflicht nach § 1a EStG. Unbeschränkt körperschaftsteuerpflichtig sind inländische Körperschaften, Personenvereinigungen und Vermögensmassen, die ihre Geschäftsleitung und/oder ihren Sitz im Inland haben (§ 1 Abs. 1 KStG).

cc) Beherrschung durch beschränkt Steuerpflichtige

Anders als bisher können zukünftig auch beschränkt Steuerpflichtige, im Ausgangspunkt also Steuerausländer, beherrschende Steuerpflichtige bzw. Hinzurechnungsverpflichtete für Zwecke der deutschen Hinzurechnungsbesteuerung sein (§ 7 Abs. 1 Satz 4 AStG). Danach ist die deutsche Hinzurechnungsbesteuerung auf einen beschränkt Steuerpflichtigen anwendbar, soweit die Beteiligung an der ausländischen Gesellschaft unmittelbar oder mittelbar einer inländischen Betriebsstätte des Steuerausländers zuzuordnen ist, durch die eine gewerbliche Tätigkeit i. S. d. § 15 Abs. 2 EStG ausgeübt wird. Eine rein fiktive gewerbliche Tätigkeit kraft „Infizierung“ oder „Prägung“ nach Maßgabe des § 15 Abs. 3 EStG genügt demnach nicht. Die Kernfrage, nach welchen maßgeblichen Kriterien die Zuordnung von

155 Statt vieler *Wassermeyer*, IStR 2018, 744.

Kapitalgesellschaftsanteilen zu einer inländischen Betriebsstätte erfolgen soll, bleibt unbeantwortet.

Eine Zuordnung wäre grundsätzlich nach dem Veranlassungsprinzip, der funktionalen Zuordnung i. S. abkommensrechtlicher Betriebsstättenvorbehalte, der zivilrechtlichen Zugehörigkeit oder des wirtschaftlichen Zusammenhangs bzw. der wirtschaftlichen Zuordnung möglich.[156] In welche Richtung der Gesetzgeber tendiert, ist aus den Gesetzesmaterialien nicht ersichtlich. *Ditz/Wassermeyer* sprechen sich für die Zuordnung nach funktionalen Gesichtspunkten aus und verweisen hierbei auf die allgemeinen Grundsätze der Betriebsstättengewinnabgrenzung gem. Art. 1 Abs. 5 AStG und Art. 7 BsGAV, wonach sich die Zuordnung aus dem funktionalen Zusammenhang zur Geschäftstätigkeit der Betriebsstätte ergibt.[157] Demnach wäre eine Beteiligung der inländischen Betriebsstätte immer dann zuzuordnen, wenn es nach seiner Zweckbestimmung der Erreichung des Betriebszwecks dient, d. h. wenn die Beteiligung imstande ist, das wirtschaftliche Ergebnis der Betriebsstätte wesentlich zu beeinflussen sowie deren Erträge zu gewährleisten bzw. zu steigern.[158]

dd) Berücksichtigung nahestehender Personen

§ 7 Abs. 2 AStG sieht künftig vor, dass die Beteiligungen nicht unbeschränkt steuerpflichtiger Gesellschafter zur Prüfung des Beherrschungstatbestands „mitgezählt" werden, wenn sie dem unbeschränkt Steuerpflichtigen nahestehen. Den Begriff der nahestehenden Person definiert § 7 Abs. 3 AStG, in dem dieser auf die Grundsätze des § 1 Abs. 2 AStG verweist.

Von einer nahestehenden Person i. S. d. § 1 Abs. 2 AStG ist auszugehen, wenn zwischen ihr und dem unbeschränkt Steuerpflichtigen

- eine wesentliche Beteiligung (§ 1 Abs. 2 Satz 1 Nr. 1),
- ein Beherrschungsverhältnis (§ 1 Abs. 2 Satz 1 Nr. 2),
- die Einflussmöglichkeit einer dritten Person sowohl an der nahestehenden Person als auch dem unbeschränkt Steuerpflichtigen selbst (§ 1 Abs. 2 Satz 1 Nr. 3 und Satz 2) oder

156 *Haase/Nürnberg*, Die neue Hinzurechnungsbesteuerung, 3. Aufl. 2021, S. 47.

157 *Ditz/Wassermeyer*, in: Flick/Wassermeyer/Baumhoff u. a. (Hrsg.), Außensteuerrecht, 98. Lfg. 7.2021, Vor §§ 7 bis 14 AStG, Rn. 87.

158 In diesem Sinne *Suchanek/Herbst*, IStR 2007, 620 (623).

- eine Interessensidentität oder ein außerhalb dieser Geschäftsbeziehung begründeter Einfluss (§ 1 Abs. 2 Satz 1 Nr. 4)

besteht.

Durch den weit gefassten Begriff der nahestehenden Person werden künftig sämtliche Strukturen von der Hinzurechnungsbesteuerung erfasst, in denen der Steuerpflichtige über einen Konzernverbund an der ausländischen Gesellschaft partizipiert. Das Näheverhältnis strahlt dabei in alle Richtungen aus. Sowohl die Anteile der Muttergesellschaft („*Upstream*-Zurechnung" aus Sicht des Steuerpflichtigen) als auch die Anteile der Tochtergesellschaft („*Downstream*-Zurechnung") sowie die der Schwestergesellschaften („*Sidestream*-Zurechnung") werden gleichermaßen für Zwecke der Beherrschungsprüfung „mitgezählt", sofern ein Näheverhältnis i. S. d. § 1 Abs. 2 AStG anzunehmen ist.[159] § 7 Abs. 3 Satz 2 AStG stellt zudem klar, dass auch eine Personengesellschaft oder eine Mitunternehmerschaft selbst nahestehende Person sein kann, wenn diese die Voraussetzungen des § 1 Abs. 2 AStG erfüllt.

159 Hingegen wurden bei der a. F. bei mittelbaren Beteiligungen nur die Beteiligungen über Tochtergesellschaften mit in die Berechnung einbezogen.

Abbildung 1: Beherrschung mit nahestehenden Personen[160]

Die im Inland ansässige A-AG (A) ist mit 30 %, die ebenfalls im Inland ansässige B-GmbH (B) mit 20 % und die C-S.à r.l. (C) mit Sitz im EU-Ausland mit 50 % an der Zwischengesellschaft (ZG) beteiligt. C ist zudem Alleingesellschafterin der B (100 %).

Der Fall lässt sich wie folgt darstellen:

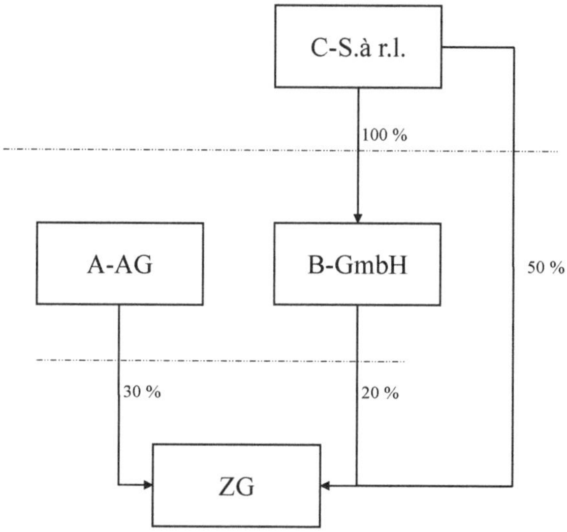

Lösung 1:

Nach der alten Rechtslage wäre die allgemeine Hinzurechnungsbesteuerung ausgeschlossen, da mit einer Beteiligung von 50 % (30 % durch A + 20 % durch B) keine Inländerbeherrschung vorliegt. Die Tatsache, dass B und C nahestehende Personen i. S. d. § 1 Abs. 2 AStG sind[161], führt indessen nach § 7 AStG dazu, dass die Anteile von C an der ZG B in voller Höhe zugerechnet werden, so dass im Ergebnis B und C die ZG mit einer akkumulierten Beteiligung von 70 % beherrschen. Die Beteiligung von C wird B zwar für Zwecke der Beherrschungsprüfung, aber nicht für Zwecke der Einkünfteallokation zugerechnet, so dass B lediglich 20 % der passiven Einkünfte der ZG hinzuzurechnen sind. Da die maßgebliche Mindestbeteiligungsgrenze durch A selbst nicht überschritten wird und A auch B und C nicht nahesteht, löst dies keine Hinzurechnungsbesteuerung bei A aus. Es sollen nur dem Steuerinländer Einkünfte der ZG zugerechnet werden, der die ZG allein oder zusammen mit ihm nahestehenden Personen rechtlich oder wirtschaftlich beherrscht. Einer Mindestbeteiligung des inländischen Steuerpflichtigen oder der ihm nahestehenden Personen an der ZG bedarf es dabei nicht. Unerheblich ist zudem, ob die nahestehende Person im Inland oder Ausland ansässig ist.

160 Eigene Darstellung.

161 Hier bereits aufgrund der Beteiligung von 25 % (§ 1 Abs. 2 Satz 1 Nr. 1 AStG).

Aus dem Beispiel wird deutlich, dass auch Steuerinländer mit bloßen Streubesitzbeteiligungen von der Hinzurechnungsbesteuerung erfasst werden können, wenn diese mit nahestehenden Personen zusammen die 50 %-Grenze überschreiten.[162]

Abbildung 2: Beherrschung mit nahestehenden Personen/Streubesitzbeteiligung[163]

Die im Inland ansässige A-AG (A) ist mit 5 % an der Zwischengesellschaft (ZG) beteiligt. Weitere 50 % hält die B-BV mit Sitz im EU-Ausland (1). Die C-S.à r.l. mit Sitz im EU-Ausland (2) ist Alleingesellschafterin von A und B (jeweils 100 %).

Der Fall lässt sich wie folgt darstellen:

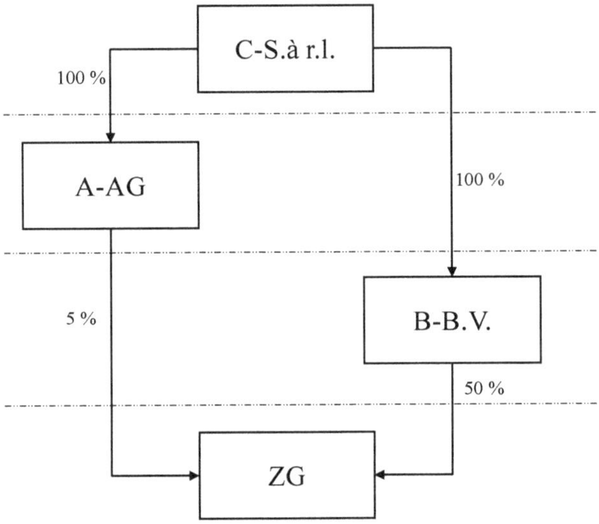

Lösung 2:

Obwohl A lediglich eine unmittelbare Beteiligung i. H. v. 5 % an der ZG hält, würde die Hinzurechnungsbesteuerung Anwendung finden, da B als nahestehende Person i. S. v. § 1 Abs. 2 AStG qualifiziert.[164] Die Beteiligung von B wird A für Zwecke der Beherrschungsprüfung zugerechnet, so dass A und B die ZG zusammen mit 55 % beherrschen. Die Zurechnung der Einkünfte erfolgt sodann mit dem auf A entfallenden Anteil (5 %).

162 Vgl. hierzu auch das Bsp. von *Jacobsen*, DStZ 2020, 113 (117).

163 Eigene Darstellung.

164 Als Schwestergesellschaft der gemeinsamen Mutter (vgl. § 1 Abs. 2 Satz 1 Nr. 3 Bstb. b AStG).

Der Begriff des Nahestehens ist durch die Ausprägung der verschiedenen Anwendungsfälle sehr weit gefasst. Der Begriff schließt auch die faktische (unmittelbare und mittelbare) Einflussnahmemöglichkeit mit ein. Je nach Fallkonstellation wird die Frage der Beherrschung durch nahestehende Personen oftmals nicht durch einen Blick auf die Beteiligungsverhältnisse geklärt werden können. Es bedarf in komplexeren Strukturen umfassender Untersuchungen und Prüfungshandlungen, die zu erheblichem Ermittlungsaufwand führen können. Auch eine hinreichende Beteiligung am Gewinn oder Liquidationserlös – sogar eine gewisse „Interessensgleichheit" – kann die Definition einer nahestehenden Person erfüllen.

ee) Beherrschungskriterien

Eine Beherrschung i. S. d. § 7 Abs. 1 und 2 AStG liegt vor, wenn dem unbeschränkt Steuerpflichtigen zusammen mit ihm nahestehenden Personen am Ende des Wirtschaftsjahres der ausländischen Gesellschaft mehr als die Hälfte (a) der Stimmrechte, (b) des Nennkapitals zuzurechnen sind oder mehr als die Hälfte (c) des Gewinns oder des Liquidationserlöses unmittelbar oder mittelbar zusteht (§ 7 Abs. 2 AStG). Die Kriterien sind alternativ zu verstehen und stellen im Vergleich zur bisherigen Fassung insbesondere eine Erweiterung des Anwendungsbereichs in Bezug auf Gewinn- und Liquidationsansprüche dar.

Um eine Umgehung durch disproportionale Gewinnverteilungen (also von der Nennkapitalbeteiligung abweichende Gewinnverteilungen) zu vermeiden, stellt der Beherrschungstatbestand nach § 7 Abs. 2 AStG künftig auch auf die Gewinn- bzw. Liquidationsansprüche ab. Eine geringe kapitalmäßige Beteiligung, die gleichwohl eine Mehrheitsbeteiligung am Gewinn der beherrschten ausländischen Gesellschaft vermittelt, kann somit die Hinzurechnungsbesteuerung auslösen. Dies gilt selbst bei rein wirtschaftlichen Beteiligungen ohne Eigenkapitalanteil. Insoweit könnten zukünftig auch eigenkapitalähnliche Finanzinstrumente wie bspw. Genussrechte zu einer Beherrschung i. S. d. § 7 Abs. 1 und 2 AStG führen und damit die Hinzurechnungsbesteuerung auslösen, selbst wenn diese keine Stimm- oder Einflussrechte vermitteln.[165] Dies stellt eine deutliche Verschärfung der Hinzurechnungsbesteuerung dar.

165 *Böhmer/Oppel*, IWB 2020, 5 (7). Vgl. auch das Beispiel bei *Hörnicke/Kraft*, ISR 2022, 1 (4); zudem *Schmidtmann*, IWB 2020, 176 (185); *Böhmer/Gebhardt/Krüger*,

Sofern gleichzeitig mehrere Beherrschungstatbestände durch unterschiedliche Steuerinländer erfüllt sind, z. B. bei dem einen nach Stimmrechten und bei dem anderen nach der Beteiligung am Nennkapital, beherrschen diese Steuerinländer jeweils in einem ersten Schritt die Zwischengesellschaft. Um aber eine Hinzurechnungsbesteuerung von mehr als 100 % zu vermeiden, werden die hinzuzurechnenden Einkünfte in einem zweiten Schritt nach dem Verhältnis der Anteile am Nennkapital verteilt (§ 7 Abs. 1 AStG).

Abbildung 3: Ermittlung der Hinzurechnungsquote bei multiplen Beherrschungsfällen[166]

Die im Inland ansässige A-AG (A) hält 70 % der Stimmrechte an der Zwischengesellschaft (ZG) und ist mit 30 % an deren Nennkapital beteiligt. Die B-GmbH (B) hält 30 % der Stimmrechte an der ZG und ist mit 70 % am Nennkapital beteiligt.

Der Fall lässt sich wie folgt darstellen:

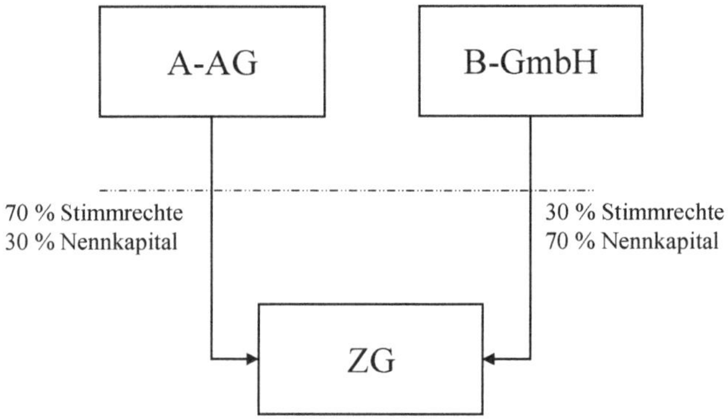

Lösung 3:

A und B beherrschen die ZG, da sowohl die Stimmrechte als auch die Anteile am Nennkapital für die Berechnung der Beherrschung berücksichtigt werden. Um eine Hinzurechnung von mehr als 100 % zu vermeiden, wird lediglich das Nennkapital für die Ermittlung der Hinzurechnungsquote berücksichtigt, so dass letzlich 30 % des Hinzurechnungsbetrags der A und 70 % des Hinzurechnungsbetrags der B zugerechnet werden.

in: Hagemann/Kahlenberg (Hrsg.), Anti Tax Avoidance Directive (ATAD), 2018, Art. 7, Rn. 185.

166 Eigene Darstellung.

Falls die Beteiligung am Nennkapital der Zwischengesellschaft nicht den Maßstab für die Gewinnverteilung bildet, erfolgt die Zurechnung der Einkünfte nach dem Gewinnverteilungsbeschluss (§ 7 Abs. 1 Satz 3 AStG). Die Besteuerung der Hinzurechnungsbeträge soll danach erkennbar immer durch den Steuerpflichtigen erfolgen, dem etwaige (unmittelbar ausgeschüttete) Gewinne auch zuzurechnen wären. Bei komplexeren und insbesondere dynamischen, d. h. im Zeitablauf veränderlichen Gewinnverteilungsabreden ohne starre Quoten,[167] kann die Zurechnung für Zwecke der Hinzurechnungsbesteuerung und die spätere Vereinnahmung der Einkünfte insoweit auseinanderfallen. Denn es wird auf das Verhältnis der Gewinnanteile im für die Hinzurechnungsbesteuerung maßgeblichen Wirtschaftsjahr abzustellen sein. So kann die Zurechnung der fiktiven Gewinnausschüttungen im Rahmen der Hinzurechnungsbesteuerung von dem Betrag der späteren tatsächlich erhaltenen Ausschüttungen abweichen.

ff) Mittelbare Beteiligungen

Für die Bestimmung, ob ein unbeschränkt Steuerpflichtiger die ausländische Gesellschaft beherrscht, sind auch die von ihm gehaltenen mittelbaren Beteiligungen zu berücksichtigen (§ 7 Abs. 1 AStG). Im Ergebnis sieht § 7 Abs. 1 AStG bei mittelbaren Beteiligungen einen „Durchgriff" auf nachgeschaltete Zwischengesellschaften vor.[168] Bei mittelbaren Beteiligungen über eine Personengesellschaft gelten deren Gesellschafter als mittelbar an der Zwischengesellschaft beteiligt. Besteht zwischen der „vermittelnden" Person und dem Steuerpflichtigen ein Näheverhältnis i. S. d. § 1 Abs. 2 AStG, so ist die mittelbare Beteiligung dem Steuerpflichtigen in voller Höhe zuzurechnen. Liegt kein Näheverhältnis vor, erfolgt die Zurechnung im Wege der Durchrechnung, also nur i. H. d. rechnerischen Anteils mittels Multiplikation der Anteilsquoten. So jedenfalls legt es das zusammenfassende Beispiel des Gesetzesentwurfs nahe.[169] Dem Wortlaut des § 7 Abs. 1 AStG ist dies allerdings nicht eindeutig zu entnehmen.

Angesichts der Zielsetzung der Hinzurechnungsbesteuerung und des angestrebten Beherrschungskonzepts sollten nur mittelbare Beteiligungen

167 Z. B. unter Berücksichtigung von Liquidationspräferenzen, kapitaldisproportionalen Gewinnverteilungsabreden, Verwässerung der Beteiligungen im Folgejahr.

168 Wodurch auch der Regelungsbedarf für die übertragende Hinzurechnung nach § 14 AStG a. F. entfällt.

169 BT-Drucks. 19/28652, Begründung Besonderer Teil, S. 53.

von nahestehenden Personen Berücksichtigung finden, da allenfalls über diese ein maßgeblicher Einfluss auf die ausländische Gesellschaft ausgeübt werden kann. Mittelbare Beteiligungen über nicht nahestehende Personen sollten bei der Ermittlung der Beherrschungsquote außer Acht bleiben.

Um eine Doppelbesteuerung bei nachgeschalteten Gesellschaften zu vermeiden, sieht § 7 Abs. 1 Satz 2 AStG eine Ausnahmeregelung vor. Danach sind die mittelbaren Beteiligungen im Rahmen der Hinzurechnungsbesteuerung auf Ebene des betroffenen Steuerpflichtigen unbeachtlich, wenn und soweit bei der vermittelnden Person hinsichtlich der Beteiligung an der ausländischen Zwischengesellschaft bereits eine Hinzurechnungsbesteuerung erfolgt und hierdurch insgesamt keine Niedrigbesteuerung mehr vorliegt. Sollte jedoch auch nach der vorgeschalteten Hinzurechnungsbesteuerung noch eine Niedrigbesteuerung i. S. d. § 8 Abs. 5 AStG[170] verbleiben, erlaubt § 12 Abs. 2 AStG die Anrechnung der ausländischen „Hinzurechnungssteuer“, um eine Doppelbesteuerung von Einkünften, die in mehreren Staaten der Hinzurechnungsbesteuerung unterlegen haben, zu vermeiden. Letztlich soll die Hinzurechnungsbesteuerung zuvorderst nur bei jenem beherrschenden Anteilseigner erfolgen, der in der Beteiligungskette der ausländischen Gesellschaft am nächsten steht.

170 Siehe dazu Kapitel 2 C.III.1.c.

Abbildung 4: Vermeidung der Doppelbesteuerung bei vorgeschalteter Hinzurechnungsbesteuerung im Ausland[171]

Die im Inland ansässige A-AG (A) ist mit 50 % an der C-S.à. r.l. (C) beteiligt. C wiederum hält 100 % der Anteile an der Zwischengesellschaft (ZG). Die passiven Einkünfte der ZG unterliegen bei C der Hinzurechnungsbesteuerung. Die dortige Steuer auf den Hinzurechnungsbetrag beträgt 10 %.

Der Fall lässt sich wie folgt darstellen:

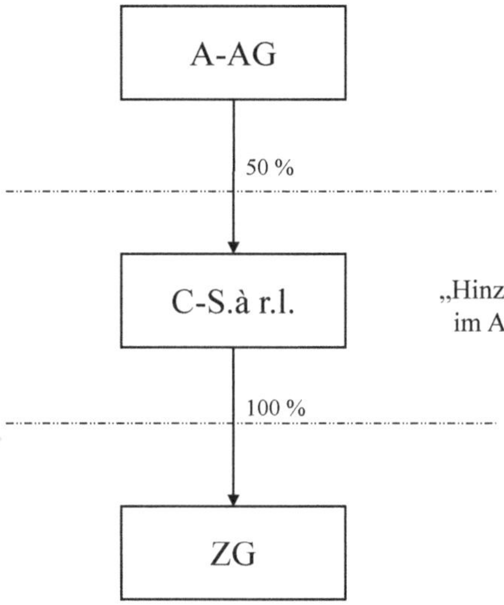

Lösung 4:

Die Beteiligung der im Verhältnis zur A nahestehenden Person C an der ZG wird für Zwecke der Beherrschungsprüfung in voller Höhe zugerechnet. Die Hinzurechnungsbesteuerung findet demnach auf Ebene der A mit dem auf sie entfallenden Anteil (50 %) Anwendung. Die Steuerpflicht wird ungeachtet der Hinzurechnungsbesteuerung auf Ebene der C auch nicht nach § 7 Abs. 1 Satz 2 AStG vermieden, weil dies voraussetzt, dass die von der Hinzurechnung erfassten Einkünfte keiner Niedrigbesteuerung i. S. d. § 8 Abs. 5 AStG unterliegen. Um eine Doppelbesteuerung zu vermeiden, kann A jedoch die im Ausland im Wege der Hinzurechnungsbesteuerung erhobenen Steuer auf Antrag auf die im Inland erhobene Steuer anrechnen.

171 Eigene Darstellung.

Mit der Änderung des Beherrschungskonzepts entfällt der Regelungsbedarf für nachgeschaltete Zwischengesellschaften i. S. d. § 14 AStG a. F., da eine Zurechnung zum beherrschenden Steuerinländer auch bei bloß indirekten Beteiligungen erfolgt.[172] Für die übertragende Hinzurechnungsbesteuerung nach Maßgabe des § 14 AStG a. F. bleibt damit kein Raum mehr. So entfällt künftig aber auch die Verrechnung positiver und negativer Zwischeneinkünfte auf Ebene der ausländischen Obergesellschaft.[173] Zudem hat die verfahrensrechtliche Trennung, die mit § 14 AStG a. F. bisher einherging, auch eine gewisse Übersicht in komplexere Fälle gebracht. Nunmehr wird offenbar vorausgesetzt, dass der betroffene Steuerpflichtige über sämtliche Informationen innerhalb der Struktur verfügt. Dies mag zum Grundgedanken des Beherrschungskonzepts passen, doch wird es auch Fälle geben, in denen das gesetzlich angeordnete Näheverhältnis in der Praxis doch nicht so nah ist.[174]

gg) Beherrschung durch abgestimmtes Verhalten

(1) Grundfall mit eingeschränktem Anwendungsbereich

Schließlich kann eine Beherrschung i. S. d. § 7 Abs. 1 und 2 AStG auch durch eine Person vermittelt werden, die mit dem unbeschränkt Steuerpflichtigen in Bezug auf die ausländische Gesellschaft durch ein abgestimmtes Verhalten zusammenwirkt (§ 7 Abs. 4 Satz 1 AStG). Bei Erfüllen des Tatbestandsmerkmals des „abgestimmten Verhaltens" i. S. d. § 7 Abs. 4 Satz 1 AStG gelten jene dann fiktiv als nahestehende Personen.[175] Aus dem Gesetzesentwurf geht nicht klar hervor, was unter abgestimmtem Verhalten zu verstehen ist. Allerdings verweist der Gesetzgeber in der Gesetzesbegründung auf § 30 Abs. 2 WpÜG.[176]

Ein abgestimmtes Verhalten nach § 30 Abs. 2 Satz 2 WpÜG setzt voraus, dass sich mind. zwei einander fremde Gesellschafter über die Ausübung von Stimmrechten verständigen oder in Bezug auf eine Beteiligung in sons-

---

172 *Linn*, IStR 2020, 77 (79).

173 *Kahlenberg/Erdem*, IStR 2020, 95 (100); *Rautenstrauch*, GmbHR 2020, R36 (R37).

174 Nahestehend ist man etwa nicht erst bei einem Beherrschungsverhältnis – siehe § 1 Abs. Nr. 4 AStG –, so dass nicht sichergestellt ist, dass der beherrschende Steuerinländer tatsächlich alle erforderlichen Informationen und Dokumente erhält.

175 Eingehend *Baumgartner*, IStR 2020, 524 (525 f.).

176 BT-Drucks. 19/28652, Begründung Besonderer Teil, S. 54.

tiger Weise zusammenwirken, um die Kontrolle über diese dem einen oder anderen zu gewähren. International sind solche Verhaltensweisen unter dem Begriff *acting-in-concert* bekannt.[177]

Abbildung 5: Beherrschung durch abgestimmtes Verhalten[178]

Die im Inland ansässige A-AG (A) ist mit 40 %, die im EU-Ausland (1) ansässige B-BV (B) mit 45 % und die im EU-Ausland (2) ansässige C-S.à r.l. (C) mit 15 % an der Zwischengesellschaft (ZG) beteiligt. Die Gesellschaften sind nicht miteinander verbunden. Allerdings haben A und B ihr Stimmverhalten durch eine Stimmbindungsvereinbarung abgestimmt, um einen beherrschenden Einfluss über die ZG zu erhalten. A und B wirken bewusst zusammen, um über ihren Einfluss auf die ZG niedrig besteuerte, passive Einkünfte zu erzielen.

Der Fall lässt sich wie folgt darstellen:

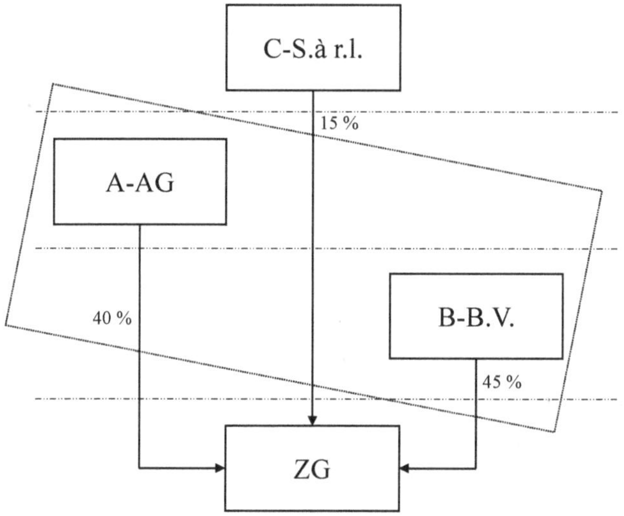

Lösung 5:

A wäre aufgrund der Stimmrechtsvereinbarung in der Lage, einen mehrheitsvermittelnden Einfluss auf die ZG auszuüben und sie somit zu beherrschen. Die Anteile von B (45 %) werden für Zwecke der Beherrschungsprüfung in voller Höhe A zugerechnet. Damit beherrscht A die ZG mit einer 85 %-Beteiligung. A sind indes nur 40 % der passiven Einkünfte der ZG hinzuzurechnen.

177 Vgl. etwa OECD (2015), Designing Effective Controlled Foreign Company Rules, Action 3 – 2015 Final Report, OECD/G20 Base Erosion and Profit Shifting Project, OECD Publishing, http://dx.doi.org/10.1787/9789264241152-en.

178 Eigene Darstellung.

Die berechtigte Intention des Gesetzgebers ist es, Umgehungsmöglichkeiten einzuschränken, in denen Steuerinländer für sich betrachtet keine beherrschende Beteiligung an der Zwischengesellschaft halten, in Bezug auf die ausländische Gesellschaft aber gleichgerichtete Interessen verfolgen, so dass sie die ausländische Gesellschaft im Ergebnis in gleicher Weise beherrschen wie ein einzelner Mehrheitsgesellschafter oder eine beherrschende Gruppe verbundener Unternehmen.[179] Auf diesen Anwendungsbereich muss die Regelung allerdings auch begrenzt werden.

Eine Zurechnung ist nur dann gerechtfertigt, wenn das Verhalten zu einer tatsächlichen Kontrolle in Bezug auf die Zwischengesellschaft führt und die Poolung der Interessen auf die konkrete Erzielung von passiven, niedrigbesteuerten ausländischen Einkünften gerichtet ist. Für diese Auffassung spricht der Gesetzeswortlaut, der ein Nahestehen durch abgestimmtes Verhalten annimmt, wenn Personen in Bezug auf die Zwischengesellschaft mit dem Steuerpflichtigen zusammenwirken. Das Zusammenwirken muss zudem ausdrücklich mit dem Steuerpflichtigen selbst erfolgen. Ein lediglich mittelbares Zusammenwirken erfüllt diese Anforderung nicht.

Außerdem sollte nicht bei jedem Joint-Venture ein Zusammenwirken pauschal unterstellt werden. Vielmehr sollte ein abgestimmtes Verhalten konkret in Bezug auf die Zwischengesellschaft vorliegen. Dieses Zusammenwirken sollte zudem regelmäßig durch konkrete, durchsetzbare Rechtsbeziehungen erkennbar werden, die üblicherweise auch schriftlich fixiert werden.[180] Würde der Gesetzgeber eine Zurechnung allein aufgrund eines gemeinsamen Anteilserwerbs (Joint-Ventures) für geboten halten, hätte dies Ausdruck im Gesetzeswortlaut finden müssen. Ein solches Verständnis würde das Beherrschungserfordernis allerdings faktisch gegenstandlos machen. Der Anwendungsbereich des § 7 Abs. 4 Satz 1 AStG ist nach alledem sehr eng auszulegen.

---

179 So die Gesetzesbegründung mit aller Deutlichkeit, vgl. BT-Drucks. 19/28652, Begründung Besonderer Teil, S. 53.

180 Ähnlich die Entscheidung des FG Köln vom 17.5.2018 - 10 K 2695/15, EFG 2020, 732 zur Auslegung des unbestimmten Rechtsbegriffs der „Erwerbergruppe mit gleichgerichteten Interessen“ i. S. d. § 8c Abs. 1 Satz 3 KStG a. F. Von einem gleichgerichteten Interesse sei erst dann auszugehen, wenn die betroffenen Personen durch Stimmbindungsvereinbarungen, Konsortialverträge oder andere verbindliche Abreden einen beherrschenden einheitlichen Einfluss ausüben können. Es ist nicht ersichtlich, warum an ein abgestimmtes Verhalten i. S. d. § 7 Abs. 4 AStG geringere (Form-)Anforderungen gestellt werden sollen.

Wer die Feststellungslast für das Vorliegen eines abgestimmten Verhaltens trägt, bleibt unklar. Diese sollte allerdings bei der Finanzverwaltung liegen. Dies ergibt sich für potenziell steuererhöhende Tatbestände aus den allgemeinen Grundsätzen.[181] Zudem kann dies als Umkehrschluss aus der nachfolgend näher beschriebenen Beweislastumkehr in § 7 Abs. 4 Satz 2 AStG abgeleitet werden.

(2) Fiktion ohne (weitergehenden) Anwendungsbereich

Bei den unmittelbaren und mittelbaren Gesellschaftern einer Personengesellschaft oder Mitunternehmerschaft, die unmittelbar oder mittelbar an einer Zwischengesellschaft beteiligt sind, wird ein abgestimmtes Verhalten widerlegbar unterstellt (§ 7 Abs. 4 Satz 2 AStG). Systematisch handelt es sich bei § 7 Abs. 4 Satz 2 AStG um eine Fiktion mit Widerlegungsmöglichkeit. Die Beweislast für das Nichtvorliegen eines abgestimmten Verhaltens soll in diesem Fall dem Steuerpflichtigen aufgebürdet werden. Dieser bleibt also einigermaßen ratlos mit der Frage zurück, wie er etwas nachweisen soll, was ggf. gar nicht vorliegt.

Ohnehin ist es fraglich, warum ein Zusammenwirken bei Personengesellschaften bzw. Mitunternehmerschaften pauschal unterstellt wird. Es ist kein Grund ersichtlich und den Gesetzesmaterialien auch nicht zu entnehmen, worin der qualitative Unterschied im Vergleich zu Körperschaften liegt. Allein die Rechtsform sagt nichts über ein Näheverhältnis aus. Da auch Personengesellschaften als nahestehende Personen qualifizieren können, ist unklar, inwieweit die Missbrauchsanfälligkeit bei Personengesellschaften oder Mitunternehmerschaften im Vergleich zu Körperschaften derart erhöht wird, dass hier eine typisierende Missbrauchsvermutung gerechtfertigt sein soll.

Die Fiktion des § 7 Abs. 4 Satz 2 AStG wirkt wie der Versuch des Steuergesetzgebers, sich doppelt abzusichern; ungeachtet der denkbaren Kollateralschäden und offenkundigen Rechtsunsicherheiten. Dem kann nur mit einem sehr großzügigen und weiten Verständnis der Widerlegungsmöglichkeit begegnet werden. Die Anforderungen sollten hier denkbar gering sein. Streng genommen sollte die (glaubhafte) Zusicherung des Steuerpflichtigen, nicht in den zuvor beschriebenen engen Grenzen mit anderen Personen zusammengewirkt zu haben, bereits genügen, um die fiktive Vermu-

181 Vgl. etwa BFH, Urt. vom 24.6.1976 - IV R 101/75, BStBl. II 1976, 562.

tung zu widerlegen und das zuständige Finanzamt wiederum aufzufordern, den Gegenbeweis zu erbringen.

Zudem ist zu beachten, dass die Fiktion des § 7 Abs. 4 Satz 2 AStG lediglich ein Zusammenwirken unterstellt. Die Finanzbehörde müsste dann in jedem Fall noch nachweisen, dass das Zusammenwirken durch abgestimmtes Verhalten, wie in § 7 Abs. 4 Satz 1 AStG gefordert, auch in Bezug auf die Zwischengesellschaft erfolgte.

b) Erzielung passiver Einkünfte (§ 8 Abs. 1 AStG)

Die Hinzurechnungsbesteuerung soll weiterhin ausschließlich solche Einkünfte erfassen, die nicht aus einer aktiven Wirtschaftstätigkeit, sondern aus passivem Erwerb stammen. Zur Abgrenzung zwischen aktiven und passiven Tätigkeiten enthält § 8 Abs. 1 Nrn. 1 bis 9 AStG eine abschließende Aufzählung all derjenigen Einkünfte, die auch im Falle einer Niedrigbesteuerung vom Anwendungsbereich der Hinzurechnungsbesteuerung ausgenommen sind. Im Umkehrschluss bedeutet dies, dass alle Einkünfte der ausländischen Gesellschaft als hinzurechnungspflichtig gelten, wenn diese nicht ausdrücklich als „unschädlich" i. S. d. § 8 Abs. 1 Nrn. 1 bis 9 AStG definiert sind und einer niedrigen Besteuerung i. S. d. § 8 Abs. 5 AStG unterliegen. Die schädlichen passiven Einkünfte im AStG sind also weiterhin negativ definiert.

Große Teile des Aktivkatalogs bleiben nach der Reform unverändert. Der Gesetzgeber hält auch weiterhin an der bisher gültigen ausschüttungsunabhängigen Konzeption fest, während die ATAD hingegen durch ihren ausschüttungsabhängigen Passivkatalog einen gegensätzlichen Regelungsgedanken statuiert (Art. 7 Abs. 2 Bstb. a ATAD). Aufgrund des Mindestschutzniveaus dürfte sich allerdings kein zwingender konzeptioneller Anpassungsbedarf durch den deutschen Gesetzgeber ergeben.[182]

Nach den Nrn. 1 und 2 gilt die Hinzurechnungsbesteuerung nicht für Einkünfte aus Land- & Forstwirtschaft bzw. für Einkünfte aus industrieller Tätigkeit.

Nach Nr. 3 unterliegen auch die Einkünfte aus der Tätigkeit von Versicherungsunternehmen, Kreditinstituten und Finanzdienstleistungsinstituten im Grundsatz nicht der Hinzurechnungsbesteuerung. Voraussetzung

---

182 Gl. A. *Baur/Ullmann*, IWB 2021, 790 (791).

ist jedoch, dass sie den Substanztest des § 8 Abs. 2 AStG erfüllen. Zudem dürfen die diesen Einkünften zugrundeliegenden Geschäfte zu höchstens einem Drittel aus Geschäften mit einem Steuerpflichtigen, der gem. § 7 AStG an der Gesellschaft beteiligt ist, oder eine ihm nahestehende Person i. S. d. § 1 Abs. 2 AStG betrieben werden. Die Aktivität erstreckt sich auch auf Finanzunternehmen nach dem Kreditwesengesetz[183], allerdings nur, wenn es sich um ein Finanzunternehmen i. S. d. Kreditwesengesetzes handelt, an denen Kreditinstitute oder Finanzdienstleistungsinstute unmittelbar oder mittelbar zu mehr als 50 % beteiligt sind.

Nach den Nrn. 4 und 5 sind Handel und Dienstleistungen aktive Tätigkeiten, soweit sie nicht mit einem Steuerpflichtigen, der gem. § 7 AStG an der Gesellschaft beteiligt ist, oder einer diesem nahestehenden Person i. S. d. § 1 Abs. 2 AStG betrieben werden. Werden Handel und Dienstleistungen dagegen mit einem solchen Steuerpflichtigen oder einer ihm nahestehenden Person i. S. d. § 1 Abs. 2 AStG abgewickelt (entweder Einkauf oder Verkauf von Waren oder die Inanspruchnahme von Dienstleistungen), gelten sie als passiv, es sei denn, die ausländische Gesellschaft unterhält zur Durchführung derartiger Tätigkeiten einen eigenen in kaufmännischer Weise eingerichteten Geschäftsbetrieb unter Teilnahme am allgemeinen Wirtschaftsverkehr.[184]

Nach Nr. 6 werden zudem Einkünfte aus Vermietungs- und Verpachtungstätigkeiten grundsätzlich als aktiv behandelt, jedoch können sie auch als passive Einkünfte qualifizieren. Nach Bstb. a gilt bspw. die Nutzungsüberlassung immaterieller Wirtschaftsgüter als passiv, es sei denn, der Steuerpflichtige weist nach, dass die ausländische Gesellschaft die Ergebnisse eigener Forschungs- und Entwicklungsarbeit auswertet, die ohne die Mitwirkung eines Steuerpflichtigen, der gem. § 7 AStG an der Gesellschaft beteiligt ist, oder einer diesem nahestehenden Person i. S. d. § 1 Abs. 2 AStG unternommen wird. Als passiv gelten nach Bstb. b ferner Einkünfte aus Vermietung und Verpachtung von Grundstücken, es sei denn, der Hinzurechnungsverpflichtete weist nach, dass die Erträge bei direktem Bezug nach einem DBA von der deutschen Steuer freigestellt worden wären. Darüber hinaus sind nach Bstb. c auch Einkünfte aus der Vermietung und Verpachtung von beweglichen Sachen passiv, es sei denn, die ausländi-

183 BGBl. I 1998, 2776.

184 Eine mittelbare Teilnahme am Wirtschaftsverkehr über Konzerngesellschaften genügt demnach nicht – siehe Tz. 8.1.4.2.1 AEAStG. Eine Teilnahme am allgemeinen Wirtschaftsverkehr liegt vor, wenn sich die ausländische Gesellschaft mit ihrer Leistung an eine unbestimmte Anzahl von Personen wendet; vgl. Tz. 8.1.4.2.2 AEAStG.

sche Gesellschaft unterhält eine Tätigkeit unter Teilnahme am allgemeinen Wirtschaftsverkehr. Zudem müssen die diesen Einkünften zugrundeliegenden Geschäfte für eine aktive Qualifikation ohne Mitwirkung eines Steuerpflichtigen, der gem. § 7 AStG an der Gesellschaft beteiligt ist, oder einer diesem nahestehenden Person i. S. d. § 1 Abs. 2 AStG ausgeübt werden.

Die Nr. 7 statuiert, dass auch Einkünfte aus Gewinnausschüttungen als aktiv gelten, soweit sie gem. Bstb. a bei der ausländischen Gesellschaft das Einkommen nicht gemindert haben. Soweit sie das Einkommen der ausländischen Gesellschaft gemindert haben, sind diese nicht als aktive Einkünfte und damit als passiv zu behandeln. Der Gesetzgeber sieht allerdings in solchen Fällen eine Rückausnahme vor, soweit die leistende Gesellschaft mit den der Gewinnausschüttung zugrundeliegenden Einkünften selbst der Hinzurechnungsbesteuerung unterliegt (Doppelbstb. aa) oder eine vGA das Einkommen der ausländischen Gesellschaft oder einer ihr nahestehenden Person erhöht hat und dieses Einkommen insgesamt keiner niedrigen Besteuerung mehr unterliegt (Doppelbstb. bb). Die vorgenannten Rückausnahmen sollen ausweislich der Gesetzesbegründung ungewollte Doppelerfassungen innerhalb der Hinzurechnungsbesteuerung vermeiden.[185] Nach Bstb. b sind Einkünfte aus Gewinnausschüttungen auch in den Fällen von Streubesitzbeteiligungen als passiv einzuordnen. Dies soll insbesondere die Gestaltungsmöglichkeit einschränken, indem Gewinnausschüttungen über eine zwischengeschaltete Gesellschaft – zwischen der leistenden Körperschaft und dem inländischen Leistungsempfänger – umgeleitet werden.[186] Gleiches gilt für Ausschüttungen nach § 8b Abs. 7 KStG.

Einkünfte aus Beteiligungsveräußerungsgewinnen oder Einkünfte, die aufgrund von Liquidation oder Kapitalherabsetzung entstanden sind, werden entsprechend Nr. 8 als aktive Einkünfte behandelt. Ausgenommen sind Veräußerungsgewinne, die außerhalb einer Hinzurechnungsbesteuerungskonstellation zu Einkünften nach § 8b Abs. 7 KStG führen würden.

Die Nr. 9 regelt, dass Einkünfte aus Umwandlungen grundsätzlich als aktiv zu behandeln sind, soweit diese Einkünfte nicht auf der Übertragung von Wirtschaftsgütern beruhen, die zur Erzielung von passiven Einkünften verwendet werden. Ist die Voraussetzung nicht erfüllt, gelten sie als passiv, es sei denn, der Hinzurechnungsverpflichtete weist nach, dass die Umwandlung im Inland ungeachtet des § 1 Abs. 2 und 4 UmwStG zu Buch-

185 BT-Drucks. 19/28652, Begründung Besonderer Teil, S. 56.

186 BT-Drucks. 19/28652, Begründung Besonderer Teil, S. 56.

werten hätte erfolgen können und im Ausland tatsächlich zu Buchwerten erfolgt ist.[187]

Erzielt die ausländische Gesellschaft Einkünfte aus unterschiedlichen Tätigkeiten, so folgt die Zuordnung der jeweiligen Einkünfte der sog. funktionalen Betrachtungsweise.[188] Danach sind wirtschaftlich zusammengehörende Tätigkeiten bei der Subsumption unter den Katalog des § 8 Abs. 1 Nrn. 1 bis 9 AStG einheitlich zu beurteilen.[189] Für die Zuordnung ist diejenige Tätigkeit maßgebend, auf der nach allgemeiner Verkehrsfassung das wirtschaftliche Schwergewicht der Gesellschaft ruht.[190] Nach der Rechtsprechung des BFH liegt ein solch enger wirtschaftlicher Zusammenhang und damit eine einheitlich zu beurteilende Tätigkeit insbesondere dann vor, wenn die jeweiligen Tätigkeiten im Verhältnis von Hilfs- und Nebentätigkeiten zu einer Haupttätigkeit stehen.[191] Damit können passive Einkünfte ihre außensteuerliche Eigenständigkeit verlieren, wenn sie einer anderweitigen aktiven Tätigkeit zuzuordnen sind, mit der Folge, dass die gesamten Einkünfte einer aktiven Tätigkeit zugeordnet werden und somit keine Hinzurechnungsbesteuerung auslösen.[192] Stehen die unterschiedlichen Tätigkeiten in keinem engeren wirtschaftlichen Zusammenhang zueinander bzw. haben die Einzeltätigkeiten ein erhebliches wirtschaftliches Eigengewicht,

187 Hypothetischer Buchwertansatz.

188 BFH, Urt. vom 18.12.2019 - I R 59/17, BStBl. II 2021, 270, Tz. B.I.1.d.; vom 13.10.2010 – I R 61/09, BStBl. II 2011, 249, Tz. II.3.d.aa); vom 16.05.1990 - I R 16/88, BStBl. II 1990, 1049, Tz. II.4; Dies wird im Grundsatz auch von der Finanzverwaltung (vgl. Tz. 8.0.2 AEAStG) und von der im Schrifttum ganz einhellig vertretenen Auffassung anerkannt; vgl. *Rödel*, in: Kraft (Hrsg.), AStG, 2. Aufl. 2019, § 8 AStG, Rn. 30 ff.; *Geurts*, in Fuhrmann (Hrsg.), AStG, 3. Aufl. 2017, § 8 AStG, Rn. 36 ff.; *Wassermeyer/Schönfeld*, in: Flick/Wassermeyer/Baumhoff u. a. (Hrsg.), Außensteuerrecht, 81. Lfg. 4.2017, § 8 AStG, Rn. 31 ff.; *Lehfeldt*, in: Strunk/Kaminski/Köhler (Hrsg.), AStG/DBA, 45. Lfg. 9.2016, § 8 AStG, Rn. 14 ff.; *Reiche*, in Haase (Hrsg.), AStG/DBA, 3. Aufl. 2016, § 8 AStG, Rn. 13 ff.; *Vogt*, in: Brandis/Heuermann (Hrsg), AStG, 135. Lfg. 11.2016, § 8 AStG, Rn. 13 ff.

189 BFH, Urt. vom 18.12.2019 - I R 59/17, BStBl. II 2021, 270, Tz. B.I.1.d.; vom 13.10.2010 - I R 61/09, BStBl. II 2011, 249, Tz. II.3.d.aa); vom 16.5.1990 - I R 16/88, BStBl. II 1990, 1049, Tz. II.4.

190 BFH, Urt. vom 18.12.2019 - I R 59/17, BStBl. II 2021, 270, Tz. B.I.1.d; vom 13.10.2010 - I R 61/09, BStBl. II 2011, 249, Tz. II.3.d.aa); vom 16.5.1990 - I R 16/88, BStBl. II 1990, 1049, Tz. II.4.

191 BFH, Urt. vom 18.12.2019 - I R 59/17, BStBl. II 2021, 270, Tz. B.I.1.d; vom 13.10.2010 - I R 61/09, BStBl. II 2011, 249, Tz. II.3.d.aa).

192 Für Zwecke der Hinzurechnungsbesteuerung teilen sie insoweit das steuerliche Schicksal der aktiven Haupttätigkeit; vgl. *Rödel*, in: Kraft (Hrsg.), AStG. 2. Aufl. 2019, § 8 AStG, Rn. 40.

so sind die aus ihnen stammenden Einkünfte jeweils für sich und getrennt voneinander unter den § 8 Abs. 1 Nrn. 1 bis 9 zu subsumieren.[193]

c) Niedrigbesteuerung (§ 8 Abs. 5 AStG)

Etwaige passive Einkünfte unterliegen nur dann der Hinzurechnungsbesteuerung, wenn sie darüber hinaus die Voraussetzung einer niedrigen Besteuerung i. S. d. AStG erfüllen. Eine solche wird nach § 8 Abs. 5 Satz 1 AStG angenommen, wenn die Einkünfte aus der passiven Tätigkeit mit einer Ertragsteuerbelastung von weniger als 25 % belastet sind. Hierbei kommt es nicht auf die abstrakte (rechtlich geschuldete) Steuerbelastung im Ausland an. Vielmehr ist die konkrete (tatsächlich erhobene) Steuerbelastung entscheidend (§ 8 Abs. 5 Satz 3 AStG). Da die Anrechnung im Ausland entrichteter Steuer auf die KSt beschränkt ist, ergeben sich bei einer Steuerbelastung von mehr als 15 % und weniger als 25 % Anrechnungsüberhänge, die zu einer faktischen Doppelbesteuerung führen. Zudem liegt die ertragsteuerliche Gesamtbelastung von inländischen Kapitalgesellschaften mit etwa 30 % gerade einmal fünf Prozentpunkte über der vemeidlichen Niedrigsteuergrenze.[194] Beides ist weder sachgerecht noch verhältnismäßig. Insofern wäre eine Absenkung der Niedrigsteuergrenze auf 15 % wünschenswert.

Unter den Begriff Ertragsteuern fallen grds. alle Steuern, die der deutschen ESt und KSt entsprechen.[195] Nach Auffassung der Finanzverwaltung umfasst dies alle Steuern vom Gesamteinkommen oder von Teilen des Einkommens, einschließlich der Steuern vom Gewinn aus der Veräußerung von beweglichem oder unbeweglichem Vermögen sowie der Steuern vom Vermögenszuwachs.[196] Dazu gehören auch alle Provinz-, Gemeinde- und kantonalen Steuern, soweit die Bemessungsgrundlage dieser Steuern der

193 BFH, Urt. vom 18.12.2019 - I R 59/17, BStBl. II 2021, 270, Tz. B.I.1.d.

194 Kritisch zum Schwellenwert der Niedrigbesteuerung etwa *Ditz* u.a., IStR 2020, 73 (79); *Haase/Nürnberg*, Ubg 2020, 1 (3); *Kühn/Schienke-Ohletz*, BB 2020, 1562; *Rautenstrauch*, GmbHR 2020, R 36.

195 Vgl. zur alten Rechtslage *Wassermeyer/Schönfeld*, in: Flick/Wassermeyer/Baumhoff u.a. (Hrsg.), Außensteuerrecht, 81. Lfg. 4.2017, § 8 AStG, Rn. 728; *Reiche*, in: Haase (Hrsg.), AStG/DBA, 3. Aufl. 2016, § 8 AStG, Rn. 164.

196 Tz. 8.3.1.2 AEAStG

Ertrag der ausländischen Gesellschaft ist.[197] Substanzsteuern, Verkehrsteuern und Kapitalsteuern bleiben insofern außer Ansatz.[198]

Des Weiteren sind etwaige Steuerbefreiungen und Steuerbegünstigungen für bestimmte passive Einkünfte nur bei den Einkünften zu berücksichtigen, für die sie gewährt wurden, so dass durch Steuerbefreiungen oder Steuerbegünstigungen bzw. durch bestimmte Abschreibungsregeln eine Niedrigbesteuerung selbst dann herbeigeführt werden kann, wenn die nominelle Steuerbelastung über 25 % liegt.[199] Folglich verlangt die zutreffende Anwendung der Hinzurechnungsbesteuerung regelmäßig auch Kenntnisse im ausländischen Steuerrecht.[200] Dagegen liegt eine Niedrigbesteuerung nicht vor, wenn die steuerliche Belastung mit negativen Einkünften anderer Quellen reduziert wird, also die konkrete Steuerlast deshalb unter der festgelegten Niedrigsteuergrenze liegt, weil bei der Besteuerung ein Verlustabzug, -vortrag oder -rücktrag berücksichtigt worden ist (§ 8 Abs. 5 Satz 1 Hs. 2 AStG).[201]

Sofern einzelne passive Einkünfte unterschiedlich hoch besteuert werden, ist die Niedrigbesteuerung für die unterschiedlich besteuerten passiven Einkünfte isoliert zu ermitteln und sind nur solche der Hinzurechnungsbesteuerung zu unterwerfen, welche die Niedrigsteuerschwelle von 25 % unterschreiten, so dass jede einzelne Einkunftsart bewertet werden muss.[202] Schließlich ist die Verlagerung passiver Einkünfte immer nur dann schädlich, wenn damit eine Niedrigbesteuerung i. S. d. § 8 Abs. 5 AStG erzielt wird.

Die ausländische Steuerbelastung ist durch die Gegenüberstellung der nach deutschem Steuerrecht ermittelten Zwischeneinkünfte und der von der ausländischen Gesellschaft im Ansässigkeitstaat tatsächlich entrichteten

---

197 Tz. 8.3.1.2 AEAStG; aus dem Schrifttum *Fuhrmann*, in: Fuhrmann (Hrsg.), AStG, 3. Aufl. 2017, § 8 AStG, Rn. 320; *Wassermeyer/Schönfeld*, in: Flick/Wassermeyer/Baumhoff u. a. (Hrsg.), Außensteuerrecht, 81. Lfg. 4.2017, § 8 AStG, Rn. 728; *Lehfeldt*, in: Strunk/Kaminski/Köhler (Hrsg.), AStG/DBA, 45. Lfg. 9.2016, § 8 AStG, Rn. 195; *Reiche*, in: Haase (Hrsg.), AStG/DBA, 3. Aufl. 2016, § 8 AStG, Rn. 164.

198 *Wassermeyer/Schönfeld*, in: Flick/Wassermeyer/Baumhoff u. a. (Hrsg.), Außensteuerrecht, 81. Lfg. 4.2017, § 8 AStG, Rn. 728; *Quilitzsch*, Die Hinzurechnungsbesteuerung, 2013, S. 192; *Reiche*, in: Haase (Hrsg.), AStG/DBA, 3. Aufl. 2016, § 8 AStG, Rn. 164.

199 In diesem Sinne BFH, Urt. vom 20.4.1988 - I R 197/84, BStBl. II 1988, 983, Tz. II.C.2.

200 Zutreffend *Haase*, ifst-Schrift 521, 2017, S. 139.

201 So die ausdrückliche Auffassung der Finanzverwaltung; siehe Tz. 8.3.2.5 AEAStG.

202 Zur alten Rechtslage *Wassermeyer/Schönfeld*, in: Flick/Wassermeyer/Baumhoff u. a. (Hrsg.), Außensteuerrecht, 81. Lfg. 4.2017, § 8 AStG, Rn. 711.

Steuer zu ermitteln und für jedes Wirtschaftsjahr gesondert zu beurteilen.[203] Die Steuerbelastung der vorangegangenen Wirtschaftsjahre ist bei der Beurteilung des jeweiligen Wirtschaftsjahres unerheblich.

2. Ausnahmen von der Anwendbarkeit der deutschen Hinzurechnungsbesteuerung

a) Freigrenze bei gemischten Einkünften (§ 9 AStG)

§ 9 AStG sieht eine relative und eine absolute Freigrenze bei ausländischen Gesellschaften vor, die gemischte Einkünfte erzielen. Durch diese ist es möglich, die Hinzurechnungsbesteuerung, unbeschadet vom Vorliegen passiver Einkünfte, zu vermeiden. Die Vorschrift schließt passive Einkünfte von der Hinzurechnungsbesteuerung aus, wenn sie nicht mehr als 10 % der gesamten Einkünfte der ausländischen Gesellschaft betragen (gesellschaftsbezogene (relative) Freigrenze). Daneben dürfen diese konkreten Einkünfte bei einem Hinzurechnungsverpflichteten den Betrag von insgesamt 80.000 € nicht übersteigen (gesellschafterbezogene (absolute) Freigrenze). Die Voraussetzungen des § 9 AStG müssen kumulativ erfüllt sein. Wird nur eine der Voraussetzungen nicht erfüllt, findet die Hinzurechnungsbesteuerung statt.[204] Aufgrund der geringen Freigrenzen wird die Vorschrift, wie bereits ihre Vorgängerregelung,[205] mutmaßlich keine große praktische Bedeutung entfalten. Eine weitreichende Exkulpationsmöglichkeit bietet erst der Substanztest nach § 8 Abs. 2 bis 4 AStG.

b) Substanztest (§ 8 Abs. 2 bis 4 AStG)

Wie bisher sieht § 8 Abs. 2 AStG – nunmehr aber auf § 8 Abs. 2 bis 4 AStG erstreckt – eine Exkulpation aus der Hinzurechnungsbesteuerung vor, wenn

---

203 Vgl. Tz. 8.3.2.1 AEAStG.

204 Die weitere nach dem bisherigen Recht geltende gesellschaftsbezogene Freigrenze von 80.000 € wurde im Rahmen des ATADUmsG gestrichen.

205 Dazu *Kraft*, in: Kraft (Hrsg.), AStG, 2. Aufl. 2019, § 9 AStG, Rn. 6; *Geurts*, in: Fuhrmann (Hrsg.), AStG, 3. Aufl. 2017, § 9 AStG, Rn. 2; *Vogt*, in: Brandis/Heuermann (Hrsg.), AStG, 142. Lfg. 6.2018, § 9 AStG, Rn. 3; *Luckey*, in: Strunk/ Kaminski/Köhler (Hrsg.), AStG/DBA, 48. Lfg. 8.2017, § 9 AStG, Rn. 5; *Hans*, in: Haase (Hrsg.), AStG/DBA, 3. Aufl. 2016, § 9 AStG, Rn. 1; *Wassermeyer*, in: Flick/Wassermeyer/Baumhoff u. a. (Hrsg.), Außensteuerrecht, 74. Lfg. 10.2014, § 9 AStG, Rn. 4.

der Steuerpflichtige den Substanznachweis nach § 8 Abs. 2 AStG erfolgreich erbringt. Die in § 8 Abs. 2 geregelte Norm bewirkt die Nichtanwendung der Hinzurechnungsbesteuerung für beherrschte ausländische Gesellschaften, wenn sie insoweit einer wirtschaftlichen Tätigkeit im Ansässigkeitsstaat nachgehen. Abweichend zur bisherigen Regelung verlangt der Gesetzgeber nunmehr jedoch eine wesentliche wirtschaftliche Tätigkeit, damit der Gegenbeweis gelingt (§ 8 Abs. 2 Satz 1 AStG).

Der neue Wortlaut impliziert eine inhaltliche Verschärfung, hieß es doch vormals, dass die Zwischengesellschaft eine tatsächliche wirtschaftliche Tätigkeit ausüben muss, um die Hinzurechnungsbesteuerung abzuwenden. Zutreffend weist *Schönfeld* in diesem Kontext daraufhin, dass eine wesentliche wirtschaftliche Tätigkeit zwar stets eine wirkliche wirtschaftliche Tätigkeit impliziert; eine wirtschaftliche Tätigkeit indes auch wirklich sein kann, ohne zugleich als wesentlich zu erscheinen.[206] Mit der Bezeichnung einer wesentlichen wirtschaftlichen Tätigkeit scheint der Gesetzgeber die Relevanz der Tätigkeit in den Vordergrund drängen zu wollen.[207]

Die für die wesentliche wirtschaftliche Tätigkeit erforderlichen Nachweismöglichkeiten werden in § 8 Abs. 2 Satz 2 und 3 AStG weiter konkretisiert. Danach setzt eine wesentliche wirtschaftliche Tätigkeit insbesondere den Einsatz der für die Ausübung der Tätigkeit erforderlichen sachlichen und personellen Ausstattung im Ansässigkeitsstaat der ausländischen Gesellschaft voraus. Weiterhin heißt es in § 8 Abs. 2 Satz 3 AStG, dass die Tätigkeit durch hinreichend qualifiziertes Personal selbstständig und eigenverantwortlich ausgeübt werden muss. Außerdem enthält § 8 Abs. 2 Satz 4 AStG eine (weitere) Einschränkung, indem dieser festlegt, dass nur solche Einkünfte der Zwischengesellschaft zuzuordnen sind, die durch diese konkrete Tätigkeit erzielt werden (sog. segmentierende Betrachtungsweise) und dies nur insoweit, als der Fremdvergleichsgrundsatz beachtet worden ist. Von der Möglichkeit des Gegenbeweises sind per se solche Gesellschaften ausgeschlossen, die ihre wesentliche wirtschaftliche Tätigkeit überwiegend durch Dritte besorgen lassen (§ 8 Abs. 2 Satz 5 AStG).

---

206 *Schönfeld*, IStR 2017, 949 (951).

207 In diesem Sinne schon *Richter/Kortendick/Ekinci*, GmbHR 2020, 694 (697); *Kortendick/Joisten/Ekinci*, BB 2018, 3031 (3036); *Köhler*, ISR 2018, 453 (459); grds. zustimmend *Jacobsen*, DStZ 2020, 113 (119); a. A. wohl *Schlücke*, ISR 2019, 41 (44), die jedenfalls aus dem abweichenden Wortlaut nicht zwangsläufig eine Verschärfung der Substanzanforderungen ableitet; ähnlich *Kahlenberg/Erdem*, IStR 2020, 95 (100).

§ 8 Abs. 3 AStG schließt den Substanztest nach § 8 Abs. 2 AStG im Verhältnis zu Drittstaaten-Gesellschaften aus. Folglich ist dieser – in Übereinstimmung mit den ATAD-Vorgaben, die den Mitgliedstaaten ausdrücklich die Möglichkeit vorgeben, den Substanztest gegenüber Drittstaaten nicht zu öffnen (Art. 7 Abs. 2 Bstb. a Satz 3 ATAD) – weiterhin lediglich auf EU-/EWR-Staaten beschränkt (§ 8 Abs. 3 AStG).

§ 8 Abs. 4 AStG knüpft an den bisherigen § 8 Abs. 2 Satz 2 AStG a. F. an und schreibt vor, dass eine Berufung auf den Substanztest entfällt, wenn der Staat, in dem die ausländische Gesellschaft ihren Sitz oder ihre Geschäftsleitung hat, im Wege des zwischenstaatlichen Informationsaustausches keine Auskünfte erteilt, die zur Durchführung der Besteuerung erforderlich sind.[208]

Die Kriterien für die Beurteilung, ob im Einzelfall genügend Substanz vorliegt, sind vage. Außerdem gehen die vorgenannten Anforderungen des § 8 Abs. 2 AStG bezüglich der (Nicht-)Anwendbarkeit der Hinzurechnungsbesteuerung zum Teil deutlich über die Vorgaben der ATAD hinaus und sind – wie sich später zeigen wird –[209] weder von der mittlerweile verlässlichen Linie des EuGH noch vom BFH gedeckt.

3. Sonderfall: Beteiligung an Kapitalanlagegesellschaften (§ 13 AStG)

a) Keine „Beherrschung“ erforderlich (§ 13 Abs. 1 und 2 AStG)

Außerhalb des Grundtatbestandes (§ 7 AStG) kann die Hinzurechnungsbesteuerung selbst dann ausgelöst werden, wenn es an einer tatsächlichen Beherrschung durch einen unbeschränkt Steuerpflichtigen fehlt. Dies ist der Fall, wenn und soweit die ausländische Gesellschaft sog. Zwischeneinkünfte mit Kapitalanlagecharakter erzielt, die einer niedrigen Besteuerung i. S. d. § 8 Abs. 5 AStG unterliegen (§ 13 Abs. 1 AStG). Einkünfte mit Kapitalanlagecharakter sind nach § 13 Abs. 2 AStG definiert als Einkünfte, einschließlich Veräußerungsgewinne, die aus dem Halten, der Verwaltung, der

---

208 Die Voraussetzungen für einen hinreichenden Informationsaustausch erfüllen bspw. die EU-Amtshilferichtlinie, soweit er aufgrund eines EU-Beitritts Anwendung findet, sowie die Regelungen in DBA, welche Art. 26 Abs. 1 OECD-MA 2017 (sog. große Auskunftsklausel) entsprechen, so dass der Zugang zur Gegenbeweismöglichkeit in Konstellationen mit EU-/EWR-Staaten zwingend zu gewährleisten ist; näher dazu Kapitel 4 F.II und III.

209 Näher dazu Kapitel 4.

Werterhaltung oder der Werterhöhung von Zahlungsmitteln, Forderungen, Wertpapieren, Beteiligungen (mit Ausnahme der in § 8 Abs. 1 Nr. 7 und 8 AStG genannten Einkünfte) oder ähnlichen Vermögenswerten stammen, es sei denn, der Steuerpflichtige weist nach, dass sie aus einer Tätigkeit stammen, die einer unter § 8 Abs. 1 Nr. 1 bis 6 AStG fallenden eigenen Tätigkeit der ausländischen Gesellschaft dient. Bei Beteiligungen an solchen Kapitalanlagegesellschaften hebt § 13 AStG das Erfordernis einer Mindestbeteiligung auf. Für Beteiligungen von weniger als 1 % greift der erweiterte Tatbestand nur, wenn die Einkünfte der ausländischen Gesellschaft ausschließlich oder nahezu ausschließlich[210] aus Einkünften mit Kapitalanlagecharakter bestehen und mit der Hauptgattung der Aktien[211] der ausländischen Gesellschaft kein wesentlicher und regelmäßiger Handel an einer anerkannten Börse in einem EU-/EWR-Staat stattfindet (sog. Börsenklausel). Im Ergebnis werden die in § 7 Abs. 6 AStG a. F. geregelten Bestimmungen über Zwischeneinkünfte mit Kapitalanlagecharakter in dem neuen § 13 Abs. 1 AStG unter dem Etikett „Beteiligungen an Kapitalanlagegesellschaften" zusammengeführt.[212] Fraglich ist, wie eine derart geringe Beteiligungsquote mit der Zielsetzung der Hinzurechnungsbesteuerung (*kontrollierte* Verlagerung der Einkünfte auf eine niedrigbesteuerte ausländische Gesellschaft) vereinbar ist. Die Erfassung solcher Beteiligungen lässt keinen Zusammenhang zu einer Missbrauchsabwehr erkennen, bei denen eine Einkünfteverlagerung ins Ausland unterstellt werden kann.[213] Sie lässt sich auch nicht mit dem Gedanken des für die Einkünfteverlagerung notwendigen beherrschenden Einflusses vereinbaren.[214] Ein missbräuchliches Verhalten kann es im Kontext der Hinzurechnungsbesteuerung indes nur geben, wenn die ausländische Gesellschaft auch tatsächlich für das missbräuchliche Verhalten zweckentfremdet werden kann.[215] Über die Vereinbarkeit einer solchen Regelung mit dem Zweck der Hinzurechnungsbesteuerung lässt sich insofern streiten.

---

210 Das Tatbestandsmerkmal „nahezu ausschließlich" ist erfüllt, wenn die Einkünfte mit Kapitalanlagecharakter 90 % der gesamten Einkünfte betragen bzw. diesen Wert übersteigen; vgl. BT-Drucks. 19/28652, Begründung Besonderer Teil, S. 63.

211 Unter der Hauptgattung der Aktien sind die Aktien zu verstehen, die das Aktienkapital repräsentieren und i. d. R. auch Stimmrechte verleihen; vgl. BT-Drucks. 19/28652, Begründung Besonderer Teil, S. 63.

212 *Haase/Nürnberg*, Die neue Hinzurechnungsbesteuerung, 3. Aufl. 2021, S. 94.

213 Überzeugend *Wassermeyer*, StBJB 2001/2002, 63 (67).

214 *Kilincsoy*, ISR 2021, 421 (425); *Wassermeyer*, StBJB 2001/2002, 63 (67).

215 *Wassermeyer*, StBJB 2001/2002, 63 (67).

Analog zu § 9 AStG sieht auch § 13 Abs. 1 Satz 3 AStG eine Freigrenze vor, die sich an § 9 AStG orientiert. Danach entfällt die erweiterte Hinzurechnungsbesteuerung, wenn die Einkünfte mit Kapitalanlagecharakter nicht mehr als 10 % der gesamten Einkünfte, für die die ausländische Gesellschaft Zwischengesellschaft ist, betragen (gesellschaftsbezogene (relative) Freigrenze) und diese Einkünfte weder bei der ausländischen Zwischengesellschaft (gesellschaftsbezogene (absolute) Freigrenze) noch bei dem betroffenen Steuerpflichtigen (gesellschafterbezogene (absolute) Freigrenze) insgesamt den Betrag von 80.000 € nicht übersteigen.[216] Die absoluten Freigrenzen sind alternativ zu verstehen („oder").

b) Substanztest auch für Drittstaatengesellschaften (§ 13 Abs. 4 AStG)

Neu ist die Ausnahme in § 13 Abs. 4 AStG, der den Gegenbeweis auf Drittstaatengesellschaften ausweitet, soweit es sich um eine ausländische Zwischengesellschaft handelt, die Einkünfte mit Kapitalanlagecharakter erzielt (§ 13 Abs. 4 Satz 1 AStG). Dies setzt allerdings voraus, dass der ausländische Staat, in dem die Gesellschaft ihren Sitz oder ihre Geschäftsleitung hat, im Wege des zwischenstaatlichen Informationsaustauschs alle relevanten Auskünfte erteilt, die zur Durchführung der Besteuerung erforderlich sind (§ 13 Abs. 4 Satz 2 AStG).[217]

Diese Entwicklung ist offensichtlich der neueren Rechtsprechung des EuGH[218] und des BFH[219] geschuldet. Mit Urteil vom 26.2.2019 hatte der EuGH in der Rs. *X* entschieden, dass die Vorschriften bezüglich beherrsch-

216 In Anlehnung an § 7 Abs. 6 Satz 2 AStG a. F.

217 Rechtsgrundlage für den Informationsaustausch bieten u. a. (i) die EU-Amtshilferichtlinie (EU-AHIRL) vom 15.2.2011, ABl. EU 2011 Nr. L 64, 1, (ii) die DBA (Art. 26 OECD-MA) – vgl. BMF, Schr. vom 19.1.2022, IV B 2-S 1301/21/10048:001, BStBl. I 2022, 147 – hierzu die Länderübersicht I Nr. 1, (iii) die besonderen Verträge über Amts- und Rechtshilfe in Steuersachen – vgl. BMF, Schr. vom 19.1.2022, IV B 2-S 1301/21/10048:001, BStBl. I 2022, 147 hierzu die Länderübersicht I Nr. 4, (iv) das Informationsaustauschabkommen (TIEA) – vgl. BMF, Schr. vom 19.1.2022, IV B 2-S 1301/21/10048:001, BStBl. I 2022, 147 hierzu die Länderübersicht I Nr. 4. Deutschland hat derzeit auf dem Gebiet der Steuern vom Einkommen und vom Vermögen 96 DBA und darüber hinaus 27 Abkommen auf dem Gebiet der Rechts- und Amtshilfe und des Auskunftsaustauschs abgeschlossen; vgl. BMF, Schr. vom 19.1.2022, IV B 2-S 1301/21/10048:001, BStBl. I 2022, 147.

218 EuGH, Urt. vom 26.2.2019 - Rs. C-135/17, *X*, ECLI:EU:C:2019:136.

219 BFH, Urt. vom 22.5.2019 - I R 11/19 BStBl. II 2021, 265.

ter ausländischer Gesellschaften tatbestandlich nicht nur die Niederlassungsfreiheit, sondern auch die Kapitalverkehrsfreiheit beschränken können.[220] Die Beschränkung sei aber, wie im Kontext der Niederlassungsfreiheit, zur Vermeidung von Steuerhinterziehung und Steuerumgehung durch rein künstliche Gestaltungen grundsätzlich gerechtfertigt und verhältnismäßig, wenn dem betroffenen Steuerpflichtigen die Möglichkeit eröffnet wird, die typisierende Missbrauchsvermutung zu widerlegen.[221]

Die Vorschriften für beherrschte ausländische Gesellschaften können insoweit nur dann im Einklang mit der Kapitalverkehrsfreiheit stehen, wenn dem betroffenen Steuerpflichtigen auch in Drittstaatenfällen die Möglichkeit gegeben wird, objektive Anhaltspunkte zu liefern, die belegen, dass die Beteiligung nicht auf einer künstlichen Gestaltung beruht.

Weil die erweiterte Hinzurechnungsbesteuerung augenscheinlich nicht exklusiv die Anwendbarkeit der Niederlassungsfreiheit hervorzubringen vermag (keine Beherrschungsbeteiligung erforderlich), wird die Anwendbarkeit der Kapitalverkehrsfreiheit auch nicht aufgrund des Vorrangs der Niederlassungsfreiheit gesperrt.[222] Indes spricht durch den Rückverweis auf § 8 Abs. 2 AStG in § 13 Abs. 4 Satz 1 AStG einiges dafür, dass selbst bei einer fehlenden Beherrschungsbeteiligung die Prüfkriterien der Niederlassungsfreiheit gelten sollen. Der Gesetzgeber schreibt damit einen einheitlichen Substanztest vor, der sowohl für die allgemeine Hinzurechnungsbesteuerung im EU-/EWR-Fall sowie durch den Verweis in § 13 Abs. 4 AStG ebenso für die erweiterte Hinzurechnungsbesteuerung im Drittstaatenfall gelten soll.[223]

4. Rechtsfolgen der Hinzurechnungsbesteuerung

a) Ermittlung der Zwischeneinkünfte (§ 10 Abs. 3 bis 5 AStG)

Sind alle Tatbestandsvoraussetzungen der Hinzurechnungsbesteuerung gegeben und erfüllt der Hinzurechnungsverpflichtete nicht die Voraussetzun-

---

220 EuGH, Urt. vom 26.2.2019 - Rs. C-135/17, *X*, ECLI:EU:C:2019:136, Rn. 55 ff.; dazu *Heckerodt*, IStR 2019, 683; *Köhler*, ISR 2019, 175; *Kortendick/Joisten/Ekinci*, DStZ 2019, 510; *Schnitger/Krüger/Nielsen*, IStR 2019, 340.

221 EuGH, Urt. vom 26.2.2019 - Rs. C-135/17, *X*, ECLI:EU:C:2019:136, Rn. 87.

222 Siehe BFH, Urt. vom 12.10.2016 - I R 80/14, BStBl. II 2017, 615, Tz. III.2.a.bb; ebenso *Schön*, IStR-Beihefter 2013, 3 (19).

223 Kritisch *Köhler/Staats*, ISR 2021, 295 (300).

gen des § 8 Abs. 2 AStG[224] und des § 9 AStG, müssen die ausländischen Zwischeneinkünfte ermittelt werden, die der Hinzurechnungsbesteuerung unterliegen. Der Hinzurechnungsbesteuerung unterliegen sämtliche Zwischeneinkünfte der ausländischen Gesellschaft, die von ihr im maßgebenden Wirtschaftsjahr erzielt wurden, auch solche Einkünfte, die als Zwischeneinkünfte mit Kapitalanlagecharakter qualifizieren.

Gem. § 10 Abs. 3 Satz 1 AStG sind die dem deutschen Hinzurechnungsbetrag zugrunde liegenden Einkünfte in entsprechender Anwendung der Vorschriften des deutschen Steuerrechts zu ermitteln.[225] Damit wird die Zwischengesellschaft einer inländischen Kapitalgesellschaft gleichgestellt, mit der Folge, dass – mit einigen Ausnahmen – alle Einkünfteermittlungs- und Einkünftekorrekturvorschriften des deutschen Steuerrechts sinngemäß anzuwenden sind, die Anwendung fänden, wenn die Zwischengesellschaft in Deutschland unbeschränkt körperschaftsteuerpflichtig wäre.[226] Durch den allgemeinen Verweis sind künftig auch steuerlich verschärfend wirkende Regelungen wie die der §§ 4h und 4k EStG sowie § 8a KStG im Rahmen der Hinzurechnungsbesteuerung zu berücksichtigen.[227] Dagegen sollen bei der Einkommensermittlung steuerliche Vergünstigungen, die an die unbeschränkte Steuerpflicht oder an das Bestehen eines inländischen Betriebs oder einer inländischen Betriebsstätte anknüpfen sowie die Vorschriften

224 In den Fällen, in denen der Hinzurechnungsverpflichtete geltend macht, dass der Substanztest nach § 8 Abs. 2 AStG erfüllt ist und somit eine Hinzurechnungsbesteuerung unterbleibt, sieht § 18 Abs. 3 Satz 2 AStG eine erleichterte Erklärungspflicht in Form einer Anzeige vor. Nach Satz 3 hat die Anzeige die Angaben zu erhalten, die für die Prüfung der Voraussetzungen nach § 8 Abs. 2 AStG von Bedeutung sind: Insbesondere allgemeine Angaben zur ausländischen Gesellschaft (Name, Anschrift) einschließlich ihrer wirtschaftlichen Tätigkeit, Angaben zu Beteiligungen sowie Angaben zu den Beteiligten. Bestehen nach der Prüfung durch das zuständige Finanzamt Zweifel an den vorgebrachten Nachweisen, z. B. am Vorliegen einer wesentlichen wirtschaftlichen Tätigkeit, so kann das zuständige Finanzamt nach Satz 4 auch eine Erklärung zur gesonderten Feststellung nach amtlich vorgeschriebenem Vordruck verlangen; vgl. dazu BT-Drucks. 19/28652, Begründung Besonderer Teil, S. 66; näher dazu Kapitel 2 C.IV.

225 Bei erstmaliger Anwendung der Hinzurechnungsbesteuerung sind die im Rahmen der Einkünfteermittlung zu bewertenden Wirtschaftsgüter so zu bewerten, als wären seit Übernahme der Wirtschaftsgüter durch die ausländische Gesellschaft die Vorschriften des deutschen Steuerrechts angewendet worden; siehe § 10 Abs. 5 AStG.

226 Vgl. zur alten Rechtslage etwa *Schaumburg*, in: Schamburg/Englisch (Hrsg.), Europäisches Steuerrecht, 2020, Rn. 13.172.

227 *Ditz/Wassermeyer*, in: Flick/Wassermeyer/Baumhoff u.a. (Hrsg.), Außensteuerrecht, 98. Lfg. 7.2021, Vor §§ 7 bis 14, Rn. 104; *Haase/Nürnberg*, Die neue Hinzurechnungsbesteuerung, 3. Aufl. 2021, S. 81.

des UmwStG unberücksichtigt bleiben (§ 10 Abs. 3 Satz 4 AStG).[228] Als Gewinnermittlungsmethode ist ausschließlich der Betriebsvermögensvergleich nach den Grundsätzen des § 4 Abs. 1 EStG zulässig (§ 10 Abs. 3 Satz 2 Hs. 2 AStG).[229]

Alle Einkünfte, für die die ausländische Gesellschaft Zwischengesellschaft ist, sind auf deren Ebene als Einkünfte aus Gewerbebetrieb zu behandeln (§10 Abs. 3 Satz 2 Hs. 1 AStG). Bei der Ermittlung der Einkünfte dürfen nur solche Betriebsausgaben abgezogen werden, die mit diesen Einkünften in wirtschaftlichem Zusammenhang stehen (§ 10 Abs. 4 AStG). Ist der Hinzurechnungsbetrag negativ, so bleibt dieser außer Ansatz (§ 10 Abs. 2 AStG). Die Verluste, die im Zusammenhang mit den Zwischeneinkünften stehen, können unter entsprechender Anwendung des § 10d EStG vorgetragen und abgezogen werden, soweit sie die nach § 9 AStG außer Ansatz zu lassenden Einkünfte übersteigen (§ 10 Abs. 3 Satz 5 AStG).[230] Nicht zulässig ist hingegen der Verlustrücktrag (§ 10 Abs. 3 Satz 6 AStG).

b) Ermittlung des Hinzurechnungsbetrags (§ 10 Abs. 1 und 6 AStG)

Die Summe der so ermittelten Einkünfte ergibt den Hinzurechnungsbetrag, der anteilig beim Hinzurechnungsverpflichteten[231] anzusetzen ist (§ 10 Abs. 1 AStG). Er umfasst sowohl die unmittelbaren als auch die mittelbaren Beteiligungen des Steuerpflichtigen (§ 7 Abs. 1 AStG). Bei mittelbarer Beteiligung über eine zwischengeschaltete Gesellschaft erfolgt die Hinzurechnung im Wege der Durchrechnung, also in Höhe des rechnerischen Anteils mittels Multiplikation der Anteilsquoten.

Der Hinzurechnungsbetrag ist beim Hinzurechnungsverpflichteten entsprechend seiner Beteiligungsquote anteilig in seine Steuerbemessungs-

228 Was unter steuerlichen Vergünstigungen zu verstehen ist, ist weder im AStG noch in anderen Bestimmungen des Steuerrechts definiert. Für eine mögliche Abgrenzung siehe zur bisherigen Rechtslage *Wassermeyer/Schönfeld*, in: Flick/Wassermeyer/Baumhoff u. a. (Hrsg.), Außensteuerrecht, 88. Lfg. 3.2019, § 10 AStG, Rn. 341 ff.; *Luckey*, in Strunk/Kaminski/Köhler (Hrsg.), AStG/DBA, 48. Lfg. 8.2017, § 10 AStG, Rn. 105 ff.

229 Damit entfällt das bisherige Wahlrecht zur Anwendung der Einnahmen-/Überschussrechnung gem. § 4 Abs. 3 EStG.

230 Verluste i. S. d. Satz 5 sind als negativer Hinzurechnungsbetrag zu verstehen.

231 Hinzurechnungsverpflichtete sind die am Ende des Wirtschaftsjahres beteiligten unbeschränkt (§ 7 Abs. 1 AStG) oder beschränkt Steuerpflichtigen (§ 7 Abs. 1 Satz 4 AStG).

grundlage einzubeziehen und gilt in dem Veranlagungszeitraum als zugeflossen, in dem das maßgebende Wirtschaftsjahr der ausländischen Gesellschaft endet (§ 10 Abs. 2 AStG), erstmals für den Veranlagungszeitraum 2022 (§ 21 Abs. 1 AStG).[232]

c) Einkünftequalifizierung und -besteuerung (§ 10 Abs. 2 AStG)

Der Hinzurechnungsbetrag gehört auf Ebene des Hinzurechnungsverpflichteten gem. § 10 Abs. 2 Satz 1 AStG zu den Einkünften aus Kapitalvermögen i. S. d. § 20 Abs. 1 Nr. 1 EStG, wenn die Anteile im Privatvermögen gehalten werden. Sofern die Anteile dem betrieblichen Vermögen zuzurechnen sind, ist der Hinzurechnungsbetrag – abweichend von Satz 1 – gem. § 10 Abs. 2 Satz 2 AStG den Einkünften aus Gewerbebetrieb, aus Land- und Forstwirtschaft oder aus selbstständiger Arbeit zuzuordnen. § 10 Abs. 2 Satz 3 AStG stellt in diesem Zusammenhang klar, dass in mehrstufigen Beteiligungsverhältnissen die Zuordnung der durch den betroffenen Steuerpflichtigen unmittelbar gehaltenen Beteiligung maßgeblich ist.[233]

Der Gesetzgeber fingiert bei Anwendung der Hinzurechnungsbesteuerung eine Gewinnausschüttung für den Veranlagungszeitraum, in dem das maßgebende Wirtschaftsjahr der ausländischen Gesellschaft endet (§ 10 Abs. 2 Satz 1 AStG). Gleichwohl weicht die Besteuerung des Hinzurechnungsbetrags erheblich von der Besteuerung tatsächlicher Ausschüttungen ab. So sind nach § 10 Abs. 2 Satz 4 AStG die Vorschriften des § 3 Nr. 40 Satz 1 Bstb. d EStG, § 32d EStG, § 8b Abs. 1 KStG sowie des § 9 Nr. 7 GewStG nicht auf den Hinzurechnungsbetrag anwendbar – mit der Folge, dass der Hinzurechnungsbetrag der vollumfänglichen Besteuerung mit ESt bzw. KSt und GewSt (sofern der Hinzurechnungsbetrag den gewerblichen Einkünften zuzuordnen ist) unterliegt.

232 Dies führt im Veranlagungszeitraum 2022 zu einer doppelten Erfassung eines Hinzurechnungsbetrags, zum einen durch die Erfassung des Hinzurechnungsbetrags für das am 31.12.2021 endende Wirtschaftsjahr (fiktiver Zufluss nach alter Rechtslage am 1.1.2022), zum anderen durch die Erfassung des Hinzurechnungsbetrags für das Wirtschaftsjahr, das am 31.12.2022 endet (fiktiver Zufluss nach der neuen Rechtslage am 31.12.2022). Eine gesetzliche Erleichterung für das Erstanwendungsjahr ist nicht vorgesehen.

233 Siehe auch BT-Drucks. 19/28562, Begründung Besonderer Teil, S. 58.

d) Vermeidung der Doppelbesteuerung (§§ 11, 12 AStG)

aa) Anrechnung ausländischer (Hinzurechnungs-)Steuer (§ 12 AStG)

Zur Vermeidung einer Doppelbesteuerung erlaubt § 12 Abs. 1 AStG die Anrechnung der zulasten der Zwischengesellschaft im Ansässigkeitsstaat tatsächlich erhobenen Steuern auf die ESt bzw. KSt des Steuerpflichtigen, die auf den anzusetzenden Hinzurechnungsbetrag entfällt. Ein Antrag ist aufgrund des Wegfalls der Abzugsmöglichkeit nicht mehr erforderlich. Eine Möglichkeit der Anrechnung auf die GewSt ist indessen nicht vorgesehen, so dass es hier weiterhin zu erheblichen steuerlichen Mehrbelastungen durch das Entstehen von Anrechnungsüberhängen bei ausländischen Steuersätzen zwischen 15 % und 25 % kommen kann.[234]

Ferner kann der betroffene Steuerpflichtige die Anrechnung einer möglicherweise vorgeschalteten (ausländischen) „Hinzurechnungssteuer" beantragen, um eine Doppelbesteuerung bei der Anwendung mehrerer Hinzurechnungsbesteuerungssysteme zu vermeiden (§ 12 Abs. 2 AStG), soweit die beteiligungsvermittelnde Gesellschaft mit den gleichen passiven Einkünften einer ausländischen Hinzurechnungsbesteuerung unterlegen hat und diese konkreten Zwischeneinkünfte auch in den inländischen Hinzurechnungsbetrag eingegangen sind. Hierbei bestimmt sich der Anrechnungsbetrag nach der Beteiligungshöhe des betroffenen Steuerpflichtigen an der beteiligungsvermittelnden Gesellschaft.[235] Die Hinzurechnungsbesteuerung entfällt gänzlich, wenn und soweit durch die vorgeschaltete (ausländische) Hinzurechnungsbesteuerung insgesamt keine Niedrigbesteuerung i. S. d. § 8 Abs. 5 AStG mehr vorliegt (§ 7 Abs. 1 Satz 2 AStG).

bb) Kürzungsbetrag im Ausschüttungsfall (§ 11 AStG)

Erhält der betroffene Steuerpflichtige aus der Beteiligung an der Zwischengesellschaft Gewinnausschüttungen, Veräußerungs- oder Liquidationsgewinne, die in den Vorjahren oder im gleichen Jahr der Hinzurechnungsbesteuerung unterlegen haben, kann es zu einer Doppelbesteuerung kommen, zum einen durch die phasengleiche ausschüttungsunabhängige Berücksich-

234 Dazu *Adrian/Rautenstrauch/Sterner*, DStR 2017, 1457 ff.; *Schnitger*, IStR 2011, 328 ff.; *Rödder*, IStR 2009, 873 ff.

235 *Lentz/Sezer*, ISR 2021, 85 (92).

tigung der Zwischeneinkünfte unter Anwendung der Hinzurechnungsbesteuerung, zum anderen durch die in die Steuerbemessungsgrundlage eingehende nachlaufende Gewinnausschüttung der ausländischen Gesellschaft. Um eine Doppelbesteuerung zu vermeiden, sieht § 11 Abs. 1 Satz 1 AStG daher im Ausschüttungsjahr vor, dass die zuvor einer Hinzurechnungsbesteuerung unterliegenden Einkünfte um einen sog. Kürzungsbetrag gemindert werden. Dieser wird bei der Ermittlung der Summe der Einkünfte zum Abzug gebracht.[236]

Der zur Verfügung stehende Kürzungsbetrag ist der Höhe nach begrenzt, genau genommen auf den steuerpflichtigen Bezug, der nach Anwendung des Teileinkünfteverfahrens verbleibt (§ 11 Abs. 2 Satz 1 AStG) und auch max. nur in Höhe der steuerpflichtigen Bezüge, die bei einer Vollausschüttungsfiktion abgezogen werden könnten, soweit im laufenden Veranlagungszeitraum und in den Vorjahren Hinzurechnungsbeträge in entsprechender Höhe durch den Steuerpflichtigen versteuert worden sind (§ 11 Abs. 2 Satz 2 AStG).[237] Im Ergebnis wird durch diese neue Gesetzestechnik sichergestellt, dass die Hinzurechnung vollständig ruckgängig gemacht wird, soweit eine Ausschüttung von der Zwischengesellschaft bereits der Hinzurechnungsbesteuerung unterlegen hat.[238] Entgegen der bisherigen Rechtslage entfällt die Limitierung zur Vermeidung einer Doppelerfassung auf einen Zeitraum von sieben Jahren bei Einkommensteuersubjekten als Hinzurechnungsverpflichtete.

Ein solcher Kürzungsbetrag kann auch bei der Ausschüttung einer die Beteiligung vermittelnden Gesellschaft abgezogen werden (§ 11 Abs. 1 Satz 3 AStG). Gleiches gilt für Gewinne des Steuerpflichtigen aus der Veräußerung von Anteilen an der ausländischen Gesellschaft sowie aus deren Auflösung oder aus der Herabsetzung ihres Kapitals (§ 11 Abs. 4 AStG). Sofern die Hinzurechnungsbesteuerung in früheren Jahren der GewSt unterlegen hat, mindert der Kürzungsbetrag zudem den Gewerbeertrag (§ 11 Abs. 5 AStG).

Für auf die Hinzurechnungsbesteuerung folgenden Beteiligungserträge, also die tatsächlichen Gewinnausschüttungen, Veräußerungs- oder Liqui-

---

236 Vgl. dahingehend auch die Gesetzesbegründung; BT-Drucks. 19/28562, Begründung Besonderer Teil, S. 59 ff.

237 BT-Drucks. 19/28562, Begründung Besonderer Teil, S. 60.

238 Durch den Kürzungsbetrag sollte auch die Schachtelstrafe nach § 8b Abs. 3 bzw. 5 KStG künftig nicht mehr zur Anwendung kommen; so *Baumgartner*, IStR 2020, 524 (528); *Kahlenberg/Erdem*, IStR 2020, 95 (101).

dationsgewinne des betroffenen Steuerpflichtigen aus der mittelbaren oder unmittelbaren Beteiligung an einer Zwischengesellschaft, findet bei natürlichen Personen § 3 Nr. 40 Bstb. d EStG und bei juristischen Personen § 8b KStG Anwendung.[239]

IV. Erklärungs- und Nachweispflichten (§ 18 AStG)

Bei Anwendung der Hinzurechnungsbesteuerung wird die Besteuerungsgrundlage, insbesondere der Hinzurechnungsbetrag (§10 AStG), die anrechenbaren Steuern (§ 12 AStG), das Hinzurechnungskorrekturvolumen (§ 11 AStG) und der Verlustvortrag gesondert festgestellt. Sind an der ausländischen Gesellschaft mehrere Steuerpflichtige unmittelbar oder mittelbar beteiligt, so wird die gesonderte Feststellung ihnen gegenüber einheitlich vorgenommen (§ 18 Abs. 1 Satz 3 Hs. 1 AStG). Dies gilt auch, wenn ein Steuerpflichtiger an der ausländischen Gesellschaft über andere vermittelnde Gesellschaften beteiligt ist (§ 18 Abs. 1 Satz 2 AStG). Danach hat jeder an der ausländischen Gesellschaft unmittelbar oder mittelbar beteiligte Steuerpflichtige eine Erklärung zur gesonderten Feststellung nach amtlich vorgeschriebenem Vordruck abzugeben (§ 18 Abs. 3 Satz 1 AStG).[240] Für die gesonderte Feststellung ist gem. § 18 Abs. 2 Satz 1 AStG das Finanzamt zuständig, das bei dem Steuerpflichtigen für die Ermittlung der aus der unmittelbaren und mittelbaren Beteiligung bezogenen Einkünfte örtlich zuständig ist. Sind mehrere Anteilseigner einer ausländischen Gesellschaft zur Abgabe einer solchen Erklärung verpflichtet, so können die aus § 18 Abs. 3 Satz 1 AStG resultierenden Verpflichtungen durch die Abgabe einer gemeinsamen Erklärung erfüllt werden (§ 18 Abs. 3 Satz 5 AStG). In diesen Fällen ist das Finanzamt befugt, das für denjenigen Steuerpflichtigen zuständig ist, dem die höchste Beteiligung an der ausländischen Gesellschaft zuzurechnen ist (§ 18 Abs. 2 Satz 2 AStG).

Beruft sich der Steuerpflichtige auf den Substanztest nach § 8 Abs. 2 AStG, sieht § 18 Abs. 3 Satz 2 AStG abweichend von Satz 1 (Erklärungspflicht) lediglich eine Anzeige nach amtlich vorgeschriebenem Vordruck

---

239 Zur Besteuerung von Beteiligungserträgen eines Hinzurechnungsverpflichteten für auf die Hinzurechnungsbesteuerung folgende Beteiligungserträge siehe *Lentz/Sezer*, ISR 2021, 85 (93 ff.).

240 Ausführlich zu den Erklärungs- und Anzeigepflichten *Bärsch/Schneider*, DB 2022, 81 (84 ff.); *Haun/Schneider*, IStR 2022, 116.

vor.[241] Die in der Anzeige enthaltenen Mindestangaben, die für die Prüfung der Voraussetzungen des § 8 Abs. 2 AStG von Bedeutung sind, sind in § 18 Abs. 3 Satz 3 AStG geregelt. Danach sind in der Anzeige insbesondere genaue Angaben zur ausländischen Gesellschaft einschließlich ihrer wirtschaftlichen Tätigkeit je Einkunftsquelle[242], Angaben zu Beteiligungen an der ausländischen Gesellschaft sowie Angaben zu den Beteiligten zu machen.[243] Auch diese Verpflichtung kann durch eine gemeinsame Anzeige erfüllt werden.[244] Bestehen nach der Prüfung der eingereichten Unterlagen noch Zweifel zum Beispiel am Vorliegen einer wesentlichen wirtschaftlichen Tätigkeit der ausländischen Gesellschaft, kann das zuständige Finanzamt zusätzlich die Abgabe einer Erklärung für Zwecke der Hinzurechnungsbesteuerung verlangen (§ 18 Abs. 3 Satz 4 AStG).[245]

D. Verhältnis zu anderen nationalen Vorschriften

I. Verhältnis zur allgemeinen Missbrauchsklausel (§ 42 AO)

Das deutsche Steuerrecht kennt neben der Hinzurechnungsbesteuerung zahlreiche weitere spezielle Antimissbrauchsbestimmungen.[246] Ferner gibt es im deutschen Steuerrecht mit § 42 AO eine Generalklausel, die der Verhinderung von Steuerumgehung dient. Die Generalklausel versagt den rein steuerlich motivierten Gestaltungen die steuerliche Anerkennung, indem sie die Wirkung der Umgehung neutralisiert – dies allerdings nur, wenn sie beim Steuerpflichtigen oder einem Dritten zu einem gesetzlich nicht vorgesehenen Vorteil führen und keine wirtschaftlichen oder sonst beachtlichen außersteuerlichen Gründe die Gestaltung rechtfertigen (§ 42 Abs. 2 AO). Sie

241 Die Gesetzesbegründung spricht insoweit von einer erleichterten Erklärungspflicht; vgl. BT-Drucks. 19/28652, Begründung Besonderer Teil, S. 66.

242 Dies legt zumindest das Festhalten an der segmentierenden Betrachtungsweise nahe.

243 BT-Drucks. 19/28652, Begründung Besonderer Teil, S. 66.

244 In § 18 Abs. 3 Satz 5 AStG heißt es ausdrücklich: *„Die Verpflichtungen nach diesem Absatz [damit ist § 18 Abs. 3 AStG gemeint, d. Verf.] können durch die Abgabe einer gemeinsamen Erklärung oder Anzeige erfüllt werden."*

245 Vgl. auch BT-Drucks. 19/28652, Begründung Besonderer Teil, S. 66.

246 Bspw. die Regelung der Überentnahme in § 4 Abs. 4a EStG, die Gesellschafterfremdfinanzierung in § 4h EStG; § 8a Abs. 1 KStG, die Bekämpfung des *Treaty-Shoppings* in § 50d Abs. 3 EStG.

hat einen umfassenden Anwendungsbereich und ist sowohl im nationalen als auch internationalen Steuerrecht anwendbar.[247]

Diese Feststellung führt unausweichlich zu der Frage, in welchem Verhältnis die Generalklausel des § 42 AO zu der Hinzurechnungsbesteuerung nach den §§ 7 ff. AStG steht. Denn beide Vorschriften treten im Wesentlichen der Steuerumgehung entgegen.[248] In § 42 Abs. 1 Satz 2 AO wird dieses Problem – jedenfalls rechtsfolgenseitig – aufgegriffen. Danach gehen spezielle Regelungen, die sich gegen bestimmte Typen von Gestaltungen richten, der Generalklausel vor, soweit ihre Tatbestände erfüllt sind. Die Anwendbarkeit des § 42 AO hängt also maßgeblich davon ab, ob möglicherweise speziellere Umgehungsverhinderungsregeln einschlägig sind.[249]

Sind solche einzelsteuergesetzliche Regelungen tatbestandlich einschlägig, dann wird die Anwendung des § 42 AO verdrängt.[250] Dieses Selbstverständnis folgt dem allgemeinen Auslegungsgrundsatz *„lex specialis derogat legi generali"*, wonach das speziellere dem allgemeinen Gesetz vorgeht.[251] Dafür spricht auch, dass der Gesetzgeber die Hinzurechnungsbesteuerung gerade mit dem Ziel erlassen hat, eine als zu großzügig wahrgenommene Rechtsprechung der Finanzgerichte zu § 42 AO (ehemals § 6 StAnpG) zu korrigieren.[252] Der Gesetzgeber hat das Problem gesichtet und die Problemlösung speziell in der Hinzurechnungsbesteuerung verankert.

Die spezialgesetzlichen Antimissbrauchsvermeidungsvorschriften entfalten also eine Art Abschirmwirkung gegen die Generalklausel, die den Rückgriff auf § 42 AO versperrt. Da die Hinzurechnungsbesteuerung die Eigenschaft eines Einzelsteuergesetzes erfüllt, bedeutet dies im Konkreten, dass niedrig besteuerte, im Ausland ansässige Gesellschaften, die Einkünfte aus passivem Erwerb erzielen, lediglich an den Kriterien der Hinzurechnungsbesteuerung zu messen sind, soweit sie den Tatbestand der §§ 7 ff. AStG erfüllen. Gelingt dem betroffenen Steuerpflichtigen – im zweiten Schritt –

247 *Englisch*, in: Tipke/Lang (Begr.), Steuerrecht, 24. Aufl. 2021, Rn. 5.117; *Drüen*, in: Tipke/Kruse (Hrsg.), AO/FGO, 145. Lfg. 7.2016, § 42 AO, Rn. 19.

248 *Oppel*, in: Schaumburg (Hrsg.), Internationales Steuerrecht, 5. Aufl. 2023, Rn. 13.25.

249 *Drüen*, in: Tipke/Kruse (Begr.), AO/FGO, 145. Lfg. 7.2016, § 42 AO, Rn. 20; *Fischer*, in: Hübschmann/Hepp/Spitaler (Hrsg.), AO/FGO, 208. Lfg. 6.2010, § 42 AO, Rn. 25.

250 *Drüen*, in: Tipke/Kruse (Begr.), AO/FGO, 145. Lfg. 7.2016, § 42 AO, Rn. 20; *Fischer*, in: Hübschmann/Hepp/Spitaler (Hrsg.), AO/FGO, 208. Lfg. 6.2010, § 42 AO, Rn. 25.

251 *Osterloh-Konrad*, Die Steuerumgehung, 2019, S. 86.

252 Vgl. BT-Drucks. VI/2883, Vorblatt.

die Verhinderung der Hinzurechnungsbesteuerung nach § 8 Abs. 2 AStG, so scheidet ein Rückgriff auf § 42 AO aus.[253] Jedes andere Ergebnis würde den gesetzgeberischen Zielen spezieller Missbrauchsvermeidungsnormen zuwiderlaufen und die jeweilige Spezialnorm ihrer Wirkung berauben.[254]

Nur wer sich außerhalb der eng gezogenen Grenzen der §§ 7 ff. AStG bewegt, könnte von der allgemeinen Auffangklausel des § 42 AO erfasst werden. Der Wortlaut des § 42 Abs. 1 Satz 3 AO lässt daran keinen Zweifel (mehr), wenn es dort heißt:

> *„Andernfalls entsteht der Steueranspruch beim Vorliegen eines Missbrauchs i. S. d. Absatzes 2 so, wie er bei einer den wirtschaftlichen Vorgängen angemessenen rechtlichen Gestaltung entsteht."*

Das bedeutet im Konkreten, dass anstelle der tatsächlich gewählten Gestaltung die fingierte angemessene Gestaltung tritt und dann dieser fingierte Sachverhalt für Besteuerungszwecke gewürdigt wird.[255]

II. Verhältnis zur internationalen Einkünfteabgrenzung (vGA, vE und § 1 AStG)

Das Steuerrecht unterscheidet bei Geschäftsbeziehungen zwischen einer (Kapital-)Gesellschaft und ihrem Gesellschafter zwischen betrieblich veranlassten Vorgängen einerseits und außerbetrieblich veranlassten Vorgängen andererseits.[256] Bei Letztgenannten besteht die Gefahr, dass mit Rücksicht auf das Gesellschaftsverhältnis im Inland steuerbare Einkünfte ins niedrig besteuernde Ausland verlagert werden könnten. Dies geschieht i. d. R. durch die zweckorientierte Bepreisung von Lieferungen und Leistungen zwischen nahestehenden Personen bzw. verbundenen Unternehmen (z. B. durch unangemessen hoch oder unangemessen niedrig vereinbarte

253 *Ditz/Wassermeyer*, in: Flick/Wassermeyer/Baumhoff u. a. (Hrsg.), Außensteuerrecht, 98. Lfg. 7.2021, Vor §§ 7 bis 14, Rn. 53; *Kraft*, in: Kraft (Hrsg.), AStG, 2. Aufl. 2019, Vorb. zu §§ 7-14 AStG, Rn. 23; *Köhler*, in: Strunk/Kaminski/Köhler, AStG/DBA, 47. Lfg. 7.2017, § 7 AStG, Rn. 15.1.

254 Zutreffend *Hey*, BB 2009, 1044 (1048).

255 *Englisch*, in: Tipke/Lang (Begr.), Steuerrecht, 24. Aufl. 2021, Rn. 5.134; Exemplarisch BFH, Urt. vom 2.3.2016 - I R 73/14, BStBl. II 2016, 887, Tz. II.3.D.cc.aaa.

256 *Hey*, in: Tipke/Lang (Begr.), Steuerrecht, 24. Aufl. 2021, Rn. 11.45.

Entgelte).[257] Insoweit ist bei Geschäftsbeziehungen eines inländischen Steuerpflichtigen zum Ausland mit ihm nahestehenden Personen zu prüfen, ob die darauf beruhenden Einkünfte unter Berücksichtigung des Fremdvergleichsgrundsatzes korrekt ermittelt worden sind.

Um eine Gewinnverlagerung in niedrigbesteuernde Staaten zu verhindern, sieht das deutsche Steuerrecht bei Beteiligungen an Kapitalgesellschaften zum einen die Regelungen zur vGA (§ 8 Abs. 3 Satz 2 KStG) und zum anderen die Regelungen der vE (§ 8 Abs. 3 Satz 3 ff. KStG) vor, die sowohl in rein inländischen als auch in grenzüberschreitenden Sachverhalten Anwendung finden.[258] Während die vGA Geltung erlangt, wenn eine Tochter- ihrer Muttergesellschaft einen Vorteil gewährt, betrifft die vE den umgekehrten Fall, d. h. die Vorteilsgewährung der Mutter- an ihre Tochtergesellschaft.[259]

Darüber hinaus sieht das deutsche Steuerrecht die Verrechnungspreisvorschriften des § 1 AStG vor, um die zutreffenden inländischen Einkünfte bei nahestehenden bzw. verbundenen Unternehmen zu erfassen.[260] Die Vorschrift des § 1 AStG ist allerdings nur in einem grenzüberschreitenden Fall anwendbar und auch nur, wenn der betroffene inländische Steuerpflichtige unmittelbar eine Geschäftsbeziehung zu einer ihm nahestehenden Person im Ausland unterhält.[261] Die Vorschrift des § 1 AStG ist unabhängig von den anderen Einkünftekorrekturvorschriften anwendbar und entweder ergänzend oder anstelle der anderen Korrekturnormen anzuwenden, um den zutreffenden Inlandsgewinn sicherzustellen.[262]

Die parallele Anwendung der Einkünftekorrekturvorschriften und der Hinzurechnungsbesteuerung könnte zu einer doppelten steuerlichen Verlagerung von im Ausland erzielten Einkünften ins Inland führen – zum einen, wenn die Einkünftekorrekturvorschriften einerseits und die Hinzurechnungsbesteuerung andererseits bei verschiedenen Rechtssubjekten anzuwenden sind (z. B. mehrstöckige Konzernstruktur) und zum anderen,

---

257 *Baumhoff*, in: Flick/Wassermeyer/Baumhoff u. a. (Hrsg.), Außensteuerrecht, 95. Lfg. 10.2020, § 1 AStG, Rn. 15; *Wassermeyer*, in: Wassermeyer/Baumhoff (Hrsg.), Verrechnungspreise international verbundener Unternehmen, 2014, Rn. 2.3.

258 *Glahe*, Einkünftekorrektur zwischen verbundenen Unternehmen, 2012, S. 68.

259 *Glahe*, Einkünftekorrektur zwischen verbundenen Unternehmen, 2012, S. 68.

260 *Glahe*, Einkünftekorrektur zwischen verbundenen Unternehmen, 2012, S. 68.

261 *Wassermeyer*, in: Wassermeyer/Baumhoff (Hrsg.), Verrechnungspreise international verbundener Unternehmen, 2014, Rn. 2.64.

262 Jüngst bestätigt durch BMF, Schr. vom 14.7.2021, IV B 5 – S 1341/19/10017:001, Kapitel I. Abschn. A. Tz. 1.3.

wenn ein der Hinzurechnungsbesteuerung unterliegendes Rechtssubjekt selbst mit der Zwischengesellschaft in Geschäftsbeziehung steht, auf die die Einkünftekorrekturvorschriften, bspw. § 1 AStG, anzuwenden sind.[263] Aus diesem Grund ist es erforderlich, das Verhältnis zwischen der Hinzurechnungsbesteuerung und der Einkünftekorrekturvorschrift zu bestimmen, um letztlich auch eine nicht sachgerechte überhöhte inländische Gesamtbesteuerung zu vermeiden.

Mit Urteil vom 19.3.2002[264] hat sich der BFH der Problematik des Zusammentreffens von Einkünftekorrekturvorschriften und der Hinzurechnungsbesteuerung gewidmet. Während er das Rangverhältnis zwischen § 1 und den §§ 7 ff. AStG weitestgehend offen ließ,[265] lässt sich der Rechtsprechung eines ausdrücklich entnehmen: Eine etwaige hieraus resultierende doppelte Besteuerung derselben Einkünfte ist weder sachgerecht noch vom Gesetzgeber bezweckt.[266] Die Gefahr einer Mehrfachbesteuerung ist in solchen Fällen daher in der Weise zu vermeiden, dass für Zwecke der Anwendung der Hinzurechnungsbesteuerung eine fiktive korrespondierende Gegenberichtigung vorzunehmen ist. Wie die Gegenberichtigung konkret erfolgen soll, um eine Doppelbesteuerung zu vermeiden, zeigt sich gut am Beispiel des entschiedenen Sachverhalts:

Die Klägerin (Muttergesellschaft), eine KG mit Sitz in Deutschland, hielt in den Streitjahren (1986 bis 1989) sämtliche Anteile an der F-GmbH (Tochtergesellschaft mit Sitz in Deutschland). Die F-GmbH war ihrerseits alleinige Gesellschafterin der B-AG (Enkelgesellschaft), einer Aktiengesellschaft schweizerischen Rechts mit Sitz und Geschäftsleitung in der Schweiz, die niedrigbesteuerte passive Einkünfte erzielte. Die KG hatte gegenüber der B-AG Darlehensforderungen, die unter dem fremdüblichen Zinssatz verzinst wurden. Das FA rechnete die Differenz zwischen den vereinbarten und den angemessenen Zinsen dem Einkommen der KG gem. § 1 AStG hinzu. Außerdem wurden die Zwischeneinkünfte der B-AG, die sie in den Streitjahren erzielt hatte, bei der F-GmbH (Tochtergesellschaft der KG) der Hinzurechnungsbesteuerung unterworfen, wodurch im Ergebnis eine doppelte steuerliche Verlagerung von im Ausland erzielten Einkünften ins Inland erfolgte: Zum einen hatte sich die unüblich niedrige Verzinsung des der B-AG gewährten Darlehens bei der B-AG gewinnerhöhend ausgewirkt.

263 *Wischmann*, GmbH-StB 2002, 281 (282).

264 BFH, Urt. vom 19.3.2002 - I R 4/01, BStBl. II 2002, 644; zu dieser Entscheidung *Schnitger*, BB 2003, 264; *Wischmann*, GmbH-StB 2002, 281.

265 BFH, Urt. vom 19.3.2002 - I R 4/01, BStBl. II 2002, 644, Tz. II. 3. c.

266 BFH, Urt. vom 19.3.2002 - I R 4/01, BStBl. II 2002, 644, Tz. II. 3. a.

Bei Vereinbarung eines üblichen Zinssatzes hätte sich für die B-AG ein höherer Zinsaufwand ergeben, so dass ihre Einkünfte niedriger ausgefallen wären, wodurch sich zugleich die passiven Einkünfte der B-AG vermindert hätten, die ihrerseits bei der F-GmbH der Hinzurechnungsbesteuerung unterworfen wurden. Im Ergebnis wurde der eingeräumte Zinsvorteil steuererhöhend bei der F-GmbH erfasst, während er zugleich bei der Besteuerung der KG ebenfalls steuererhöhend korrigiert wurde.

Um eine Doppelbesteuerung zu vermeiden, hatte das FG bei der Ermittlung der hinzurechnungspflichtigen Einkünfte in entsprechender Höhe der Zinsdifferenz Gegenberichtigungen vorgenommen.[267] Zutreffenderweise hätte sich bei der Vereinbarung eines fremdüblichen Zinssatzes für die B-AG ein höherer Zinsaufwand ergeben; ihre Einkünfte wären entsprechend niedriger ausgefallen. Dadurch hätten sich zugleich auch die passiven Einkünfte der B-AG vermindert, die ihrerseits der Hinzurechnungsbesteuerung bei der F-GmbH unterworfen wurden. Folglich war es nur sachgerecht, dass das im Streitfall zuständige Finanzamt im Billigkeitswege (§§ 163 bzw. 227 AO) die Doppelbesteuerung vermied, indem es bei der Ermittlung der hinzurechnungspflichtigen Einkünfte eine Gegenberichtigung in Höhe der Zinsdifferenz vornahm.[268]

Indes ist im vorliegenden Streitfall die Besonderheit zu berücksichtigen, dass die Einkünftekorrektur nach § 1 AStG sowie die Hinzurechnungsbesteuerung nach den §§ 7 ff. AStG gegenüber zwei verschiedenen Rechtssubjekten wirkten. Dennoch ist die Entscheidung des BFH auch für den Fall anwendbar, dass eine Muttergesellschaft selbst mit der Zwischengesellschaft in einer Geschäftsbeziehung steht und folglich dasselbe Rechtssubjekt der Hinzurechnungsbesteuerung und der Einkünftekorrektur unterliegt. Diese Auffassung wurde jüngst vom BMF bestätigt.[269] Es wären auch keine Gründe ersichtlich, warum für letzteren Fall die Entscheidung des BFH anders ausfallen sollte.

Lediglich in den Fällen, in denen die Zwischengesellschaft bloß Geschäftsbeziehungen zum Ausland oder zum (ausländischen) Inland unterhält, ist die Anwendung des § 1 AStG gesperrt, da es i. d. R. – aus Sicht

---

267 FG Münster, Urt. vom 26.10.2000 - 15 K 5406/98 F, EFG 2001, 62 f. bestätigt durch BFH, Urt. vom 19.3.2002 - I R 4/01, BStBl. II 2002, 644, Tz. II.

268 BFH, Urt. vom 19.3.2002 - I R 4/01, BStBl. II 2002, 644, Tz. II. 3. c.

269 Vgl. hierzu das Beispiel im BMF, Schr. vom 14.7.2021, IV B 5 – S 1341/19/10017: 001, Kapitel I, Abschn. A 1.8, Variante 2.

des betroffenen inländischen Steuerpflichtigen – an der Tatbestandsvoraussetzung der Geschäftsbeziehung zum Ausland fehlt.[270]

Für das Zusammenspiel von Hinzurechnungsbesteuerung und den Regelungen zur vGA gem. § 8 Abs. 3 Satz 2 KStG und vE gem. § 8 Abs. 3 Satz 3 ff. KStG gilt, dass die Vorschriften zur Gewinnabgrenzung (hier vGA und vE) – jedenfalls im Rahmen eines Dreieckssachverhalts – der Hinzurechnungsbesteuerung vorgehen.[271]

E. Zwischenergebnis

Steuerinländer können mobile Einkünfte (etwa Kapitaleinkünfte) ohne größeren Aufwand auf niedrigbesteuerte ausländische Körperschaften verlagern, um in den Genuss eines niedrigeren ausländischen Steuerniveaus zu gelangen. Die von der Körperschaft entfaltete Abschirmwirkung eröffnet ihnen die Möglichkeit, Vermögenswerte auf ausländische Kapitalgesellschaften zu übertragen und damit die daraus erzielten Erträge bis zur Ausschüttung aus der deutschen Besteuerung auszuklammern. Der Vorteil der geringen steuerlichen Vorbelastung auf Ebene der ausländischen Gesellschaft und der damit einhergehende Steuerstundungseffekt blieben so lange erhalten, wie die Gesellschaft ihre Gewinne nicht ausschüttet. Zu einem späteren Zeitpunkt könnten die in der ausländischen Gesellschaft erzielten Einkünfte zudem unter Anwendung der Befreiungstatbestände der § 3 Nr. 40 EStG bzw. § 8b KStG steueroptimiert wieder in das Inland repatriiert werden. Um diesen missliebigen Steuervorteil zu beseitigen, führte der Gesetzgeber im Rahmen der Einführung des AStG im Jahr 1972 die Hinzurechnungsbesteuerung ein.

Die Hinzurechnungsbesteuerung soll die Verlagerung bestimmter Einkünfte auf sog. Zwischengesellschaften verhindern, die in niedrigbesteuerten Staaten ansässig sind. In erster Linie sollen damit steuerlich getriebene Gestaltungen unterbunden werden, die aus Sicht des Gesetzgebers zu einer „unrechtmäßigen" Optimierung der Steuerbelastung führen, die sich aus der Ausnutzung des internationalen Steuergefälles unter Zuhilfenahme der Abschirmwirkung der Kapitalgesellschaften ergeben.

270 BFH, Urt. vom 20.4.1988 - I R 41/82, BStBl. II 1988, 868, Tz. II. B. 1. a; bestätigt durch BMF, Schr. vom 14.7.2021, IV B 5 – S 1341/19/10017: 001, Kapitel I, Abschn. A 1.7.

271 BFH, Urt. vom 13.6.2018 - I R 94/15, BStBl. II 2020, 755; näher dazu Kapitel 4 B.II.2.

Mit der Hinzurechnungsbesteuerung sollen (vermeintlich) missbräuchliche Gestaltungen im Ausland aufgegriffen und zeitnah einer Besteuerung im Inland zugeführt werden. Der Gesetzgeber erreicht dieses Ziel, indem er die Abschirmwirkung der ausländischen Gesellschaft durch die Durchbrechung des Trennungsprinzips beseitigt und die auf Ebene der ausländischen Gesellschaft erzielten Einkünfte fiktiv direkt ihren (unmittelbaren und mittelbaren) inländischen Gesellschaftern entsprechend ihrer Beteiligungshöhe unter Ausschluss der § 3 Nr. 40, § 32d EStG, § 8b KStG sowie § 9 Nr. 7 GewStG zurechnet.

Die Bundesrepublik Deutschland kann im Hinblick auf die Hinzurechnungsbesteuerung auf eine jahrzehntelange Tradition zurückblicken. Seit nunmehr 50 Jahren bedient sich der Gesetzgeber bei unliebsamen Gestaltungen der Hinzurechnungsbesteuerung. Sie ist als solche gewiß sinnvoll, aufgrund ihrer zum Teil überzogenen Anforderungen (zufällige Inländerbeherrschung, hohe Niedrigsteuerschwelle, Komplexität des Aktivkatalogs) in der Vergangenheit allerdings auch wiederholt Gegenstand dezidierter Kritik gewesen. Trotz des stimmgewaltigen Widerstands in der Literatur hielt der Gesetzgeber beharrlich an seinen Regelungen fest.

Mit Einführung der ATAD-Richtlinie, die bis zum 31.12.2018 ins nationale Recht hätte umgesetzt werden müssen, hat der europäische Rat dem deutschen Gesetzgeber nunmehr eine zwingende Überarbeitung der Hinzurechnungsbesteuerung auferlegt. Nach der ATAD soll bspw. eine Beherrschung erst dann vorliegen, wenn ein unbeschränkt oder beschränkt steuerpflichtiger Anteilseigner die ausländische Gesellschaft allein oder mit ihm nahestehenden Personen beherrscht (Art. 7 Abs. 1 Bstb. a ATAD). Einer rein zufälligen Inländerbeherrschung hat der Richtliniengeber damit ausdrücklich eine Absage erteilt. Jedoch soll künftig verschärfend bereits eine Beteiligung am Gewinn- bzw. am Liquidationserlös, ohne gleichzeitig am Kapital der Gesellschaft beteiligt zu sein, bzw. ein Zusammenwirken durch abgestimmtes Verhalten eine Beherrschung begründen, die den Anwendungsbereich der Hinzurechnungsbesteuerung eröffnet. Außerdem sieht die ATAD – im Gegensatz zum deutschen Ansatz – eine positive Auflistung all derjeniger Einkünfte vor, die als passive Einkünfte der Hinzurechnungsbesteuerung unterliegen sollen. Des Weiteren soll nach der ATAD erst dann eine Niedrigbesteuerung anzunehmen sein, wenn die von der ausländischen Gesellschaft tatsächlich entrichtete KSt die Hälfte der KSt in Deutschland beträgt. Gleichwohl ist darauf hinzuweisen, dass diese Vorgaben als Mindeststandard zu verstehen sind, d. h. die Mitgliedstaaten sind grundsätzlich nicht daran gehindert, schärfere nationale Regelungen einzuführen als die Richtlinie sie vorgibt.

Mit zweieinhalbjähriger Verspätung wurde am 25.6.2021 mit Wirkung zum Veranlagungszeitraum 2022 die Richtlinie ins nationale Recht umgesetzt. Statt sich eng an den Vorgaben der ATAD zu orientieren, geht der deutsche Gesetzgeber im Wesentlichen weit über die Vorgaben der ATAD hinaus. Nach dem ATADUmsG wird das bisherige Konzept der zufälligen Inländerbeherrschung zwar aufgegeben, um dem Beteiligungserfordernis der ATAD zu entsprechen. Mit der richtlinienkonformen Einführung des personenverbundbezogenen Beherrschungserfordernisses und der damit einhergehenden Berücksichtigung von nahestehenden Personen entstehen allerdings neue Zweifelsfragen, die der Klärung bedürfen. Außerdem ist das deutsche Begriffsverständnis der nahestehenden Person deutlich weiter gefasst als das der ATAD. Der Gesetzgeber hält auch weiterhin an dem bisherigen Konzept des Aktivkatalogs und damit an der äußerst komplexen Zusammenwirkung von „Regel-Ausnahme", „Rückausnahme von der Ausnahme" und „Rückausnahme von der Rückausnahme" fest, wohingegen die ATAD einen abschließenden Passivkatalog vorsieht. Außerdem zieht der Gesetzgeber – trotz der durch die ATAD eröffneten Möglichkeit – keine Reduzierung des Niedrigsteuersatzes in Erwägung. Es wird weiterhin an der Niedrigsteuergrenze von 25 % festgehalten.

Der EuGH hat mit Urteil vom 12.9.2006 bzw. 26.2.2019 entschieden, dass der mit der Hinzurechnungsbesteuerung einhergehende generalisierende Missbrauchsvorwurf gegen die Niederlassungsfreiheit bzw. Kapitalverkehrsfreiheit verstößt. Dem von den Regelungen der Hinzurechnungsbesteuerung betroffenen Steuerpflichtigen müsse die Möglichkeit eingeräumt werden, den Missbrauchsvorwurf im konkreten Einzelfall mittels Nachweises von Substanz und einer tatsächlichen wirtschaftlichen Betätigung im Ansässigkeitsstaat zu widerlegen. Andernfalls riskiere der Gesetzgeber die Unionsrechtswidrigkeit eines solchen Gesetzes.

Um den primärrechtlichen Anforderungen zu entsprechen, sieht § 8 Abs. 2 bis 4 AStG eine Entlastung von der Hinzurechnungsbesteuerung vor, wenn der betroffene Steuerpflichtige nachweist, dass die ausländische Gesellschaft einer wesentlichen wirtschaftlichen Tätigkeit nachgeht und die für die Ausübung dieser Tätigkeit erforderliche sachliche und personelle Ausstattung vorhält. Hinsichtlich der personellen Ausstattung verlangt der Gesetzgeber darüber hinaus, dass die Tätigkeit durch hinreichend qualifiziertes Personal selbstständig und eigenverantwortlich ausgeübt wird und die ausländische Gesellschaft ihre wesentliche wirtschaftliche Tätigkeit nicht überwiegend durch Dritte besorgen lässt.

Darüber hinaus sind der wesentlichen wirtschaftlichen Tätigkeit auch nur solche Einkünfte zuzuordnen, die dem Fremdvergleichsgrundsatz entsprechen und auch nur, wenn sie durch diese konkrete Tätigkeit erzielt werden. Im Ergebnis gehen die Regelungen der Einkünfteabgrenzung den Regelungen der Hinzurechnungsbesteuerung vor. Die infrage kommenden Gewinne müssen daher zuvorderst mit dem Fremdvergleichsgrundsatz berichtigt werden und wären erst nach Einkünftekorrektur dem Substanztest zugänglich. Nach dem Willen des Gesetzgebers hat der Substanznachweis darüber hinaus für alle einzelnen Teile der passiven Tätigkeiten der nämlichen Auslandsgesellschaft zu erfolgen.

Durch die verschärfte Umsetzung der ATAD geht der Gesetzgeber auch bei den Substanzanforderungen über die Vorgaben der ATAD hinaus. Letztere verlangt lediglich, dass die beherrschte ausländische Gesellschaft, gestützt auf Personal, Ausstattung, Vermögenswerte und Räumlichkeiten, eine wesentliche wirtschaftliche Tätigkeit ausübt und dies durch relevante Fakten und Umstände nachweist. Weitreichendere Forderungen wie z. B. „hinreichend gut ausgebildetes Personal" und eine vollständig „selbstständige und eigenverantwortliche Ausübung der wirtschaftlichen Tätigkeit" sind der ATAD nicht zu entnehmen. Auch zur segmentierenden Betrachtungsweise äußert sich der Richtliniengeber nicht. Angesichts dessen stellt sich unausweichlich die Frage, ob die Regelungen im Einklang mit dem Primärrecht stehen. Der EuGH hat für die primärrechtliche Beurteilung durch seine bisherige Rechtsprechung eine gefestigte Grundlage geschaffen und die obere Grenze zur grundfreiheitskonformen Ausgestaltung der nationalen Vorschriften betreffend beherrschte ausländische Gesellschaften gezogen. Insofern müssen auch die Normen der Hinzurechnungsbesteuerung den Vorgaben des europäischen Primärrechts entsprechen und dürfen somit nicht gegen die niedergeschriebenen europäischen Ziele verstoßen.

Drittes Kapitel: Hinzurechnungsbesteuerung und europäische Grundfreiheiten

A. Grundsätzliche Bedeutung der europäischen Grundfreiheiten für das nationale direkte Steuerrecht, insbesondere der deutschen Hinzurechnungsbesteuerung

I. Grundfreiheiten als Konkretisierung des Binnenmarktbegriffs

Zu den bedeutsamsten Zielen der EU zählt unter anderem die Schaffung eines gemeinsamen Binnenmarkts (Art. 3 Abs. 3 EUV).[272] Jener ist in Art. 26 Abs. 2 AEUV definiert als ein „Raum ohne Binnengrenzen, in dem der freie Verkehr von Waren, Personen, Dienstleistungen und Kapital [...] gewährleistet ist". Der Sache nach ist der Binnenmarkt als ein einheitlicher Wirtschaftsraum zu verstehen, in dem alle Wirtschaftsteilnehmer der EU ungehindert Handel treiben, Niederlassungen gründen, Dienstleistungen erbringen oder Kapital investieren können.[273] Dieser (Marktfreiheits-)Gedanke beruht in erster Linie auf ökonomischen Erwägungen. Ihm liegt die Erkenntnis zugrunde, dass mit der Größe eines Marktes die Effizienz der Ressourcenallokation steigt, was wiederum auschlaggebend für die Wettbewerbsfähigkeit der EU ist.[274] Hierfür gilt es sicherzustellen, dass der Markt flexibel ist, so dass alle vorhandenen Ressourcen, sei es Kapital, Arbeit oder Waren, ungehindert den Ort erreichen können, an dem sie den größten wirtschaftlichen Nutzen stiften.[275]

Die Aufgabe der Europäischen Organe ist es, alle erforderlichen Maßnahmen zu erlassen, die zur Verwirklichung des Binnenmarkts bzw. zu dessen Funktionieren erforderlich sind (Art. 26 Abs. 1 AEUV). Dies setzt voraus, dass alle Arten von nationalen Schranken beseitigt werden, die potenziell den einzelstaatlichen Markt von dem gemeinsamen Markt abzu-

---

272 *Pache*, in: Schulze/Janssen/Kadelbach, Europarecht, 4. Auflage 2020, § 10 Grundfreiheiten, Rn. 1.

273 *Kokott*, FR 2008, 1041.

274 *Straßburger*, Die Dogmatik der EU-Grundfreiheiten, 2012, S. 9.

275 KOM (85) 310 endg., (Weißbuch der Kommission an den Europäischen Rat), Tz. 8; *Schön*, in: Pelka (Hrsg.), Europa- und verfassungsrechtliche Grenzen der Unternehmensbesteuerung, DStJG 23, S. 191 (193 f.).

schirmen vermögen (sog. negative Integration). Darunter fällt aber auch der Erlass von sekundärrechtlichen, rechtsangleichenden Regelungen, die auf eine gezielte Harmonisierung der Rechtsvorschriften innerhalb der Union abzielen (sog. positive Integration).[276]

Die in der Definition des Art. 26 Abs. 2 AEUV enthaltenen Grundfreiheiten sind klar erkennbar mit der Verwirklichung des Binnenmarkts „auf das Engste verbunden“ und lassen sich in ihrer Gesamtheit als punktuelle Verlängerung des Binnenmarktprinzips für alle wirtschaftlichen Betätigungen begreifen.[277] Ihre Aufgabe liegt im Wesentlichen darin, Hemmnisse zu beseitigen, die potenziell das angestrebte Ziel des gemeinsamen Binnenmarktes in seinen speziellen Ausprägungen der Waren-, Dienstleistungs-, Niederlassungs- und Kapitalverkehrsfreiheit beschränken könnten. Zu diesen Aufgaben zählt unter anderem die Beseitigung einseitig wirkender steuerlicher Schranken, die Einfluss auf Unternehmensentscheidungen nehmen und ein wesentliches Hindernis für den freien innergemeinschaftlichen Verkehr darstellen können. Die Hinzurechnungsbesteuerung könnte bspw. durch ihre steuerlichen Auswirkungen inländische Steuerpflichtige davon abhalten, eine grenzüberschreitende Tätigkeit aufzunehmen oder Kapital ins Ausland zu investieren. Sie stellt ein denkbares Hindernis für den grenzüberschreitenden Verkehr dar und steht damit potenziell in Konflikt mit den unionsrechtlichen Grundfreiheiten.

II. Spannungsverhältnis zwischen europäischen Grundfreiheiten und den Vorschriften zur Hinzurechnungsbesteuerung

Aufgrund ihrer Zugehörigkeit zum innerstaatlichen Recht, dem Außensteuerrecht, stellt sich die deutsche Hinzurechnungsbesteuerung zwar isoliert betrachtet als ausschließlicher Bestandteil der nationalen Steuerrechtsordnung dar.[278] Dem deutschen Gesetzgeber steht es auch grundsätzlich frei, die Vorschriften zur Hinzurechnungsbesteuerung autonom nach eigenen Vorstellungen zu gestalten. Jedoch hat die Entscheidung des EuGH in der

---

276 Zur positiven und negativen europäischen Integration vgl. z. B. *Seiler*, StuW 2005, 25 ff.

277 *Cordewener*, Europäische Grundfreiheiten und nationales Steuerrecht, 2002, S. 25; *Tiedtke/Mohr*, EuZW 2008, 424 (426); *Cordewener*, DStR 2004, 6 (6 f.).

278 *Quilitzsch*, Die Hinzurechnungsbesteuerung, 2013, S. 140; *Schönfeld*, Hinzurechnungsbesteuerung und Europäisches Gemeinschaftsrecht, 2005, S. 13.

Rs. *Cadbury Schweppes* unmissverständlich gezeigt, dass die Mitgliedstaaten sich dem Einfluss des Unionsrechts nicht vollumfänglich entziehen können. Der EuGH erkennt zwar grundsätzlich an, dass die direkten Steuern – zu denen auch die Hinzurechnungsbesteuerung zählt – in die Zuständigkeit der Mitgliedstaaten fallen,[279] allerdings fügt er in diesem Zusammenhang regelmäßig hinzu, dass die Mitgliedstaaten die ihnen verbliebenen Befugnisse unter Wahrung des Gemeinschaftsrechts ausüben müssen.[280] Insoweit sind die durch den AEUV aufgestellten Vorgaben zur Erreichung eines gemeinsamen Binnenmarkts von den Mitgliedstaaten zwingend zu berücksichtigen.

Das Binnenmarktkonzept stellt den Staatenverbund im Bereich der direkten Steuern damit in ein Spannungsverhältnis zwischen den unionsrechtlich aufgestellten Vorgaben zum Schutz des Binnenmarktes einerseits und der Souveränität der Mitgliedstaaten in Bezug auf das direkte Steuerrecht als solches andererseits. Unproblematisch ist es, wenn sowohl nationale als auch unionsrechtliche Vorschriften Anwendung finden und ihre steuerlichen Folgen zu dem gleichen Ergebnis führen. Problematisch ist

---

279 Bei den direkten Steuern fehlt es an einem ausdrücklichen Harmonisierungsauftrag. Anderes gilt für die indirekten Steuern. Hier enthält der AEUV in Art. 113 einen ausdrücklichen Auftrag für die umfassende Harmonisierung der indirekten Steuern.

280 Vgl. hierzu und nachfolgend die ständige Rechtsprechung des EuGH zu den direkten Steuern (chronologisch aufsteigend); vom 4.10.1991 - Rs. C-246/89, *Kommission/Vereinigtes Königreich*, ECLI:EU:C:1991:375, Rn. 12; vom 14.2.1995 - Rs. C-279/93, *Finanzamt Köln-Altstadt/Schumacker*, ECLI:EU:C:1995:31, Rn. 21; vom 11.8.1995 - Rs. C-80/94, *Wielockx/Inspecteur der directe belastingen,* ECLI:EU:C:1995:271, Rn. 16; vom 16.7.1998 - Rs. C-264/96, *Imperial Chemical Industries/Colmer*, ECLI:EU:C:1998:370, Rn. 19; vom 29.4.1999 - Rs. C-311/97, *Royal Bank of Scotland,* ECLI:EU:C:1999:216, Rn. 19; vom 14.9.1999 - Rs. C-391/97, *Gschwind*, ECLI:EU:C:1999:409, Rn. 20; vom 28.10.1999 - Rs. C-55/98, *Vestergaard*, ECLI:EU:C:1999:533, Rn. 15; vom 12.12.2002 - Rs. 324/00, *Lankhorst-Hohorst*, ECLI:EU:C:2002:749, Rn. 26; vom 11.3.2004 - Rs. C-9/02, *de Lasteyrie du Saillant*, ECLI:EU:C:2004:138, Rn. 44; vom 7.9.2004 - Rs. C-319/02, *Manninen*, ECLI:EU:C:2004:484, Rn. 19; vom 13.12.2005 - Rs. C-446/03, *Marks & Spencer*, ECLI:EU:C:2005:763, Rn. 29; vom 12.9.2006 - Rs. 196/04, *Cadbury Schweppes und Cadbury Schweppes Overseas*, ECLI:EU:C:2006:544, Rn. 40; vom 12.12.2006 - Rs. C-374/04, *Test Claimants in Class IV of the ACT Group Litigation*, ECLI:EU:C:2006:773, Rn. 36; vom 6.3.2007 - Rs. C-292/04, *Meilicke u.a.*, ECLI:EU:C:2007:132, Rn. 19; vom 24.5.2007 - Rs. C-157/05, *Holböck*, ECLI:EU:C:2007:297, Rn. 21; vom 8.11.2007 - Rs. C-379/05, *Amurta*, ECLI:EU:2007:655, Rn. 16; vom 17.9.2009 - Rs. C-182/08, *Glaxo Wellcome*, ECLI:EU:C:2009:559, Rn. 34; vom 19.11.2009 - Rs. C-540/07, *Kommission/Italien*, ECLI:EU:C:2009:717, Rn. 28; vom 25.2.2010 - Rs. 337/08, *X Holding*, ECLI:EU:C:2010:89, Rn. 16; vom 20.10.2011 - Rs. C-284/09, *Kommission/Deutschland*, ECLI:EU:C:2011:670, Rn. 44.

es dagegen, wenn sowohl nationale als auch unionsrechtliche Vorschriften Anwendung finden und ihre steuerlichen Folgen zu unterschiedlichen Ergebnissen führen – so bspw. auch bei der Kollision zwischen den unionsrechtlichen Grundfreiheiten und der Hinzurechnungsbesteuerung.

III. Vorrang der europäischen Grundfreiheiten vor nationalem Recht

Die Grundfreiheiten des AEUV bilden das „Rückgrat“[281] der auf einen Binnenmarkt gerichteten Wirtschaftsverfassung der EU und begründen unmittelbar geltende Individualrechte, die sowohl gegenüber der Gemeinschaft als auch gegenüber den Mitgliedstaaten geltend gemacht werden können, und haben grundsätzlich deregulierenden Charakter.[282] Sie richten sich auf die Beseitigung einzelstaatlicher Normen, die den grenzüberschreitenden freien und erfolgreichen wirtschaftlichen Verkehr innerhalb der Gemeinschaft gefährden könnten.[283] Mehr noch: Sie verlangen den freien und ungehinderten Verkehr von Waren und Dienstleistungen sowie die Erleichterung des gemeinschaftsweiten Niederlassungs- und Kapitalverkehrs. Eine Regelung wie die der Hinzurechnungsbesteuerung führt aber gerade dazu, dass Investitionen ins niedrigbesteuernde Ausland steuerlich unattraktiv werden und beeinflusst damit offensichtlich die Bewegungsfreiheit von inländischen Steuerpflichtigen. In solchen Kollisionsfällen stellt sich für die nationalen Rechtsanwendungsorgane[284] unausweichlich die Frage, welcher Vorschrift der Vorrang zu gewähren ist: der Freiheitsschenkenden (Grundfreiheiten) oder der Freiheitsbeschränkenden (Hinzurechnungsbesteuerung).

Mit seinem Grundsatzurteil vom 15.7.1964 hat der EuGH in der Rs. *Costa/ENEL* den absoluten und uneingeschränkten Vorrang des Unionsrechts gegenüber allen Vorschriften des nationalen Rechts der Mitgliedstaaten

---

281 *Cordewener*, Europäische Grundfreiheiten und nationales Steuerrecht, 2002, S. 31.

282 Grundlegend zur unmittelbaren Geltung EuGH, Urt. vom 5.2.1963 - Rs. C-26/62, *Van Gend en Loos/Administratie der Belastingen*, ECLI:EU:C:1963:1, S. 24 ff.; zum deregulierenden Charakter KOM (95) 238 endg., (Binnenmarkt 1994), 1995, Rn. 49.

283 KOM (95) 238 endg., (Binnenmarkt 1994), 1995, Rn. 49.

284 Damit ist die Judikative und Exekutive gemeint. Auf Gesetzgebungsebene besteht dagegen kein Anwendungsbereich für den Anwendungsvorrang, da sich das gesetzgeberische Handeln nur auf Rechtsetzung beschränkt; vgl. *Schlücke*, Die Umsetzung von EuGH-Entscheidungen in das deutsche Steuerrecht, 2014, S. 54.

festgestellt.[285] Im Kollisionsfall, d. h., wenn nationale Rechtsvorschriften der Mitgliedstaaten in ihrem Regelungsgehalt mit den unionsrechtlichen Vorschriften in Konflikt stehen, ist dem Unionsrecht stets Vorrang zu gewähren.

Aus unionsrechtlicher Perspektive folgt die Vorrangstellung aus dem Gebot der Unionstreue.[286] Die Mitgliedstaaten haben sich mit ihrem Beitritt in die EU in Art. 4 Abs. 3 EUV verpflichtet, alle geeigneten Maßnahmen allgemeiner und besonderer Art zu ergreifen, die zur Erfüllung der Verpflichtungen, die sich aus den Verträgen ergeben, notwendig und erforderlich sind. Damit obliegt den nationalen Rechtsanwendungsorganen im Kollisionsfall die Verpflichtung, jede mit dem Unionsrecht unvereinbare Bestimmung des nationalen Rechts zugunsten des Unionsrechts nicht anzuwenden und damit dem Unionsrecht zu seiner Durchsetzung im innerstaatlichen Recht zu verhelfen.[287] Nicht zuletzt hebt auch Art. 4 Abs. 3 Satz 3 EUV die Unionstreue hervor. Darin heißt es: *„Die Mitgliedstaaten unterstützen die Union bei der Erfüllung ihrer Aufgaben und unterlassen alle Maßnahmen, die die Verwirklichung der Ziele der Union gefährden könnten."*

Durch den Beitritt in die Europäische Gemeinschaft haben sich die Mitgliedstaaten bewusst für das von der Gemeinschaft gesetzte Recht geöffnet und sich der Vertragserfüllung verbunden. Davon können sich die Mitgliedstaaten nicht einseitig durch ihnen widersprechende innerstaatliche Rechtsvorschriften lösen. Dies würde offensichtlich die Erreichung der Vertragsziele gefährden und die Rechtsgrundlage der Union insgesamt infrage

---

285 EuGH, Urt. vom 15.7.1964 - Rs. C-6/64, *Costa/E.N.E.L.*, ECLI:EU:C:1964:66, S. 1269 f.; jüngst bekräftigt durch EuGH, Urt. vom 21.12.2021 - Rs. C-357/19, *Euro Box Promotion u. a.*, ECLI:EU:C:2021:1034, Rn. 246; zudem EuGH, Urt. vom 4.12.2018 - Rs. C-378/17, *Minister for Justice and Equality und Commissioner of the Garda Síochána*, ECLI:EU:C:2018:979, Rn. 35 f.; im Schrifttum weitestgehend anerkannt *Englisch*, in: Tipke/Lang (Begr.), Steuerrecht, 24. Aufl. 2021, Rn. 4.24; *Schaumburg*, in: Schaumburg/Englisch (Hrsg.), Europäisches Steuerrecht, 2. Aufl. 2020, Rn. 4.18. Eingehend zum Anwendungsvorrang *Schlücke*, Die Umsetzung der EuGH-Entscheidungen in das deutsche Steuerrecht, 2014, S. 51 ff.

286 In diesem Sinne EuGH, Urt. vom 15.7.1964 - Rs. C-6/64, *Costa/E.N.E.L.*, ECLI:EU:C:1964:66, S. 1269 f.; ebenso EuGH, Urt. vom 8.2.1973 - Rs. C-30/72, *Kommission/Italien*, ECLI:EU:C:1973:16, Rn. 11; jüngst bekräftigt durch EuGH, Urt. vom 21.12.2021 - Rs. C-357/19, *Euro Box Promotion u. a.*, ECLI:EU:C:2021:1034, Rn. 246 ff.

287 EuGH, Urt. vom 21.12.2021 - Rs. C-357/19, *Euro Box Promotion u.a.*, ECLI:EU:C:2021:1034, Rn. 250 ff.; vgl. auch *Schlücke*, Die Umsetzung von EuGH-Entscheidungen in das deutsche Steuerrecht, 2014, S. 60; *Cordewener*, DStR 2004, 6 (9); *Birkenfeld*, StuW 1998, 55 (61).

stellen.[288] Im Hinblick auf die widerstreitenden unionsrechtlichen und nationalen Interessen erscheint es insofern nur folgerichtig, dem Unionsrecht den Anwendungsvorrang zu gewähren.

Im Übrigen kann der Anwendungsvorrang des Unionsrechts mittelbar auch aus Art. 288 Abs. 2 Satz 2 AEUV abgeleitet werden, wonach Verordnungen als Sekundärrecht verbindlich sind und unmittelbar in den Mitgliedstaaten zur Geltung kommen.[289] Die Regelung wäre ohne Bedeutung, wenn sie durch nationales Recht verdrängt und somit ihrer Wirksamkeit beraubt werden könnte.[290] Das gleiche muss für die Grundfreiheiten gelten, da auch diese wegen ihrer unmittelbaren Wirkung keiner weiteren Umsetzung in nationales Recht bedürfen.[291] Insofern können die europäischen Grundfreiheiten diesen Vorrang gegenüber dem nationalen Recht gleichermaßen beanspruchen.[292]

Aus nationaler Perspektive ergibt sich der Anwendungsvorrang aus Art. 23 Abs. 1 Satz 2 GG. Demnach hat die Bundesrepublik Deutschland durch das Zustimmungsgesetz einige der eigenen Kompetenzen der Gemeinschaft übertragen und sich darüber hinaus verpflichtet, das Unionsrecht auch im Rahmen der verbliebenen Kompetenzausübungen zu beachten.[293] Über Art. 20 Abs. 3 GG sind die nationalen Rechtsanwendungsorgane an „Gesetz und Recht" gebunden, wozu das nationale Recht, aber auch das supranationale „eigenständige" Unionsrecht zählt.[294]

Als Marktfreiheitsrechte beschränken die Grundfreiheiten insoweit die nationale Steuersouveränität der Mitgliedstaaten. Die Mitgliedstaaten ha-

---

288 *Schaumburg*, in: Schaumburg/Englisch (Hrsg.), Europäisches Steuerrecht, 2. Aufl. 2020, Rn. 4.19.

289 EuGH, Urt. vom 15.7.1964 - Rs. C-6/64, *Costa/E.N.E.L.*, ECLI:EU:C:1964:66, S. 1270; zudem *Schaumburg*, in: Schaumburg/Englisch (Hrsg.), Europäisches Steuerrecht, 2. Aufl. 2020, Rn. 4.18.

290 EuGH, Urt. vom 15.7.1964 - Rs. C-6/64, *Costa/E.N.E.L.*, ECLI:EU:C:1964:66, S. 1270. Ferner *Schaumburg*, in: Schaumburg/Englisch (Hrsg.), Europäisches Steuerrecht, 2. Aufl. 2020, Rn. 4.18.

291 *Birkenfeld*, StuW 1998, 55 (60).

292 *Schaumburg*, in: Schaumburg/Englisch (Hrsg.), Europäisches Steuerrecht, 2. Aufl. 2020, Rn. 4.19.

293 In diesem Sinne EuGH, Urt. vom 21.12.2021 - Rs. C-357/19, *Euro Box Promotion u. a.*, ECLI:EU:C:2021:1034, Rn. 248.

294 BVerfG, Beschl. vom 29.5.1974 - 2 BvL 52/71, BVerfGE 37, 271 und BVerfG, Beschl. vom 22.10.1986 - 2 BvR 197/83, BVerfGE 73, 339 mit einigen Vorbehalten, auf die hier inhaltlich nicht weiter eingegangen wird. Zu den Vorbehalten siehe *Hirsch*, in: Pelka (Hrsg.), Europa- und verfassungsrechtliche Grenzen der Unternehmensbesteuerung, 2000, DStJG 23, S. 175 (179 f.).

ben bei grenzüberschreitenden Sachverhalten die in den Unionsverträgen enthaltenen unverzichtbaren Grundregeln zu beachten.[295] Obwohl es der europäischen Union streng genommen an einem ausdrücklichen Harmonisierungsauftrag für die direkten Steuern fehlt und die Regelungszuständigkeit bei den Mitgliedstaaten verblieben ist,[296] müssen sich nationale Regelungen des direkten Steuerrechts – jedenfalls bei grenzüberschreitenden Sachverhalten – stets an den primärrechtlichen Grundfreiheiten messen lassen.

B. Besondere Bedeutung der Niederlassungs- und Kapitalverkehrsfreiheit

I. Vorbemerkungen

Die europarechtlichen Grenzen zur Ausgestaltung der Hinzurechnungsbesteuerung werden vornehmlich durch zwei Grundfreiheiten bestimmt: Die Niederlassungsfreiheit (Art. 49 und 54 AEUV) einerseits und die Kapitalverkehrsfreiheit (Art. 63 AEUV) andererseits.[297] Jene können ihre rechtliche Wirkung jedoch nur entfalten, wenn ihr Anwendungsbereich eröffnet ist.

Die Grundfreiheiten lassen sich in den sachlichen, persönlichen und territorialen Anwendungsbereich aufgliedern. Während der persönliche Anwendungsbereich der Grundfreiheiten die Frage betrifft, *wer* von der jeweiligen Grundfreiheit geschützt ist, sich also auf den Schutzbereich der jeweiligen Grundfreiheit berufen kann, geht es beim sachlichen Anwendungsbereich darum, *was* genau unter den Schutzbereich der jeweiligen Grundfreiheit fällt. Sind die persönlichen und sachlichen Voraussetzungen erfüllt, stellt sich ferner die Frage, welche geografischen Gebiete der Schutzbereich der jeweiligen Grundfreiheit umfasst.

---

295 *Kokott/Ost*, EuZW 2011, 496.

296 Dies geht insbesondere aus dem Prinzip der begrenzten Einzelermächtigung (Art. 5 Abs. 1 EUV) hervor; näher dazu *Tiedtke/Mohr*, EuZW 2008, 424.

297 Aufgrund ihrer nur marginalen Bedeutung für die Hinzurechnungsbesteuerung bleiben im Folgenden die Warenverkehrsfreiheit (Art. 28 ff. AEUV) und Dienstleistungsfreiheit (Art. 56 AEUV) ausgeblendet.

II. Schutzbereich der Niederlassungsfreiheit

1. Persönlicher Schutzbereich

Bereits aus dem Wortlaut des Art. 49 Abs. 1 AEUV lässt sich entnehmen, dass der persönliche Schutzbereich der Niederlassungsfreiheit in erster Linie „den Staatsangehörigen eines Mitgliedstaates" eröffnet ist. Sofern es um natürliche Personen geht, ist die EU-Staatsbürgerschaft entscheidend.[298] Aber auch Personen mit doppelter Staatsangehörigkeit können in den Genuss der Niederlassungsfreiheit kommen, wenn eine der Staatsangehörigkeiten diejenige eines Mitgliedstaates ist.[299] Diese Bestimmungen gelten über Art. 49 Abs. 2 AEUV auch für juristische Personen, die die Vorgaben des Art. 54 AEUV erfüllen, also wenn sie nach den Rechtsvorschriften eines Mitgliedstaates gegründet wurden und ihren satzungsmäßigen Sitz, ihre Hauptverwaltung oder ihre Niederlassung innerhalb der EU haben. Sind die Voraussetzungen erfüllt, wird die juristische Person dem Unionsbürger gleichgestellt, allerdings mit einer Einschränkung: Dies gilt nur für juristische Personen die einen Erwerbszweck verfolgen, was sich explizit aus dem Wortlaut des Art. 54 Abs. 2 AEUV ergibt.

Um in den Genuss der Niederlassungsfreiheit zu kommen, müssen Körperschaften demnach zwei Voraussetzungen erfüllen. Zum einen müssen diese „nach den Rechtsvorschriften eines Mitgliedstaats" gegründet worden sein, um als Gesellschaft i. S. d. Art. 54 AEUV zu gelten. Sie müssen quasi als EU-Gesellschaften geboren werden.[300] Zum anderen muss eine solche Gesellschaft „ihren satzungsmäßigen Sitz, ihre Hauptverwaltung oder ihre Hauptniederlassung" in der Union haben. Die letztgenannten Kriterien sind alternativ zu verstehen, so dass nur eines der drei Merkmale erfüllt werden muss, um in den Schutzbereich der Niederlassungsfreiheit zu gelangen. Dabei verlangt es nicht, dass sich eine der drei Alternativen im Gründungsstaat befindet, sondern es genügt, wenn die Zugehörigkeit zu irgendeinem Mitgliedstaat gegeben ist.[301] Dagegen fallen in Drittstaaten gegründete Gesellschaften von vornherein aus dem Schutzbereich der Nie-

---

298 *Korte*, in: Calliess/Ruffert (Hrsg.), EUV/AEUV, 6. Aufl. 2022, Art. 49 AEUV, Rn. 8; *Forsthoff*, in: Grabitz/Hilf/Nettersheim (Hrsg.), Das Recht der Europäischen Union, 66. Lfg. 2.2019, Art. 49 AEUV, Rn. 11; *Kotzur*, in: Geiger/Khan/Kotzur (Hrsg.), EUV/AEUV, 6. Aufl. 2017, Art. 49 AEUV, Rn. 7.

299 *Cordewener*, in: Lang (Hrsg.), Europäisches Steuerrecht, 2018, DStJG 41, S. 236 f.

300 *Cordewener*, in: Lang (Hrsg.), Europäisches Steuerrecht, 2018, DStJG 41, S. 238 f.

301 *Müller-Graff*, in: Streinz (Hrsg.), EUV/AEUV, 3. Aufl. 2018, Art. 54 AEUV, Rn. 10.

derlassungsfreiheit, da es bereits an der subjektiven Grundfreiheitsberechtigung i. S. v. Art. 54 Abs. 1 AEUV mangelt („nach den Rechtsvorschriften eines Mitgliedstaats gegründeten Gesellschaften").[302]

2. Sachlicher Schutzbereich

Die Niederlassungsfreiheit ist ein sehr weit gefasster Begriff, der sowohl juristischen als auch natürlichen Personen zusteht, die Angehörige eines Mitgliedstaats der EU sind. Sie umfasst gem. Art. 49 Abs. 2 AEUV die Aufnahme und Ausübung selbstständiger Erwerbstätigkeiten (sog. Primärniederlassung) sowie die Gründung und Leitung von Unternehmen, insbesondere von Gesellschaften i. S. d. Art. 54 Abs. 2 AEUV in einem anderen Mitgliedstaat (sog. Sekundärniederlassung). Dazu zählt die Errichtung von Agenturen und Zweigniederlassungen, aber auch die Gründung von Tochtergesellschaften (Art. 49 Abs. 1 Satz 2 AEUV). Danach kann ein Staatsangehöriger der EU in mehr als einem Mitgliedstaat niedergelassen sein, im Fall von Körperschaften durch die Errichtung von Agenturen, Zweigniederlassungen oder Tochtergesellschaften und im Fall von natürlichen Personen der freien Berufe durch die Errichtung eines zweiten Berufsdomizils.[303]

Der Schutzbereich der Niederlassungsfreiheit umfasst zunächst die sog. Primärniederlassungen. Als solche gilt die Neuaufnahme einer wirtschaftlichen Tätigkeit oder die Verlegung des Sitzes der Geschäftsleitung in einen anderen Mitgliedstaat (Art. 49 Abs. 1 Satz 1, Abs. 2 AEUV). Darüber hinaus ist der Schutzbereich der Niederlassungsfreiheit auch für sog. Sekundärniederlassungen eröffnet. Damit ist auch die Aufnahme einer weiteren Erwerbstätigkeit in einem anderen Mitgliedstaat durch Gründung von Agenturen, Zweigniederlassungen oder Tochtergesellschaften unter Beibehaltung der bisherigen Hauptniederlassung möglich (Art. 49 Abs. 1 Satz 2 AEUV). Der Träger der Niederlassungsfreiheit hat dabei die freie Wahl, welcher Form der Niederlassung er sich bedienen möchte, um im Hoheitsgebiet eines anderen Mitgliedstaats wirtschaftlich tätig zu werden. Hingegen begründet der „bloße Aufenthalt" ohne Erwerbstätigkeit (bspw. reine

---

302 EuGH, Urt. vom 11.9.2014 - Rs. C-47/12, *Kronos International*, ECLI:EU:C:2014:2200, Rn. 46.

303 EuGH, Urt. vom 30.11.1995 - Rs. C-55/94, *Gebhard/Consiglio dell'Ordine degli Avvocati e Procuratori di Milano*, ECLI:EU:C:1995:411, Rn. 24.

Durchleitungsgesellschaften) im Zielstaat noch keine Niederlassung i. S. d. Niederlassungsfreiheit.[304]

Für die Trägerschaft der sekundären Niederlassungsfreiheit verlangt das Unionsrecht die Erfüllung weitergehender Voraussetzungen. Um von der sekundären Niederlassungsfreiheit profitieren zu können, muss die Beteiligung an der ausländischen Gesellschaft eine gewisse Intensität vorweisen. Die gehaltenen Geschäftsanteile an neuen oder bereits bestehenden Unternehmen müssen demjenigen, der sich auf die Niederlassungsfreiheit beruft, einen sicheren Einfluss auf die Entscheidungen der Agentur, Zweigniederlassung oder Tochtergesellschaft verleihen und es ihm ermöglichen, deren Tätigkeit zu bestimmen.[305] Während sich Agenturen und Zweigniederlassungen durch ihre rechtliche Unselbstständigkeit auszeichnen, so dass bei dem Vorliegen einer Zweigniederlassung oder Agentur wohl grundsätzlich von einem sicheren Einfluss der dahinterstehenden Person(-en) oder der Gesellschaft auszugehen wäre, können sich gerade bei rechtlich selbstständigen Tochtergesellschaften Zweifelsfragen ergeben. In diesen Fällen müsste die „Abhängigkeit" im Einzelfall geprüft werden. Liegt im konkreten Fall ein sicherer Einfluss auf die Beteiligung mit Sitz in einem anderen Mitgliedstaat vor, so ist der sachliche Schutzbereich der Niederlassungsfreiheit i. d. R. eröffnet. Andernfalls ist der Schutzbereich der Niederlassungsfreiheit den dahinterstehenden Anteilseignern i. d. R. verwehrt.

Grundvoraussetzung für die Anwendung der Niederlassungsfreiheit ist die tatsächliche Ansiedlung und die Ausübung einer wirtschaftlichen Tätigkeit im Aufnahmemitgliedstaat. Beide Bedingungen müssen zwar nicht notwendig auf Ewigkeit, aber doch auf eine gewisse Dauer gerichtet sein.[306]

Unter dem Begriff der wirtschaftlichen Tätigkeit fällt nach herrschender Auffassung im Schrifttum das gesamte Spektrum der Erwerbstätigkeiten, sowohl gewerblicher als auch freiberuflicher Art.[307] Typischerweise han-

304 EuGH, Urt. vom 12.9.2006 - Rs. C-196/04, *Cadbury Schweppes und Cadbury Schweppes Overseas*, ECLI:EU:C:2006:544, Rn. 55 und 68.

305 EuGH, Urt. vom 12.9.2006 - Rs. C-196/04, *Cadbury Schweppes und Cadbury Schweppes Overseas*, ECLI:EU:C:2006:544, Rn, 31; Urt. vom 13.4.2000 - Rs. C-251/98, *Baars*, ECLI:EU:C:2000:205, Rn. 22; Urt. vom 21.11.2002 - Rs. C-436/00, *X und Y*, ECLI:EU:C:2002:704, Rn. 37.

306 Rn. 3 der Schlussanträge des GA *Darmon* zum EuGH, Urt. vom 27.9.1988 - Rs. C-81/87, *The Queen/Treasury and Commissioners of Inland Revenue, ex parte Daily Mail and General Trust PLC*, ECLI:EU:C:1988:286.

307 Vgl. etwa *Korte*, in: Calliess/Ruffert (Hrsg.), EUV/AEUV, 6. Aufl. 2022, Art. 49 AEUV, Rn. 16; *Forsthoff*, in: Grabitz/Hilf/Nettersheim (Hrsg.), Das Recht der Europäischen Union, 66. Lfg. 2.2019, Art. 49 AEUV, Rn. 18; *Musil*, in Musil/Weber-

delt es sich bei selbstständigen Erwerbstätigkeiten um entgeltliche Tätigkeiten,[308] nicht notwendigerweise aber um Tätigkeiten mit Gewinnerzielungsabsicht, so dass mit ihnen nicht in jedem Fall ein Erlös erwirtschaftet werden muss, der zur Deckung der anfallenden Kosten ausreicht.[309] Die Tätigkeit muss einzig einen wirtschaftlichen Charakter haben, darf also i. d. R. nicht ohne entgeltliche Gegenleistung erbracht werden. Darüber hinaus werden keine Anforderungen an Art und Umfang der Tätigkeit gestellt.[310] Der teilweisen Forderung, dass „völlig unwesentliche und untergeordnete Tätigkeiten" vom Anwendungsbereich der Niederlassungsfreiheit ausgenommen werden sollten, ist somit nicht zu folgen.[311]

Der Schutzbereich der Niederlassungsfreiheit beschränkt sich zwar nur auf selbstständige Erwerbstätigkeiten, d. h. Tätigkeiten von Personen, die eigenverantwortlich und weisungsfrei handeln und das Unternehmerrisiko

---

Grellet (Hrsg.), Europäisches Steuerrecht, 2019, Art. 49 AEUV, Rn. 8; *Müller-Graff*, in: Streinz (Hrsg.), EUV/AEUV, 3. Aufl. 2018, Art. 49 AEUV, Rn. 12; *Kotzur*, in: Geiger/Kotzur/Khan (Hrsg.), EUV/AEUV, 6. Aufl. 2017, Art. 49 AEUV, Rn. 5; Der EuGH spricht in diesem Zusammenhang von selbstständigen Erwerbstätigkeiten jeder Art; in diesem Sinne EuGH, Urt. vom 30.11.1995 - Rs. C-55/94, *Gebhard/Consiglio dell'Ordine degli Avvocati e Procuratori di Milano*, ECLI:EU:C:1995:411, Rn. 23.

308 Vgl. etwa *Cordewener*, in: Lang (Hrsg.), Europäisches Steuerrecht, 2018, DStJG 41, S. 213 *Kotzur*, in: Geiger/Kotzur/Khan (Hrsg.), EUV/AEUV, 6. Aufl. 2017, Art. 49 AEUV, Rn. 5; *Tiedje*, in: van der Groeben/Schwarze/Hatje (Hrsg.), Europäisches Unionsrecht, 7. Aufl. 2015, Art. 49 AEUV, Rn. 62; differenzierter zu diesem Thema *Forsthoff*, in: Grabitz/Hilf/Nettersheim (Hrsg.), Das Recht der Europäischen Union, 66. Lfg. 2.2019, Art. 49 AEUV, Rn. 21.

309 Vgl. *Korte*, in: Calliess/Ruffert (Hrsg.), EUV/AEUV, 6. Aufl. 2022, Art. 49 AEUV, Rn. 15; *Forsthoff*, in: Grabitz/Hilf/Nettersheim (Hrsg.), Das Recht der Europäischen Union, 66. Lfg. 2.2019, Art. 49 AEUV, Rn. 20; *Cordewener*, in: Lang (Hrsg.), Europäisches Steuerrecht, 2018, DStJG 41, S. 213; *Tiedje*, in: van der Groeben/Schwarze/Hatje (Hrsg.), Europäisches Unionsrecht, 7. Aufl. 2015, Art. 49 AEUV, Rn. 62. Hingegen verlangt das deutsche Steuerrecht bei gewerblichen Tätigkeiten i. S. d. § 15 Abs. 2 EStG eine Gewinnerzielungsabsicht. Ähnliches gilt für Einkünfte aus selbstständiger Arbeit gem. § 18 EStG. Das Erfordernis der Erzielung eines periodenübergreifenden Totalgewinns nach nationalem Recht ist für die Anwendbarkeit der Niederlassungsfreiheit jedoch bedeutungslos.

310 Ähnlich *Cordewener*, in: Lang (Hrsg.), Europäisches Steuerrecht, 2018, DStJG 41, S. 213.

311 Vgl. etwa Rn. 47 der Schlussanträge der GA *Sticx-Hackl* zum EuGH, Urt. vom 14.9.2006 - Rs. C-386/04, *Centro di Musicologia Walter Stauffer*, ECLI:EU:C:2005:785.

tragen, also nicht in abhängiger Stellung beschäftigt sind.[312] Allerdings ist dieser Erwägung durch eine vorsichtige Lesart Rechnung zu tragen, da das Erfordernis der Selbstständigkeit in Art. 49 Abs. 2 AEUV eine Lockerung erfährt, die auch die Gründung und Leitung von Unternehmen in irgendeinem Mitgliedstaat der selbstständigen Erwerbstätigkeit gleichstellt.[313]

Die Niederlassungsfreiheit setzt darüber hinaus eine tatsächliche Ansiedlung im Aufnahmemitgliedstaat voraus, wobei das „Ausmaß ihres greifbaren Vorhandenseins in Form von Geschäftsräumen, Personal und Ausrüstungsgegenständen"[314] zu berücksichtigen ist. Diese vom EuGH festgelegten Merkmale sollen dem Wirtschaftsteilnehmer eine feste Einrichtung in einem anderen Staat vermitteln. Sie dienen dem EuGH letzlich zur Beantwortung der Frage, ob eine örtliche Bindung zum Aufnahmestaat vorliegt. Liegt eine feste, dauerhafte Einrichtung im anderen Mitgliedstaat vor, von der aus regelmäßig und wiederkehrend eine wirtschaftliche Tätigkeit ausgeübt wird, ist regelmäßig von der Eröffnung des Schutzbereiches der Niederlassungsfreiheit auszugehen.

Wie der EuGH insbesondere im Cadbury-Schweppes-Streitfall betont hat, verlangt das Telos der Niederlassungsfreiheit die Eingliederung in eine andere nationale Volkswirtschaft auf unbestimmte Zeit.[315] Dies entspricht auch der Formulierung des GA *Darmon* in seinen Schlussanträgen in der Rs. *Gebhard*, in denen er feststellte, dass „sich niederlassen" nichts anderes heißt, als sich in eine nationale Wirtschaft zu integrieren.[316] Diese wirtschaftliche Integration im Aufnahmemitgliedstaat muss von vornherein auf eine gewisse Dauer angelegt sein oder jedenfalls ohne absehbare zeitliche Beschränkung.[317] Übt der Steuerpflichtige seine Tätigkeit nur für kurze Zeit

---

312 *Korte*, in: Calliess/Ruffert (Hrsg.), EUV/AEUV, 6. Aufl. 2022, Art. 49 AEUV, Rn. 19; *Tiedje*, in: van der Groeben/Schwarze/Hatje (Hrsg.), Europäisches Unionsrecht, 7. Aufl. 2015, Art. 49 AEUV, Rn. 55.

313 Vgl. *Kotzur*, in: Geiger/Kotzur/Khan (Hrsg.), EUV/AEUV, 6. Aufl. 2017, Art. 49 AEUV, Rn. 6.

314 EuGH, Urt. vom 12.9.2006 - Rs. C-196/04, *Cadbury Schweppes und Cadbury Schweppes Overseas*, ECLI:EU:C:2006:544, Rn. 67.

315 EuGH, Urt. vom 12.9.2006 - Rs. C-196/04, *Cadbury Schweppes und Cadbury Schweppes Overseas*, ECLI:EU:C:2006:544, Rn. 54.

316 Rn. 3 der Schlussanträge des GA *Darmon* zum EuGH, Urt. vom 27.9.1988 - Rs. C-81/87, *The Queen/Treasury and Commissioners of Inland Revenue, ex parte Daily Mail and General Trust PLC*, ECLI:EU:C:1988:286.

317 Rn. 3 der Schlussanträge des GA *Darmon* zum EuGH, Urt. vom 27.9.1988 - Rs. C-81/87, *The Queen/Treasury and Commissioners of Inland Revenue, ex parte Daily Mail and General Trust PLC*, ECLI:EU:C:1988:456.

und von Zeit zu Zeit aus, spricht dies wohl eher für eine zeitlich begrenzte vorübergehende Tätigkeit, die nicht in den sachlichen Schutzbereich der Niederlassungsfreiheit fällt.[318]

Der EuGH hat bis dato keine feste Grenze für das Kriterium der „Dauerhaftigkeit" gezogen. Gleichwohl hat der EuGH in Abgrenzung zur Dienstleistungsfreiheit in ständiger Rechtsprechung festgestellt, dass es sich nicht um eine Tätigkeit mit vorübergehendem Charakter handeln darf, die keiner Niederlassung bedarf, was dann vorliegt, wenn sich der Wirtschaftsteilnehmer nur zeitweilig in den Staat der Leistungserbringung begibt.[319] Wenn der betroffene Steuerpflichtige sich hingegen auf Dauer mit einer wie auch immer gearteten Einrichtung versehen hat, um im Aufnahmemitgliedstaat regelmäßig und wiederkehrend wirtschaftlich tätig zu werden, begründet diese Einrichtung i. d. R. eine Niederlassung, die für den Wirtschaftsteilnehmer den sachlichen Schutzbereich der Niederlassungsfreiheit eröffnet.

3. Territorialer Schutzbereich

Die Niederlassungsfreiheit gewährt ihren Staatsangehörigen die Möglichkeit, in stabiler und kontinuierlicher Weise am Wirtschaftsleben eines anderen Mitgliedstaates als demjenigen ihrer Herkunft teilzunehmen und daraus Nutzen zu ziehen.[320] Gleichwohl ist nicht jede Niederlassung innerhalb der Union vom Schutzbereich der Niederlassungsfreiheit erfasst. Der Anwendungsbereich der Niederlassungsfreiheit setzt stets einen grenzüberschreitenden Sachverhalt voraus, wie bereits aus dem Wortlaut des Art. 49 Abs. 1 Satz 1 AEUV zu erkennen ist, der die freie Niederlassung von Staatsangehörigen eines Mitgliedstaats im Hoheitsgebiet eines anderen Mitgliedstaats schützt. Darüber hinaus ergibt sich das kennzeichnende grenzüberschreitende Element auch aus Art. 26 Abs. 2 AEUV, der den Binnenmarkt als einen Raum ohne Binnengrenzen definiert, „in dem der freie Verkehr

318 Gleichwohl könnte in diesen Fällen der Anwendungsbereich der Dienstleistungsfreiheit eröffnet sein. Siehe zur Abgrenzung der Niederlassungs- und Dienstleistungsfreiheit die Schlussanträge des GA *Léger* zum EuGH, Urt. vom 12.9.2006 - Rs. C-196/04, *Cadbury Schweppes und Cadbury Schweppes Overseas*, ECLI:EU:C:2006:278, Rn. 34 ff.; ähnlich EuGH, Urt. vom 26.1.2006 - Rs. C-514/03, *Kommission/Spanien*, ECLI:EU:C:2006:63, Rn. 22.

319 EuGH, Urt. vom 11.12.2003 - Rs. C-215/01, *Schnitzer*, ECLI:EU:C:2003:662, Rn. 26 ff.; vom 30.11.1995 - Rs. C-55/94, *Gebhard/Consiglio dell'Ordine degli Avvocati e Procuratori di Milano*, ECLI:EU:C:1995:411, Rn. 25 ff.

320 EuGH, Urt. vom 30.11.1995 - Rs. C-55/94, *Gebhard/Consiglio dell'Ordine degli Avvocati e Procuratori di Milano*, ECLI:EU:C:1995:411, Rn. 25.

von Waren, Personen, Dienstleistungen und Kapital [...] gewährleistet ist". Bei rein innerstaatlichen Sachverhalten ohne einen grenzüberschreitenden Bezug findet die Niederlassungsfreiheit naturgemäß keine Anwendung.

Der Schutzbereich der Niederlassungsfreiheit ist nur auf die europäischen Hoheitsgebiete und auf das Gebiet der EWR-Staaten beschränkt.[321] Nicht erfasst sind hingegen extraterritoriale (grenzüberschreitende) Sachverhalte mit in Drittstaaten gegründeten Gesellschaften ohne Freizügigkeitsabkommen. Diese Erkenntnis hat zur Folge, dass die Vorschriften zur Hinzurechnungsbesteuerung in Drittstaaten-Sachverhalten keinen europarechtlichen Bedenken ausgesetzt wären, wenn der Prüfungsmaßstab für die potenzielle unionsrechtswidrige nationale Norm tatsächlich allein die Niederlassungsfreiheit ist.

III. Schutzbereich der Kapitalverkehrsfreiheit

1. Persönlicher Schutzbereich

Als wohl weitreichendste Grundfreiheit ist die Kapitalverkehrsfreiheit zu sehen.[322] Sie hat streng genommen keinen persönlichen Schutzbereich und kann als „Jedermann-Grundfreiheit" betrachtet werden.[323] Im Gegensatz zur Niederlassungsfreiheit bindet sie sich gerade nicht an persönlich einschränkende Merkmale, wie bspw. an die Staatsangehörigkeit, -ansässigkeit oder den Wohnsitz.[324] Vielmehr ist der Kapitalverkehr über die EU-Grenze hinaus frei, unabhängig davon, wer diese Bewegung ausgelöst hat und völlig losgelöst davon, ob das Kapital aus der Gemeinschaft heraus- oder

---

321 Gleichwohl sind durch Freizügigkeitsabkommen auch grenzüberschreitende Sachverhalte mit Drittstaaten, bspw. mit der Schweiz, von der Niederlassungsfreiheit geschützt. Das 2002 in Kraft getretene Freizügigkeitsabkommen zwischen der Schweiz und der EU enthält bspw. an die unionsrechtlichen Grundfreiheiten angelehnte Freiheitsrechte in der Beziehung zwischen der Schweiz und den EU-Mitgliedstaaten – vgl. Abkommen zwischen der Euopäischen Gemeinschaft und ihren Mitgliedstaaten einerseits und der Schweizerischen Eidgenossenschaft andererseits über die Freizügigkeit vom 30.4.2002, ABl. EU 2002 L 114/6.

322 *Schnitger*, Die Grenzen der Einwirkung der Grundfreiheiten des EG-Vertrages auf das Ertragsteuerrecht, 2006, S. 50.

323 *Schneider*, Die Kapitalverkehrsfreiheit im Verhältnis zu Drittstaaten und ihre Auswirkungen auf die Anerkennung ausländischer Gesellschaften, 2018, S. 46.

324 *Cordewener*, in: Lang (Hrsg.), Europäisches Steuerrecht, 2018, DStJG 41, S. 247.

in die Gemeinschaft hineinbewegt wird.[325] Die Freiheit des Kapitalverkehrs beschränkt sich insoweit nicht nur auf die Beziehung zwischen Mitgliedstaaten untereinander, sondern auch auf die Beziehung zwischen Mitgliedsstaaten und Drittstaaten.

Ihre *erga-omnes*-Wirkung, nach der sich nicht nur Staatsangehörige der EU, sondern auch Drittstaatsangehörige außerhalb eines Mitgliedstaats auf die Kapitalverkehrsfreiheit berufen können, lässt sich bereits aus dem Wortlaut des Art. 63 Abs. 1 AEUV ableiten. Danach soll die Kapitalverkehrsfreiheit alle Beschränkungen des freien Kapitalverkehrs zwischen Gebietsansässigen in den Mitgliedstaaten sowie zwischen den Mitgliedstaaten und Drittstaaten verhindern – stets unabhängig davon, ob es sich um natürliche oder juristische Personen handelt, die im Gebiet eines Mitgliedstaats ansässig sind, oder solche mit Ansässigkeit in einem Drittstaat.[326]

2. Sachlicher Schutzbereich

Die jüngste, im Jahr 1993 mit der „Binnenmarktvollendung“ eingeführte Grundfreiheit, untersagt alle Beschränkungen des Kapitalverkehrs zwischen den Mitgliedstaaten sowie zwischen Mitgliedstaaten und Drittstaaten (Art. 63 Abs. 1 AEUV).[327] Was mit dem Begriff des Kapitalverkehrs genau gemeint ist, lässt sich Art. 63 Abs. 1 AEUV nicht entnehmen. Vielmehr ist dessen Sinngehalt und Schutzbereich im Wege der Auslegung zu ermitteln.[328]

Der EuGH stützt sich zur Begriffsbestimmung regelmäßig auf die „Kapitalverkehrsrichtlinie“ 88/361/EG[329]. Insbesondere ihre im Anhang I enthaltene Nomenklatur wurde in der frühen Phase der Rechtsprechung des

325 *Schneider*, Die Kapitalverkehrsfreiheit im Verhältnis zu Drittstaaten und ihre Auswirkungen auf die Anerkennung ausländischer Gesellschaften, 2018, S. 45 f.

326 *Ukrow/Rees*, in: Grabitz/Hilf/Nettesheim (Hrsg.), Das Recht der Europäischen Union, 73. Lfg. 5.2021, Art. 63 AEUV, Rn. 146; *Wojcik*, in: van der Groeben/Schwarze/Hatje (Hrsg.), Europäisches Unionsrecht, 7. Aufl. 2015, Art. 63 AEUV, Rn. 10.

327 Ausführlich zur historischen Genese der Kapitalverkehrsfreiheit *Schneider*, Die Kapitalverkehrsfreiheit im Verhältnis zu Drittstaaten und ihre Auswirkungen auf die Anerkennung ausländischer Gesellschaften, 2018, S. 20 ff.

328 *Kraft/Kraft*, in FS Lüdicke (Hrsg.), 405 (407).

329 Richtlinie des Rates vom 8.7.1998 zur Durchführung von Art. 67 des Vertrages, ABl. EG 1988, L 178/5.

EuGH häufig herangezogen, um den Inhalt zu präzisieren.[330] Eine genaue Wiedergabe der Nomenklatur würde den Rahmen dieser Arbeit überschreiten. Die für diese Arbeit relevanten Einkünfte aus der Hinzurechnungsbesteuerung entfallen jedenfalls auf die unter dem Stichwort Direktinvestition genannte „Beteiligung an neuen oder bereits bestehenden Unternehmen zur Schaffung oder Aufrechterhaltung dauerhafter Wirtschaftsbeziehungen“[331] sowie „Aktien und andere Wertpapiere, die Beteiligungscharakter haben“.[332]

Unter Kapitalverkehr ist i. d. R. jede über die Grenze eines Mitgliedstaats hinweg stattfindende Übertragung von Geld- oder Sachkapital zu verstehen, die primär zu Anlagezwecken erfolgt.[333] Das können solche Direktinvestitionen in Form von Beteiligungen an Unternehmen sein, die die Möglichkeit verschaffen, sich tatsächlich an der Verwaltung dieser Gesellschaft und an deren Kontrolle zu beteiligen. Aber auch der Erwerb von Wertpapieren auf dem Kapitalmarkt mit der Absicht einer bloßen Geldanlage, ohne auf Verwaltung und Kontrolle des Unternehmens Einfluss zu nehmen, fällt unter den Begriff des freien Kapitalverkehrs.[334]

Zusammenfassend lässt sich damit festhalten, dass der Begriff Kapitalverkehr einem weiten Begriffsverständnis folgt; in den Anwendungsbereich der Kapitalverkehrsfreiheit fallen Investitionen jeder Art durch natürliche oder juristische Personen zur Schaffung oder Aufrechterhaltung direkter Beziehungen zwischen denjenigen, die die Mittel bereitstellen und den Unternehmen, für die die Mittel zum Zweck einer wirtschaftlichen Tätigkeit bestimmt sind.[335]

---

330 Vgl. etwa EuGH, Urt. vom 17.9.2009 - Rs. C-182/08, *Glaxo Wellcome*, ECLI:EU:C:2009:559, Rn. 39 ff.; vom 6.6.2000 - Rs. C-35/98, *Verkooijen*, ECLI:EU:C:2000:294, Rn. 27 ff.; vom 14.12.1995 - C-163/94, *Sanz de Lera u.a.*, ECLI:EU:C:1995:451, Rn. 34.

331 Richtlinie des Rates vom 8.7.1998 zur Durchführung von Art. 67 des Vertrages, ABl. EG 1988, L 178/5; Anhang I Nomenklatur unter I.2.

332 Richtlinie des Rates vom 8.7.1998 zur Durchführung von Art. 67 des Vertrages, ABl. EG 1988, L 178/5; Nomenklatur unter III.a.

333 *Ukrow/Ress*, in: Grabitz/Hilf/Nettesheim (Hrsg.), Das Recht der Europäischen Union, 73. Lfg. 5.2021, Art. 63 AEUV, Rn. 165; *Sedlaczek/Züger*, in: Streinz (Hrsg.), EUV/AEUV, 3. Aufl. 2018, Art. 63 AEUV, Rn. 20; *Kotzur*, in: Geiger/Khan/Kotzur (Hrsg.), EUV/AEUV, 6. Aufl. 2017, Art. 63 AEUV, Rn. 3; *Wojcik*, in: von der Groeben/Schwarze/Hatje (Hrsg.), Europäisches Unionsrecht, 7. Aufl. 2015, Art. 63 AEUV, Rn. 4.

334 EuGH, Urt. vom 26.2.2019 - Rs, C-135/17, *X*, ECLI:EU:C:2019:163, Rn. 26 m. w. N.

335 EuGH, Urt. vom 23.10.2007 - Rs. C-112/05, *Kommission/Deutschland*, ECLI:EU:C:207:623, Rn. 18 m. w. N.

3. Territorialer Schutzbereich

Der Schutzbereich der Kapitalverkehrsfreiheit setzt ebenfalls stets einen grenzüberschreitenden Sachverhalt voraus, wie aus dem Wortlaut des Art. 63 Abs. 1 AEUV zu entnehmen ist. Sie ist räumlich allerdings – im Gegensatz zur Niederlassungsfreiheit – nicht ausschließlich auf EU-/EWR-Staaten beschränkt und somit auch im Verhältnis zu Drittstaaten anwendbar. Die Kapitalverkehrsfreiheit schützt also auch Investitionen in und aus Drittstatten, soweit sie einen Bezug zu einem EU-Mitgliedstaat haben. Allerdings erfährt der weitgefasste Anwendungsbereich der Kapitalverkehrsfreiheit eine Einschränkung durch den EuGH, indem dieser davon ausgeht, dass zwischen der Kapitalverkehrsfreiheit und der Niederlassungsfreiheit ein Subsidiaritätsverhältnis besteht, und zwar auch, soweit lediglich Drittstaatenfälle betroffen sind, auf welche die Niederlassungsfreiheit nicht anwendbar ist.

IV. Abgrenzung zwischen Niederlassungs- und Kapitalverkehrsfreiheit

1. Relevanz der Abgrenzung

Die oben genannten Ausführungen zeigen, dass die von der Hinzurechnungsbesteuerung erfassten Tatbestände sowohl in den sachlichen Schutzbereich der Niederlassungs- als auch der Kapitalverkehrsfreiheit fallen können. So liegt bspw. im Erwerb einer Tochtergesellschaft nicht nur ein Niederlassungsvorgang, sondern regelmäßig auch eine Direktinvestition i. S. d. Kapitalverkehrsfreiheit vor. Somit sind grenzüberschreitende Niederlassungen und Direktinvestitionen häufig in einem einheitlichen Vorgang miteinander verbunden.[336] Weil allerdings der territoriale Schutzbereich dieser Grundfreiheiten nicht vollkommen deckungsgleich ist und die Kapitalverkehrsfreiheit auch zugunsten von Drittstaaten wirkt, wird es bei Drittstaatsbeteiligungen regelmäßig erforderlich sein, das Verhältnis der beiden Grundfreiheiten – auch für Zwecke der Hinzurechnungsbesteuerung – zueinander zu bestimmen.[337] Streng genommen stehen die Grund-

336 *Rehfeld*, Die Vereinbarkeit des AStG mit den Grundfreiheiten des EG-Vertrags, 2008, S. 245.

337 So *Englisch*, in: Tipke/Lang (Begr.), Steuerrecht, 24. Aufl. 2021, Rn. 4.82; *Kokott*, Das Steuerrecht der Europäischen Union, 2018, § 3 Rn. 93.

freiheiten zwar in keinem strengen Exklusivitätsverhältnis zueinander.[338] Grundsätzlich können also mehrere Grundfreiheiten parallel von einer innerstaatlichen Maßnahme betroffen sein.[339] Dennoch prüft der EuGH innerstaatliche Maßnahmen i. d. R. am Maßstab einer der betroffenen Grundfreiheiten.[340] Nach ständiger Rechtsprechung des EuGH unterbleibt eine eigenständige Prüfung einer nachrangig mitbetroffenen Grundfreiheit, wenn deren Beschränkung nur eine unvermeidliche Konsequenz der Beschränkung einer anderen Grundfreiheit ist.[341]

2. Allgemeine Kriterien der Abgrenzung

a) Maßgeblichkeit des Gegenstandes der beschränkenden Norm

Wie eine solche Konkurrenzsituation zu lösen ist, war in der Rechtsprechung des EuGH lange Zeit unklar und streckenweise widersprüchlich.[342] Mittlerweile kann der EuGH auf eine gesicherte Rechtsprechung zurückgreifen. Dieser lässt sich entnehmen, dass für die Beantwortung der Frage, ob eine nationale Regelung am Prüfungsmaßstab der einen oder anderen Grundfreiheit zu messen ist, i. d. R. auf den Gegenstand der betreffenden nationalen Regelung abzustellen ist.[343] So ist eine innerstaatliche Maßnahme, die nur auf Beteiligungen anwendbar ist, die es ermöglichen, einen

338 *Haslehner*, IStR 2008, 565 (569).

339 EuGH, Urt. vom 13.3.2014 - Rs. C-375/12, *Bouanich*, ECLI:EU:C:2014:138, Rn. 26.

340 *Lampert*, in: Musil/Weber-Grellet (Hrsg.), Europäisches Steuerrecht, 2019, AStG §§ 7 bis 14, Rn. 46. Eine Ausnahme bilden hier wohl die EuGH, Urt. vom 13.3.2014 - Rs. C-375/12, *Bouanich*, ECLI:EU:C:2014:138, Rn. 31 ff.; vom 25.10.2012 - Rs. C-387/11, *Kommission/Belgien*, ECLI:EU:C:2012:670, Rn. 35 ff., in welchen der Gerichtshof die in Rede stehende nationale Vorschrift sowohl am Maßstab der Niederlassungs- als auch der Kapitalverkehrsfreiheit prüft, da weder aus der Vorlageentscheidung noch aus den vorgelegten Akten hervorgeht, ob die innerstaatliche Maßnahme vorwiegend die eine oder andere Grundfreiheit betrifft.

341 EuGH, Urt. vom 19.7.2012 - Rs. C-31/11, *Scheunemann*, ECLI:EU:C:2012, Rn. 30 m. w. N; vom 17.9.2009 - Rs. C-182/08, *Glaxo Wellcome*, ECLI:EU:C:2009:559, Rn. 51; vom 13.3.2007 - Rs. C-524/04, *Test Claimants in the Thin Cap Group Litigation*, ECLI:EU:C:2007:161, Rn. 34; vom 3.10.2006 - Rs. C-452/04, *Fidium Finanz*, ECLI:EU:C:2006:631, Rn. 49; vom 12.9.2006 - Rs. C-196/04, *Cadbury Schweppes und Cadbury Schweppes Overseas*, ECLI:EU:C:2006:544, Rn. 33.

342 Näher dazu *Hindelang*, IStR 2013, 77; *Günes*, IStR 2013, 213 (215 ff.).

343 Jüngst bestätigt durch EuGH, Urt. vom 20.9.2018 - Rs. C-685/16, *EV*, ECLI:EU:C:2018:743, Rn. 33; ebenso EuGH, Urt. vom 24.11.2016 - Rs. C-464/14, *SECIL*, ECLI:EU:C:2016:896, Rn. 31; vom 19.7.2012 - Rs. C-31/11, *Scheunemann*, ECLI:EU:C:2012,

sicheren Einfluss auf die Entscheidungen einer Gesellschaft auszuüben und deren Tätigkeit zu bestimmen, ausschließlich an den Bestimmungen der Niederlassungsfreiheit zu prüfen.[344] Die Auswirkungen auf die Kapitalverkehrsfreiheit wären lediglich unvermeidliche Folgen der Beschränkung der Niederlassungsfreiheit und würden für sich genommen keine eigenständige Prüfung der Kapitalverkehrsfreiheit rechtfertigen. Demgegenüber bewirkt eine Regelung, die nur auf Beteiligungen anwendbar ist, die in der alleinigen Absicht der Geldanlage erfolgen, ohne dass auf die Verwaltung und Kontrolle des Unternehmens Einfluss genommen werden soll, die ausschließliche Anwendung der Kapitalverkehrsfreiheit.[345] Bei der Beurteilung der anzuwendenden Grundfreiheit spielt es also zunächst keine Rolle, ob ein Drittstaatsbezug vorliegt.[346] In allen Fällen kommt es nur auf die Frage an, ob der Anwendungsbereich der infrage stehenden Norm ausschließlich Portfolio- bzw. Direktinvestitionen oder ausschließlich Kontrollbeteiligungen erfasst.

Eine Kontrollbeteiligung liegt vor, wenn das Gesellschaftsverhältnis es ermöglicht, einen sicheren, bestimmenden Einfluss auf die Tochtergesellschaft auszuüben und ihre Tätigkeit maßgeblich zu bestimmen. Wann ein solch sicherer, bestimmender Einfluss vorliegt, lässt sich der Rechtsprechung des EuGH nicht pauschal entnehmen. Klar ist, dass sich der EuGH keinesfalls starr an einer bestimmten Beteiligungshöhe orientiert. So hat der EuGH bspw. in der Rs. *Kommission/Italien*[347] entschieden, dass

Rn. 20; vom 10.2.2011 - Rs. C-436/08, *Haribo Lakritzen Hans Riegel*, ECLI:EU:C:2011:61, Rn. 34.

344 EuGH, Urt. vom 20.9.2018 - Rs. C-685/16, *EV*, ECLI:EU:C:2018:743, Rn. 34; vom 20.12.2017 - Rs. C-504/16, *Deister Holding*, ECLI:EU:C:2017:1009, Rn. 78; vom 7.9.2017 - Rs. C-6/16, *Eqiom Enka*, ECLI:EU:C:2017:641, Rn. 41; vom 24.11.2016 - Rs. C-464/14, *SECIL*, ECLI:EU:C:2016:896, Rn. 33; vom 19.7.2012 - Rs. C-31/11, *Scheunemann*, ECLI:EU:C:2012:481, Rn. 23; vom 15.9.2011 - Rs. 310/09, *Accor*, ECLI:EU:C:2011:581, Rn. 32.

345 EuGH, Urt. vom 20.9.2018 - Rs. C.685/16, *EV*, ECLI:EU:C:2018:743, Rn. 35; vom 20.12.2017 - Rs. 504/16, *Deister Holding*, ECLI:EU:C:2017:1009, Rn. 78; vom 7.9.2017 - Rs, C-6/16, *Eqiom Enka*, ECLI:EU:C:2017:641, Rn. 41; vom 24.11.2016 - Rs. C-464/14, *SECIL*, ECLI:EU:C:2016:896, Rn. 33; vom 19.7.2012 - Rs. C-31/11, *Scheunemann*, ECLI:EU:C:2012:481, Rn. 23; vom 15.9.2011 - Rs. 310/09, *Accor*, ECLI:EU:C:2011:581, Rn. 32.

346 *Schneider*, Die Kapitalverkehrsfreiheit im Verhältnis zu Drittstaaten und ihre Auswirkungen auf die Anerkennung ausländischer Gesellschaften, S. 91.

347 EuGH, Urt. vom 26.3.2009 - Rs. C-326/07, *Kommission/Italien*, ECLI:EU:C:2009:193.

sogar eine mittelbare oder unmittelbare Beteiligung von nur 5 % ausreichen kann, um als Kontrollbeteiligung zu qualifizieren.[348]

Der Streitfall betraf eine italienische Regelung, nach der der Republik Italien in einer ehemals staatlichen Gesellschaft Sonderrechte eingeräumt werden mussten, wenn diese privatisiert wurde. Dazu gehörte zum einen eine Einspruchsbefugnis der italienischen Regierung gegen den Erwerb von „bedeutenden" Beteiligungen an diesen Gesellschaften von mind. 5 % der Stimmrechte und gegen den Abschluss von Gesellschaftsvereinbarungen mit Anteilseignern, die über 5 % der Stimmrechte verfügten. Zum anderen hatte die italienische Regierung ein Vetorecht im Hinblick auf Beschlüsse über die Auflösung der Gesellschaft, den Übergang des Betriebs, den Zusammenschluss, die Aufspaltung, die Verlagerung des Geschäftssitzes ins Ausland, die Änderung des Gesellschaftszwecks oder der Gesellschaftssatzung, durch die die Sonderrechte hätten aufgehoben oder geändert werden können.[349] Diese umfassenden Vetorechte waren für den Gerichtshof ausschlaggebend, die innerstaatlichen Maßnahmen am Maßstab der Niederlassungsfreiheit zu prüfen. Der EuGH führte dazu aus, dass bei einer Beteiligung von 5 % zwar regelmäßig davon auszugehen ist, dass diese unter den Schutzbereich der Kapitalverkehrsfreiheit fällt. Jedoch sei bei den vorliegenden Vetorechten davon auszugehen, dass selbst ein so geringer Anteil die Möglichkeit eröffnet, einen bestimmenden Einfluss auf das Unternehmen auszuüben, wenn die Gesamtmasse an Aktien in großem Streubesitz ist.[350] In diesen Fällen kann eine Allokation von 5 % bereits ein deutliches Stimmgewicht erzeugen, wobei dies als eine Besonderheit gewertet werden muss.[351]

Insoweit braucht es qualitative Indikatoren, wie die Stimmrechtswahrnehmung, Einspruchs- und Vetorechte oder eine spezifische Gruppenbeziehung, die zumindest auf einen sicheren Einfluss hinweisen.[352] Eine wie

---

348 EuGH, Urt. vom 26.3.2009 - Rs. C-326/07, *Kommission/Italien*, ECLI:EU:C:2009:193, Rn. 38.

349 EuGH, Urt. vom 26.3.2009 - Rs. C-326/07, *Kommission/Italien*, ECLI:EU:C:2009:193, Rn. 4.

350 EuGH, Urt. vom 26.3.2009 - Rs. C-326/07, *Kommission/Italien*, ECLI:EU:C:2009:193, Rn. 4.

351 *Schneider*, Die Kapitalverkehrsfreiheit im Verhältnis zu Drittstaaten und ihre Auswirkungen auf die Anerkennung ausländischer Gesellschaften, 2018, S. 64; *Kotthaus*, Binnenmarktrecht und externe Kapitalverkehrsfreiheit, 2012, S. 55.

352 *Lampert*, in: Musil/Weber-Grellet (Hrsg.), Europäisches Steuerrecht, 2019, AStG §§ 7 bis 14, Rn. 46; *Gosch/Schönfeld*, IStR 2015, 755 (758).

auch immer gefasste Beteiligungsquote allein wird regelmäßig nicht ausreichen, um ohne Zweifel festzustellen, ob eine streitige nationale Vorschrift den Anteilseignern einen sicheren Einfluss auf die Entscheidung der Gesellschaft verschafft und es ihnen ermöglicht, die Tätigkeit der Gesellschaft zu bestimmen. Dies kann aufgrund der eben skizzierten Ausführungen allenfalls nur als Indiz für das Vorliegen eines sicheren Einflusses dienen, wobei der EuGH eine sichere Möglichkeit der Einflussnahme ab einer Beteiligungshöhe von 25 % regelmäßig anzunehmen scheint.[353]

b) Ausnahme bei „neutralen" Regelungen

Nicht selten bleiben Regelungen übrig, in denen nicht anhand des Gegenstands der nationalen Vorschrift zweifelsfrei bestimmt werden kann, ob sie vorwiegend unter den Anwendungsbereich der Niederlassungsfreiheit oder der Kapitalverkehrsfreiheit fallen (sog. neutrale Regelungen).[354] Dazu zählen innerstaatliche Maßnahmen, die unabhängig von der Beteiligungshöhe einerseits Beteiligungen betreffen, die einen sicheren Einfluss ermöglichen (sog. Kontrollbeteiligungen), aber andererseits auch Beteiligungen, die dem alleinigen Zweck der Geldanlage dienen (sog. Direktinvestitionen oder Portfolioinvestitionen).[355] Im Verhältnis zu Mitgliedstaaten untereinander bestimmen bei neutralen Regelungen die tatsächlichen Umstände des konkreten Einzelfalls, ob die Niederlassungsfreiheit oder Kapitalverkehrsfreiheit anzuwenden ist.[356] Sofern im konkreten Einzelfall die Beteiligung dem Anteilseigner einen sicheren Einfluss verleiht und es ermöglicht, einen

353 Jüngst EuGH, Urt. vom 31.5.2018 - Rs. C-382/16, *Hornbach-Baumarkt*, ECLI:EU:C:2018:366, Rn. 29. Eine Beteiligungsshöhe von 10 %, wie sie sich der Mutter-Tochter-Richtlinie (Richtlinie 2011/96/EU des Rates vom 30.11.2011, ABl. EU L 345/8) entnehmen ließe, würdigt der EuGH demgegenüber nicht zwangsläufig als eine Möglichkeit zur sicheren Einflussnahme; vgl. insbesondere EuGH, Urt. vom 10.6.2015 - Rs. C-686/13, *X*, ECLI:EU:C:2015:375, Rn. 21; vom 11.9.2014 - Rs. C-47/12, *Kronos International*, ECLI:EU:C:2014:2200, Rn. 35; vom 3.10.2013 - Rs. C-282/12, *Itelcar*, ECLI:EU:C:2013:629, Rn. 22.

354 So auch bspw. die Regelungen zur Hinzurechnungsbesteuerung i. d. F. vor dem ATADUmsG.

355 *Kokott*, Das Steuerrecht der Europäischen Union, 2018, § 3 Rn. 97.

356 EuGH, Urt. vom 10.6.2015 - Rs. C-686/13, *X*, ECLI:EU:C:2015:375, Rn. 22 f.; vom 11.9.2014 - Rs. C-47/12, *Kronos International*, ECLI:EU:C:2014:2200, Rn. 37; vom 13.11.2012 - Rs. C-35/11, *Test Claimanants in the FII Group Litigation*, ECLI:EU:C:2012:707, Rn. 93 f.

bestimmenden Einfluss auf die Tätigkeit der Gesellschaft auszuüben, so ist der betroffene Sachverhalt ausschließlich am Maßstab der Niederlassungsfreiheit zu prüfen.[357] Hält der Anteilseigner lediglich eine Beteiligung an einer anderen Gesellschaft, die in der alleinigen Absicht der reinen Kapitalanlage erfolgt, ohne dass unternehmerischer Einfluss ausgeübt werden kann, findet demgegenüber die Kapitalverkehrsfreiheit Anwendung.

c) Besonderheit bei Drittstaatenbeteiligungen

Der EuGH belässt es allerdings nicht bei diesem zweistufigen Ansatz, wenn bei neutralen Regelungen auch Drittstaaten beteiligt sind. Vielmehr verzichtet der EuGH in diesen Fällen auf eine Abgrenzung nach Maßgabe der tatsächlichen Umstände des Einzelfalls und besinnt sich wieder auf den Gegenstand der streitentscheidenden Norm zurück. In der Rs. *Test Claimant in the FII Group Litigation* stellte der EuGH dazu fest, dass eine nationale Regelung über die steuerliche Behandlung von Dividenden aus einem Drittland, die nicht ausschließlich für Situationen gilt, in denen die Muttergesellschaft entscheidenden Einfluss auf die Beteiligungsgesellschaft ausüben kann, stets am Maßstab der Kapitalverkehrsfreiheit zu prüfen ist. Eine im Mitgliedstaat ansässige Gesellschaft könne sich in diesen Fällen unabhängig vom Umfang der Beteiligung, die sie an der in einem Drittland niedergelassenen, Dividenden ausschüttenden Gesellschaft hält, auf die Kapitalverkehrsfreiheit berufen, um die Europarechtskonformität einer solchen Regelung infrage zu stellen.[358] Mit anderen Worten: Kann nicht zweifelsfrei ausgeschlossen werden, dass die in Rede stehende nationale Norm ausschließlich Beteiligungen betrifft, die ihrem Anteilseigner einen sicheren Einfluss auf die Entscheidung der Gesellschaft verschafft und es ihm ermöglicht, deren Tätigkeit zu bestimmen, so kann sich der betroffene Steuerpflichtige bei Drittstaatsbeteiligungen stets auf die Kapitalverkehrsfreiheit berufen.[359]

Damit steht fest, dass lediglich solche innerstaatlichen Maßnahmen außerhalb des Anwendungsbereichs der Kapitalverkehrsfreiheit liegen, die

357 EuGH, Urt. vom 10.6.2015 - Rs. C-686/13, *X*, ECLI:EU:C:2015:375, Rn. 24 f.

358 EuGH, Urt. vom 13.11.2012 - Rs. C-35/11, *Test Claimants in the FII Group Litigation*, ECLI:EU:C:2012:707, Rn. 99.

359 Mit aller Deutlichkeit *Kokott*, Das Steuerrecht der Europäischen Union, 2018, § 3 Rn. 97.

sich ohne jegliche Zweifel ausschließlich auf Kontrollbeteiligungen beziehen. Nur wenn der Gegenstand der innerstaatlichen Maßnahme von vornherein ausschließlich Kontrollbeteiligungen erfasst, ist die Kapitalverkehrsfreiheit durch die Niederlassungsfreiheit verdrängt. Sofern aber nur der geringste Zweifel besteht, dass eine betroffene nationale Regelung als solche nicht nur Fälle mit Kontrollbeteiligung erfasst, sollte stets zugunsten des Steuerpflichtigen auch der Anwendungsbereich der Kapitalverkehrsfreiheit eröffnet sein.[360] Andernfalls könnten die nationalen Gesetzgeber die Wirkkraft der Kapitalverkehrsfreiheit und die ihr immanente erga-omnes-Wirkung mühelos aushebeln, indem diese ihre in die Grundfreiheiten eingreifenden Maßnahmen im Rahmen ihres gesetzgeberischen Gestaltungsraums bewusst eng fassen, um dadurch die Ausweitung auf Drittstaatensachverhalte zu verhindern.[361] Lässt man dies zu, würde die Kapitalverkehrsfreiheit auf dem Gebiet des Steuerrechts in hohem Grad an Bedeutung verlieren.

d) Folgen für die Hinzurechnungsbesteuerung

Überträgt man diese Grundsätze auf die Hinzurechnungsbesteuerung, so stellt sich die Frage, ob die Neufassung des § 7 AStG tatsächlich nur Beteiligungen erfasst, die einen sicheren Einfluss auf die Zwischengesellschaft ermöglichen. Davon scheint der Gesetzgeber auszugehen.[362] Folgt man dieser Auffassung, wäre allein eine Vereinbarkeit mit der Niederlassungsfreiheit zu prüfen. Drittstaatensachverhalte wären vollkommen schutzlos. Hält man den Tatbestand des § 7 AStG dagegen nicht derart offenkundig nur für Beteiligungen anwendbar, die es ermöglichen, einen sicheren Einfluss auf die betreffende Gesellschaft auszuüben – diese Auffassung liegt den nachfolgenden Ausführungen zugrunde –, so wäre jedenfalls bei Drittstaatbeteiligungen stets am Maßstab der Kapitalverkehrsfreiheit zu prüfen.

---

360 Ähnlich *Gosch/Schönfeld*, IStR 2015, 755 (758).
361 So *Gosch/Schönfeld*, IStR 2015, 755 (757); *Hindelang*, IStR 2013, 77 (81).
362 BT-Drucks. 19/28652, Begründung Besonderer Teil, S. 51.

Abbildung 6: Fallkonstellationen im Rahmen der Hinzurechnungsbesteuerung

	Im konkreten Einzelfall	
	Kontrollbeteiligung	*Keine Kontrollbeteiligung*
innerhalb EU/EWR	**Niederlassungsfreiheit**	**Kapitalverkehrsfreiheit**
außerhalb EU/EWR	**Kapitalverkehrsfreiheit**	**Kapitalverkehrsfreiheit**

V. Einschränkende Wirkung der sog. Stand-Still-Klausel auf die Kapitalverkehrsfreiheit

Kommt der EuGH im Rahmen der eben dargelegten Prüfschritte zu dem Ergebnis, dass die Kapitalverkehrsfreiheit nicht durch die Niederlassungsfreiheit verdrängt wird, dann ist der Drittstaatenschutz allerdings noch nicht sichergestellt. Vielmehr enthält Art. 64 Abs. 1 AEUV eine Klausel, wonach das in Art. 63 Abs. 1 AEUV genannte Freiheitsrecht

> *„[...] nicht die Anwendung derjenigen Beschränkungen auf dritte Länder [berührt, d. Verf.], die am 31. Dezember 1993*[363] *aufgrund einzelstaatlicher Rechtsvorschriften oder aufgrund von Rechtsvorschriften der Union für den Kapitalverkehr mit dritten Ländern im Zusammenhang mit Direktinvestitionen [...] [bestanden haben, d. Verf.]".*

Demnach sind nationale Beschränkungen nicht verboten, soweit sie auf Rechtsvorschriften, die vor dem 31.12.1993 erlassen wurden, beruhen.[364] Da die Beteiligung an einer ausländischen Zwischengesellschaft u. U. als Direktinvestition qualifizieren kann und die maßgeblichen Vorschriften für die Hinzurechnungsbesteuerung bereits am 31.12.1993 bestanden haben, könnte Art. 64 Abs. 1 AEUV einschlägig sein. Insofern ist es notwendig, den Geltungsbereich der Stand-Still-Klausel herauszuarbeiten.

Ihrem Wortlaut nach können Regelungen nur dann der Stand-Still-Klausel in Art. 64 Abs. 1 AEUV unterliegen, wenn sie zum Stichtag des 31.12.1993

363 Für in Bulgarien, Estland und Ungarn bestehende Beschränkungen nach innerstaatlichem Recht ist der maßgebliche Zeitpunkt gem. Satz 2 der 31. Dezember 1999. Für in Kroatien nach innerstaatlichem Recht bestehende Beschränkungen ist der maßgebliche Zeitpunkt gem. Satz 3 der 31. Dezember 2002.

364 Umfassend zu den materiellen, territorialen und zeitlichen Erfordernissen der Stand-Still-Klausel *Bannes/Holle,* StuW 2017, 121.

bereits bestanden haben. Der Begriff „am 31.12.1993 bestehende Beschränkung“ ist nach der Rechtsprechung des EuGH eng auszulegen.[365] Er setzt zwingend voraus, „dass der rechtliche Rahmen, in den sich die betreffende Beschränkung einfügt, seit diesem Datum ununterbrochen Teil der nationalen Rechtsordnung gewesen ist“.[366] Die Ausnahmeregelung kann deshalb keine Anwendung auf die von einem Mitgliedstaat erlassenen Vorschriften finden, die zwar im Wesentlichen mit einer Regelung übereinstimmen, die am 31.12.1993 bestand, durch die aber ein Hindernis für den freien Kapitalverkehr wieder eingeführt worden ist, das nach der Aufhebung der früheren Regelung nicht mehr bestand.[367] Würde dies nicht verlangt, so der EuGH weiter, könnte ein Mitgliedstaat nämlich jederzeit Beschränkungen für den Kapitalverkehr nach oder aus Drittstaaten wieder einführen, die in der nationalen Rechtsordnung am 31.12.1993 bestanden, die aber nicht aufrechterhalten worden sind.[368] Zwar berechtigt die Stand-Still-Klausel in Art. 64 Abs. 1 AEUV somit die Mitgliedstaaten, Beschränkungen der Kapitalverkehrsfreiheit ohne zeitliche Begrenzung weiter anzuwenden, sofern diese Beschränkungen zum Stichtag bestanden haben. Konsequenterweise verlangt der EuGH aber auch, dass der rechtliche Rahmen, in den sich die betreffende Beschränkung einfügt, seit diesem Datum ununterbrochen Teil der nationalen Rechtsordnung gewesen ist, so dass eine förmliche Aufhebung und im Anschluss eine Wiedereinführung einer Beschränkung die Stand-Still-Klausel außer Kraft setzen kann.

Dies bedeutet nicht, dass jede nationale Maßnahme, die nach dem Stichtag erlassen wurde, schon allein deswegen automatisch aus dem Anwendungsbereich der Stand-Still-Klausel ausgeschlossen ist. Der EuGH hat nämlich in seiner ständigen Rechtsprechung anerkannt, dass derartigen bestehenden Beschränkungen solche gleichgestellt werden können, die zwar nach dem Stichtag erlassen wurden, aber im Wesentlichen mit dem Grund-

365 Jüngst EuGH, Urt. vom 26.2.2019 - Rs. C-135/17, *X*, ECLI:EU:C:2019, Rn. 42; in diesem Sinne ebenso EuGH, Urt. vom 14.12.1995 - Rs. C-163/94, *Sanz de Lera u.a.*, ECLI:EU:C:1995:451, Rn. 44.

366 EuGH, Urt. vom 24.11.2016 - Rs. C-464/14, *SECIL*, ECLI:EU:C:2016:896, Rn. 81.

367 EuGH, Urt. vom 26.2.2019 - Rs. C-135/17, *X*, ECLI:EU:C:2019, Rn. 39; vom 24.11.2016 - Rs. C-464/14, *SECIL*, ECLI:EU:C:2016:896, Rn. 87 f.; vom 18.12.2007 - Rs. C-101/05, *A*, ECLI:EU:2007:804, Rn. 49; vom 12.12.2006 - Rs. C-446/04, *Test Claimants in the FII Group Litigation*, ECLI:EU:2006:774, Rn. 192.

368 EuGH, Urt. vom 26.2.2019 - Rs. C-135/17, *X*, ECLI:EU:C:2019, Rn. 41; vom 24.11.2016 - Rs. C-464/14, *SECIL*, ECLI:EU:C:2016:896, Rn. 81; vom 18.12.2007 - Rs. C-101/15, *A*, ECLI:EU:C:2007:804, Rn. 48.

gedanken der früheren Regelung übereinstimmen oder nur ein Hindernis, das nach der früheren Regelung der Ausübung der Grundfreiheit entgegenstand, abmildern oder beseitigen.[369] Dies ist durchaus nachvollziehbar, da das Steuerrecht sehr dynamisch ist und traditionell einer häufigen Gesetzesänderung bzw. -anpassung unterliegt. Nur geringfügige redaktionelle Änderungen, die in keiner Weise den Grundgedanken des rechtlichen Rahmens berühren, sollten demnach keine Auswirkungen auf die Stand-Still-Klausel haben.[370] Eine den Sinn und Zweck nicht verfälschende Anpassung der Beschränkung ist mithin nicht geeignet, das zeitliche Kriterium der Stand-Still-Klausel zu erschüttern.[371] Genauso unschädlich sind nach dem Stichtag erfolgte Abmilderungen oder teilweise Rücknahmen der Beschränkungen.

Damit sich die Mitgliedstaaten auf Art. 64 Abs. 1 AEUV berufen können, müssen also zwei Bedingungen erfüllt sein: Zum einen muss die infrage stehende Beschränkung seit dem 31.12.1993 ununterbrochen Bestandteil der Rechtsordnung des betreffenden Mitgliedstaats sein und zum anderen darf der Grundgedanke bzw. der materielle Gehalt, auf dem diese Regelung beruht, nicht wesentlich geändert worden sein.

Wie sich aus der Auflistung in Art. 64 Abs. 1 AEUV ergibt, muss sich die Beschränkung des Kapitalverkehrs darüber hinaus auf eine nationale Maßnahme beziehen, die im Zusammenhang mit Direktinvestitionen steht (Art. 64 Abs. 1 AEUV). Portfolioinvestitionen gehören dagegen nicht zu dem von der Stand-Still-Klausel erfassten Kapitalverkehr.[372] Die Anwendbarkeit der Stand-Still-Klausel hängt also maßgeblich davon ab, ob es sich bei der Beteiligung um eine Direktinvestition oder eine Portfoliobeteiligung handelt. Bei der Beantwortung der Frage, welche Art von Kapitalverkehr vorliegt, ist stets auf die tatsächlichen Gegebenheiten des konkreten Einzelfalls abzustellen.[373] Eine nationale Regelung, die sowohl Direktinvestitionen als auch Portfoliobeteiligungen in ihren Anwendungsbereich einbezieht, berührt indessen nicht die Anwendbarkeit der Stand-Still-Klausel auf Di-

---

369 EuGH, Urt. vom 26.2.2019 - Rs. C-135/17, *X*, ECLI:EU:C:2019, Rn. 37; vom 24.11.2016 - Rs. C-464/14, *SECIL*, ECLI:EU:C:2016:896, Rn. 88; vom 24.5.2007 - Rs. C-157/05, *Holböck*, ECLI:EU:C:2007:297, Rn. 41.

370 EuGH, Urt. vom 5.5.2011 - Rs. C-384/09, *Prunus und Polonium*, ECLI:EU:C:2011:276, Rn. 36 f.

371 Siehe ebenso *Bannes/Holle*, StuW 2017, 112 (117).

372 EuGH, Urt. vom 26.2.2019 - Rs. C-135/17, *X*, ECLI:EU:C:2019, Rn. 28.

373 *Bannes/Holle*, StuW 2017, 112 (121); *Bannes/Cloer/Holle* FR 2017, 620 (622); *Gosch/Schönfeld*, IStR 2015, 755 (759).

rektinvestitionen.[374] Demnach deckt die Stand-Still-Klausel auch generelle Regeln ab, die nicht ausschließlich den Kapitalverkehr mit Direktinvestitionen regeln.

C. Beeinträchtigung der Niederlassungs- und Kapitalverkehrsfreiheit durch die Anwendung der Hinzurechnungsbesteuerung

I. Diskriminierungs- und Beschränkungsverbot im Bereich der Grundfreiheiten

In ihrer ursprünglichen Konzeption sind die Grundfreiheiten als Diskriminierungsverbote ausgestaltet.[375] Sie verbieten es, Staatsangehörige anderer Mitgliedstaaten aufgrund ihrer Staatsangehörigkeit (offene/unmittelbare Diskriminierung)[376] oder durch die Anwendung anderer Unterscheidungsmerkmale (versteckte/mittelbare Diskriminierung)[377] schlechter zu behandeln als die eigenen Staatsangehörigen (typischer Inbound-Fall).[378] Darüber hinaus stehen sie solchen nationalen Regelungen entgegen, die zwar ohne Diskriminierung aus Gründen der Staatsangehörigkeit oder anderer Unterscheidungsmerkmale anwendbar sind, also unterschiedslos gelten, jedoch dazu geeignet sind, die Ausübung einer dieser Freiheiten zu beschränken (allgemeine Beschränkung).[379]

---

374 EuGH, Urt. vom 26.2.2019 - Rs. C-135/17, *X*, ECLI:EU:C:2019, Rn. 32.

375 *Haase*, in: Haase (Hrsg.), Internationales und Europäisches Steuerrecht, 6. Aufl. 2020, Rn. 929; *Pache*, in: Schulze/Janssen/Kadelbach, Europarecht, 4. Aufl. 2020, § 10 Grundfreiheiten, Rn. 21.

376 Vgl. etwa EuGH, Urt. vom 8.5.1990 - Rs. C-175/88, *Biehl/Administration des contributions*, ECLI:EU:C:1990:186, Rn. 11 f. Den Sitz einer Gesellschaft betrachtet der EuGH als Äquivalent zur Staatsangehörigkeit natürlicher Personen; vgl. EuGH, Urt. vom 30.9.2003 - Rs. C-167/01, *Inspire Art*, ECLI:EU:C:2003:512, Rn. 97.

377 Dazu zählt bspw. eine mitgliedstaatliche Maßnahme, die zwar keine Unterscheidung aufgrund der Staatsangehörigkeit vornimmt, aber eine Unterscheidung aufgrund des Kriteriums Wohnsitz oder Ansässigkeit trifft; vgl. EuGH, Urt. vom 14.2.1995 - Rs. C-279/93, *Finanzamt Köln-Altstadt/Schumacker*, ECLI:EU:C:1995:31, Rn. 27 ff.

378 EuGH, Urt. vom 12.2.1974 - Rs. C-152/73, *Sotgiu/Deutsche Bundespost*, ECLI:EU:C:1974:13, Rn. 11. Eingehend zu den unterschiedlichen Diskriminierungsformen im Bereich der Grundfreiheiten *Dammann*, Diskriminierungen im Bereich der Grundfreiheiten und deren Rechtfertigung aus zwingenden Gründen des Allgemeininteresses, 2018, S. 66 ff.

379 EuGH, Urt. vom 16.7.1998 - Rs. C-264/96, *Imperial Chemical Industries/Colmer*, ECLI:EU:C:1998:370, Rn. 21; vom 6.12.2007 - Rs. C-298/05, *Columbus Container Services*, ECLI:EU:C:2007:754, Rn. 33; vom 12.9.2006 - Rs. C-196/04, *Cadbury*

Obwohl das Verbot der Diskriminierung und das Verbot der Beschränkung auf den ersten Blick einen unterschiedlichen Ansatz verfolgen, haben beide Ansätze doch eine gemeinsame Zielrichtung: die Gleichbehandlung von gebietsansässigen Steuerpflichtigen mit und ohne grenzüberschreitenden Bezug sowie die Gleichbehandlung von (EU-)gebietsansässigen mit (EU-)gebietsfremden Steuerpflichtigen innerhalb der nationalen Steuersysteme.[380] Eine Inländerdiskriminierung enthält das Unionsrecht allerdings nicht, sodass der umgekehrte Fall, also die Schlechterstellung des Steuerinländers nicht unter den Wortlaut und Verbotszweck der Grundfreiheiten fällt.[381]

Im Hinblick auf das Steuerrecht hat der weite Beschränkungsbegriff des EuGH eine erhebliche Bedeutung für nationale Maßnahmen erlangt, die einen grenzüberschreitenden Wirtschaftsvorgang steuerlich schlechter stellen als sachlich gleichartige inländische Wirtschaftsvorgänge (typischer Outbound-Fall). So hat der EuGH bspw. in Bezug auf die Hinzurechnungsbesteuerung entschieden, dass die unterschiedliche steuerliche Behandlung, die sich aus den Rechtsvorschriften betreffend beherrschte ausländische Gesellschaften ergeben, und der daraus resultierende Nachteil für gebietsansässige Steuerpflichtige mit einer Beteiligung in einem anderen Mitgliedstaat oder Drittstaat grundsätzlich geeignet ist, die Ausübung der Niederlassungs-[382] bzw. Kapitalverkehrsfreiheit[383] zu beschränken.

II. Reichweite des Beschränkungsverbots

1. Im Kontext der Niederlassungsfreiheit

Was die Niederlassungsfreiheit betrifft, entschied der EuGH in ständiger Rechtsprechung, dass die Mitgliedstaaten aufgrund des Beschränkungsverbots die Errichtung von Niederlassungen in anderen Mitgliedstaaten zwecks Aufnahme und Ausübung einer selbstständigen Erwerbstätigkeit

Schweppes und Cadbury Schweppes Overseas, ECLI:EU:C:2006:544, Rn. 33; siehe auch *Lampert*, in: Musil/Weber-Grellet (Hrsg.), Europäisches Steuerrecht, 2019, AStG §§ 7-14, Rn. 55; *Kokott/Ost*, EuZW 2011, 496 (498).

380 *Kokott/Ost*, EuZW 2011, 496 (498).

381 *Kokott*, Das Steuerrecht der Europäischen Union, 2018, § 3 Rn. 107.

382 EuGH, Urt. vom 12.9.2006 - Rs. 196/04, *Cadbury Schweppes und Cadbury Schweppes Overseas*, ECLI:EU:C:2006:544.

383 EuGH, Urt. vom 26.2.2019 - Rs. C-135/17, *X*, ECLI:EU:C:2019:136.

ohne Rechtfertigungsgrund weder behindern noch in irgendeiner Weise beschränken dürfen.[384] Den Begriff „Beschränkung" legt der EuGH sehr weit aus. Als Beschränkung erachtet dieser alle nationalen Maßnahmen, die auch nur ansatzweise geeignet sind, die Errichtung von Niederlassungen zu verhindern, zu erschweren oder weniger attraktiv zu machen.[385] Dies darf allerdings nicht dahingehend verstanden werden, dass jede Restriktion irgendeiner wirtschaftlichen Betätigung als eine Beschränkung der Niederlassungsfreiheit angesehen werden kann. Es ist stets ein eindeutiger Ursachenzusammenhang zwischen der auf dem Prüfstand stehenden einzelstaatlichen Regel und der Beschränkung des innergemeinschaftlichen Niederlassungsvorgangs zu fordern.[386] Anders gesagt muss die zu prüfende staatliche Maßnahme im Hinblick auf die Niederlassungsfreiheit gezielt den Niederlassungsvorgang im neuen Markt behindern. So hat der EuGH in der Rs. *Peralta* bspw. eine Beschränkung der Niederlassungsfreiheit abgelehnt, weil es ihm an der Unmittelbarkeit der Auswirkung der nationalen Vorschriften auf einen Niederlassungsvorgang fehlte.[387]

Das Beschränkungsverbot verpflichtet nicht nur den Aufnahmemitgliedstaat, den Staatsangehörigen eines anderen Mitgliedstaats die Aufnahme und Leitung von Unternehmen unter denselben Bedingungen zu gewährleisten, die er für seine eigenen Angehörigen festgelegt hat, sondern verbietet auch dem Herkunftsstaat, potenziell marktbeschränkende Vorschriften einzuführen, die seine Staatsangehörigen davon abhalten könnten, eine Auslandsinvestition zu tätigen.[388] Dies ist nachvollziehbar, da aufgrund solcher Maßnahmen der Zugang zu einem anderen europäischen Markt erschwert und dadurch die Verwirklichung des Binnenmarktes gefährdet werden könnte.

---

384 EuGH, Urt. vom 30.11.1994 - Rs. C-55/94, *Gebhard/Consiglio dell'Ordine degli Avvocati e Procuratori di Milano*, ECLI:EU:C:1995:411, Rn. 37.

385 EuGH, Urt. vom 12.12.2002 - Rs. C-324/00, *Lankhorst-Hohorst*, ECLI:EU:C:2002:749, Rn. 32; vom 30.11.1994 - Rs. C-55/94, *Gebhard/Consiglio dell'Ordine degli Avvocati e Procuratori di Milano*, ECLI:EU:C:1995:411, Rn. 37.

386 *Forsthoff*, in: Grabitz/Hilf/Nettersheim (Hrsg.), Das Recht der Europäischen Union, 66. Lfg. 2.2019, Art. 49 AEUV, Rn. 96; *Müller-Graff*, in: Streinz (Hrsg.), EUV/AEUV, 3. Aufl. 2018, Art. 49 AEUV, Rn. 58.

387 EuGH, Urt. vom 14.7.1994 - Rs. C-379/92, *Peralta*, ECLI:EU:C:1994:296, Rn. 30 ff.

388 EuGH, Urt. vom 15.9.2011 - Rs. C-310/09, *Accor*, ECLI:EU:C:2011:581, Rn. 40; vom 12.9.2006 - Rs. C-196/04, *Cadbury Schweppes und Cadbury Schweppes Overseas*, ECLI:EU:C:2006:544, Rn. 42; vom 24.5.2007 - Rs. C-157/05, *Holböck*, ECLI:EU:C:2007:297, Rn. 27; vom 13.12.2005 - Rs. C-446/03, *Marks & Spencer*, ECLI:EU:C:2005:763, Rn. 31; vgl. auch *Kokott*, Das Steuerrecht der Europäischen Union, 2018, § 3 Rn. 104.

2. Im Kontext der Kapitalverkehrsfreiheit

Das Beschränkungsverbot in Art. 63 Abs. 1 AEUV ist analog zu Art. 49 Abs. 1 AEUV weit auszulegen. Der EuGH verfährt hier ähnlich großzügig und lässt es bereits genügen, wenn die Ausübung der Kapitalverkehrsfreiheit aufgrund der jeweiligen nationalen Maßnahme weniger attraktiv erscheint. So sind insbesondere nationale Maßnahmen als Beschränkung i. S. d. Art. 63 Abs. 1 AEUV anzusehen, wenn sie dazu geeignet sind, den Erwerb von Aktien von im Ausland ansässigen Unternehmen zu verhindern oder zu beschränken oder aber ausländische Investoren davon abzuhalten, in das Kapital von ansässigen Unternehmen zu investieren.[389] Dazu gehören auch solche Maßnahmen, die geeignet sind, den Zufluss oder Durchfluss von Kapital zwischen den Mitgliedstaaten sowie Mitgliedstaaten und Drittstaaten zu behindern, zu begrenzen bzw. zu untersagen.[390]

III. Beschränkung der Grundfreiheiten durch die Anwendung der Hinzurechnungsbesteuerung

Die Grundfreiheiten stehen protektionistischen Maßnahmen der Mitgliedstaaten entgegen, die geeignet sind, den grenzüberschreitenden freien Verkehr zu behindern bzw. zu beschränken. Zu Recht weisen etwa *Dietz/Streinz* darauf hin, dass der Binnenmarkt unvollständig bliebe, wenn nationale Teilmärkte diskriminierungsfrei versperrt werden dürften.[391] Nach wie vor sind es nämlich vor allem die Grundfreiheiten, die den Binnenmarkt konstituieren, indem sie den freien Verkehr von Waren, Personen, Dienstleistungen und Kapital gewährleisten. Wie gezeigt, enthalten sie nicht nur gleichheitsrechtliche Diskriminierungsverbote, sondern auch freiheitsrechtliche Marktbeschränkungsverbote.

Die unterschiedliche steuerliche Behandlung, die sich aus den Vorschriften der Hinzurechnungsbesteuerung ergeben, und der daraus resultierende Nachteil für Steuerinländer mit einer in einem anderen (Mitglied-)Staat einem niedrigeren Besteuerungsniveau unterliegenden (Tochter-)Gesell-

---

389 EuGH, Urt. vom 26.2.2019 - Rs. C-135/17, *X*, ECLI:EU:C:2019:136, Rn. 55; vom 23.10.2007 - Rs. C-112/05, *Kommission/Deutschland*, ECLI:EU:C:2007:623, Rn. 19.

390 *Sedlaczek/Züger*, in: Streinz (Hrsg.), EUV/AEUV, 3. Aufl. 2018, Art. 63 AEUV, Rn. 9; *Wojcik*, in: van der Groeben/Schwarze/Hatje (Hrsg.), Europäisches Unionsrecht, 7. Aufl. 2015, Art. 63 AEUV, Rn. 14.

391 *Dietz/Streinz*, EuR 2015, 50 (59).

schaft ist grds. geeignet, die Ausübung der Niederlassungsfreiheit oder Kapitalverkehrsfreiheit zu behindern. Dabei wirkt die Hinzurechnungsbesteuerung bei Steuerpflichtigen mit grenzüberschreitendem Bezug in gleich zweifacher Hinsicht nachteilig: Zum einen deshalb, weil die ausländische Gesellschaft im Rahmen der Hinzurechnungsbesteuerung keine Abschirmwirkung mehr entfaltet und damit keinen Besteuerungsaufschub auf Ebene des Gesellschafters gewährt und zum anderen, weil die Einkünfte der ausländischen Gesellschaft, im Konkreten der Hinzurechnungsbetrag, gänzlich der inländischen Besteuerung unterliegt, d. h. ohne die Anwendung der §§ 3 Nr. 40 Satz 1 Bstb. d), 32d EStG bzw. § 8b Abs. 1 KStG sowie § 9 Nr. 7 GewStG.

Durch die Hinzurechnungsbesteuerung wird der Zugang zu einem anderen nationalen Markt erschwert bzw. erscheint aufgrund dieser Maßnahme die Investition in eine ausländische Gesellschaft, die im Ansässigkeitsstaat einer niedrigeren Besteuerung unterliegt, weniger attraktiv.[392] Dies darf zunächst als ein Verstoß gegen die Niederlassungs- bzw. Kapitalverkehrsfreiheit gewertet werden.

D. Rechtfertigung für eine Beeinträchtigung der Grundfreiheiten durch die Anwendung der Hinzurechnungsbesteuerung

I. Geschriebene und ungeschriebene Rechtfertigungsgründe

Die Grundfreiheiten verbieten nicht jede Beschränkung grenzüberschreitender wirtschaftlicher Aktivitäten, sondern nur solche, die nicht gerechtfertigt sind. Der AEUV enthält verschiedene Öffnungsklauseln (sog. geschriebene Rechtfertigungsgründe), auf die sich die Mitgliedstaaten zur „Verteidigung“ ihrer die Grundfreiheiten beschränkenden Regelungen berufen können. So erlaubt Art. 36 AEUV bspw. die Beeinträchtigung der Warenverkehrsfreiheit (Art. 34 ff. AEUV),

> *„[...] die aus Gründen der öffentlichen Sittlichkeit, Ordnung und Sicherheit, zum Schutze der Gesundheit und des Lebens von Menschen und Tieren oder Pflanzen, des nationalen Kulturguts von künstlerischem, ge-*

392 EuGH, Urt. vom 12.9.2006 - Rs. C-196/04, *Cadbury Schweppes und Cadbury Schweppes Overseas*, ECLI:EU:C:2006:544, Rn. 46; vom 26.2.2019 - Rs. C-135/17, *X*, ECLI:EU:C:2019:136, Rn. 55 ff.

schichtlichem oder archäologischem Wert oder des gewerblichen und kommerziellen Eigentums gerechtfertigt sind".

Nach Art. 45 Abs. 3 AEUV können Beeinträchtigungen der Arbeitnehmerfreizügigkeit „aus Gründen der öffentlichen Ordnung, Sicherheit und Gesundheit" gerechtfertigt werden. Dasselbe gilt nach Art. 52 Abs. 1 AEUV für die Niederlassungsfreiheit und bei entsprechender Anwendung über Art. 62 AEUV auch für die Dienstleistungsfreiheit. Zudem erlaubt Art. 65 Abs. 1 AEUV bestimmte Beeinträchtigungen des Kapitalverkehrs, in Abs. 1 auch solche, die Regelungen des Steuerrechts betreffen.[393] Mit anderen Worten: Mitgliedstaatliche Interessen müssen nicht ohne Weiteres vor den Grundfreiheiten zurückweichen – mithin dann nicht, wenn es sich um eine geschriebene Öffnungsklausel im AEUV handelt. Die im AEUV anerkannten Rechtfertigungsgründe entfalten für steuerliche Regelungen indes kaum Relevanz.[394]

Allerdings sind die Rechtfertigungsgründe für die Durchsetzbarkeit nationaler Interessen auch nicht auf die geschriebenen Rechtfertigungsgründe begrenzt.[395] Der EuGH hat anerkannt, dass die Durchsetzbarkeit nationaler Interessen gegenüber den Grundfreiheiten auch aus zwingenden Gründen des Allgemeininteresses gerechtfertigt sein können.[396] Der EuGH formulierte es wie folgt: Nationale Hemmnisse für den grenzüberschreitenden wirtschaftlichen Wirtschaftsverkehr müssen hingenommen werden, „wenn mit einer solchen Regelung ein berechtigter Zweck verfolgt würde, der mit dem EWG-Vertrag vereinbar und aus zwingenden Gründen des Allgemeininteresses gerechtfertigt wäre".[397] Insoweit ist bestätigt, dass es neben den geschriebenen Rechtfertigungsgründen auch ungeschriebene Ausnahmen gibt, die eine Beschränkung der Grundfreiheiten rechtfertigen können.

---

393 Nach Art. 65 Abs. 1 Bstb. a AEUV berührt die Kapitalverkehrsfreiheit nicht das Recht der Mitgliedstaaten, „*die einschlägigen Vorschriften ihres Steuerrechts anzuwenden, die Steuerpflichtige mit unterschiedlichem Wohnort oder Kapitalanlageort unterschiedlich behandeln*". Art. 65 Abs. 1 Bstb. b AEUV erlaubt daneben, unerlässliche Maßnahmen zur Verhinderung von Zuwiderhandlungen gegen innerstaatliche Rechts- und Verwaltungsvorschriften zu treffen, insbesondere auf dem Gebiet des Steuerrechts.

394 *Englisch*, in: Tipke/Lang (Begr.), Steuerrecht, 24. Aufl. 2021, Rn. 4.93.

395 *Cordewener*, Europäische Grundfreiheiten und nationales Steuerrecht, 2002, S. 60.

396 EuGH, Urt. vom 31.3.1993 - Rs. C-19/92, *Kraus/Land Baden-Württemberg*, ECLI:EU:C:1993:125, Rn. 32.

397 EuGH, Urt. vom 31.3.1993 - Rs. C-19/92, *Kraus/Land Baden-Württemberg*, ECLI:EU:C:1993:125, Rn. 32.

Der EuGH hat als zwingende Gründe des Allgemeininteresses (sog. *rule of reason*)[398] und damit als ungeschriebene Rechtfertigungsgründe für die Beschränkung der Grundfreiheiten insbesondere (i) die Wahrung der ausgewogenen Aufteilung der Besteuerungsbefugnisse[399], (ii) die Vermeidung der doppelten Verlustberücksichtigung[400], (iii) die Wahrung der steuerlichen Kohärenz[401], (iv) das Erfordernis einer wirksamen steuerlichen Kontrolle[402] und (v) die Bekämpfung von Steuerhinterziehung und -umgehung[403] anerkannt.[404]

Die vom EuGH entwickelten und einheitlich im Anwendungsbereich sämtlicher Grundfreiheiten anerkannten *rule of reasons* erweitern die Durchsetzbarkeit mitgliedstaatlicher Interessen gegenüber den unmittelbar anwendbaren Grundfreiheiten signifikant.[405] Dies ist allerdings auch notwendig, um das Kräfteverhältnis zwischen der Union und den Mitgliedstaa-

---

398 Diese Terminologie verwendet etwa *Englisch*, in: Tipke/Lang (Begr.), Steuerrecht, 24. Aufl. 2021, Rn. 4.93; *Cordewener*, Europäische Grundfreiheiten und nationales Steuerrecht, 2002, S. 61.

399 Vgl. EuGH, Urt. vom 13.12.2005 - Rs. C-446/03, *Marks & Spencer*, ECLI:EU:C:2008:211, Rn. 45; vom 18.7.2007 - Rs. C-231/05, *Oy AA*, ECLI:EU:C:2007:439, Rn. 51; vom 15.5.2008 - Rs. C-414/06, *Lidl Belgium*, ECLI:EU:C:2008:278, Rn. 42; vom 10.2.2011 - Rs. C-436/08, *Haribo Lakritzen Hans Riegel*, ECLI:EU:C:2011:61, Rn. 121; vom 7.9.2017 - Rs. C-6/16, *Eqiom und Enka*, ECLI:EU:C:2017:641, Rn. 63.

400 Vgl. EuGH, Urt. vom 13.12.2005 - Rs. C-446/03, *Marks & Spencer*, Rn. 47; vom 15.5.2008 - Rs. C-414/06, *Lidl Belgium*, ECLI:EU:C:2008:278, Rn. 42.

401 Vgl. EuGH, Urt. vom 28.1.1992 - Rs. C-204/90, *Bachmann/Belgischer Staat*, ECLI:EU:C:1992:35, Rn. 28; vom 7.9.2004 - Rs. C-319/02, *Manninen*, ECLI:EU:C:2004:484, Rn. 42; vom 23.2.2006 - Rs. C-471/04, *Keller Holding*, ECLI:EU:C:2006:143, Rn. 40; vom 27.11.2008 - Rs. C-418/07, *Papillon*, ECLI:EU:C:2008:659, Rn. 43.

402 Vgl. EuGH, Urt. vom 20.2.1979 - Rs. C-120/78, *Rewe/Bundesmonopolverwaltung für Branntwein*, ECLI:EU:C:1979:42, Rn. 8; vom 9.10.2014 - Rs. C-326/12, *van Caster*, ECLI:EU:C:2014:2269, Rn. 46; vom 22.11.2018 - Rs. C-679/17, *Huijbrechts*, ECLI:EU:C:2018:940135/; vom 26.2.2019 - Rs. C-135/17, *X*, ECLI:EU:C:2019:136, Rn. 74.

403 Vgl. EuGH, Urt. vom 20.12.2017 - Rs. C-504/16, *Deister Holding*, ECLI:EU:C:2017:1009, Rn. 96; vom 7.9.2017 - Rs. C-6/16, *Eqiom und Enka*, ECLI:EU:C:2017:641, Rn. 63; vom 12.9.2006 - Rs. C-196/04, *Cadbury Schweppes und Cadbury Schweppes Overseas*, ECLI:EU:C:2006:544, Rn. 51.

404 Eingehend zu den einzelnen Rechtfertigungsgründen *Kokott*, Das Steuerrecht der Europäischen Union, 2018, § 5; vgl. auch den Überblick bei *Englisch*, in: Tipke/Lang (Begr.), Steuerrecht, 24. Aufl. 2021, Rn. 4.96 ff.

405 Da sich die Grundfreiheiten in ihrer funktionellen Struktur als Diskriminierungs- und Beschränkungsverbote bzw. Gleichheits- und Freiheitsrechte ähnlich sind, können die Rechtfertigungsgründe für alle Grundfreiheiten einheitlich geprüft werden. Die Literatur spricht insoweit von der Konvergenz der Grundfreiheiten; siehe etwa *Englisch*, in: Tipke/Lang (Begr.), Steuerrecht, 24. Aufl. 2021, Rn. 4.83; *Cordewener*,

ten nicht gänzlich zugunsten Ersterer zu verschieben. Wäre es anders, bliebe von der grundsätzlich auch vom EuGH anerkannten Steuersouveränität der Mitgliedstaaten nicht sonderlich viel übrig.[406]

Die Hinzurechnungsbesteuerung könnte vor allem durch die Wahrung der ausgewogenen Aufteilung der Besteuerungsbefugnisse, der Bekämpfung von Steuerhinterziehung und -umgehung sowie der Notwendigkeit einer wirksamen steuerlichen Kontrolle gerechtfertigt werden.

II. Mögliche Rechtfertigungsgründe für den Eingriff in die Grundfreiheiten durch die Hinzurechnungsbesteuerung

1. Wahrung der ausgewogenen Aufteilung der Besteuerungsbefugnisse

Die europäischen Mitgliedstaaten dürfen ihr Steueraufkommen aus zwingenden Gründen des Allgemeininteresses schützen. Das schließt die Wahrung einer ausgewogenen Aufteilung der Besteuerungsbefugnisse zwischen den Mitgliedstaaten und den Mitgliedstaaten und Drittstaaten mit ein. Danach sind innerstaatliche Maßnahmen grundsätzlich gerechtfertigt,

> *„[...] wenn mit den fraglichen nationalen Maßnahmen Verhaltensweisen verhindert werden sollen, die geeignet sind, das Recht eines Mitgliedstaats auf Ausübung seiner Steuerhoheit für die in seinem Hoheitsgebiet durchgeführten Tätigkeiten zu gefährden“*.[407]

Hieraus ergibt sich im Umkehrschluss – und dies kann kaum deutlich genug unterstrichen werden –, dass der EuGH willkürliche Inanspruchnahmen der Steuerhoheit und darauf aufbauende unausgewogene Aufteilungen nicht als Rechtfertigungsgrund für die Beschränkung der Grundfreiheiten akzeptiert.[408] Zwar ist es Sache der Mitgliedstaaten, ihr Steuerrecht autonom zu gestalten und die Besteuerungsbefugnisse eigenmächtig unter sich

---

Europäische Grundfreiheiten und nationales Steuerrecht, 2002, S. 104 f.; skeptisch *Holst*, EuR 2017, 633.

406 Zum Konflikt zwischen Grundfreiheiten und nationalen Interessen siehe oben Kapitel 3 A.II.

407 EuGH, Urt. vom 26.2.2019 - Rs. C-135/17, *X*, ECLI:EU:C:2019:136, Rn. 72; in diesem Sinne EuGH, Urt. vom 10.5.2012 - Rs. C-338/11, *Santander Asset Management SGIIC*, ECLI:EU:C:338:11, Rn. 47; vom 10.4.2014 - Rs. C-190/12, *Emerging Markets Series of DFA Investment Trust Company*, ECLI:EU:C:204:249, Rn. 98.

408 Mit aller Deutlichkeit *Kokott*, Das Steuerrecht der Europäischen Union, 2018, § 5 Rn. 10.

aufzuteilen. Allerdings können die Grundfreiheiten – wie gezeigt – hierbei nicht völlig außer Acht gelassen werden.[409]

Es ist unbestritten, dass die Vorschriften zur Hinzurechnungsbesteuerung dazu geeignet sind, solchen Verhaltensweisen entgegenzuwirken, die zu einer Aushöhlung der Steuerbemessungsgrundlage von in Deutschland ansässigen Steuerpflichtigen führen könnten. Ohne die Hinzurechnungsbesteuerung könnten Steuerinländer ihre (mobilen) Einkünfte systematisch und ohne große Mühe in Niedrigsteuerländer verschieben. Der Fall *X* hat dies eindrucksvoll bewiesen, als die Tätigkeiten deutscher Sportvereine der Steuerhoheit der Bundesrepublik Deutschland entzogen wurden, indem mit der Verwaltung dieser Vereine eine in einem Drittland ansässige Gesellschaft betraut wurde. GA *Mengozzi* leitete hieraus – etwas voreilig – ab, dass das Erfordernis, die Besteuerungsbefugnisse der Mitgliedstaaten zu wahren, in solchen Fällen eine Hinzurechnungsbesteuerung rechtfertigen kann.[410] Eine solche Verlagerung führe nämlich dazu, dass die Tätigkeit der deutschen Sportvereine der Steuerhoheit der Bundesrepublik Deutschland entzogen werden, indem mit der Verwaltung von Beteiligungen an den Erlösen dieser Vereine eine in einem Drittland ansässige Gesellschaft betraut wird.[411]

Indessen stellt der bloße Verlust von Steuereinnahmen, die aufgrund der Verlagerung einer realen Tätigkeit in einem Niedrigsteuerland anfallen würden, für sich genommen noch kein schutzwürdiges Interesse dar. Dem Steuerpflichtigen ist es grundsätzlich erlaubt, reale wirtschaftliche Tätigkeiten in andere Mitgliedstaaten oder Drittstaaten zu verlagern, um dort das niedrige Steuerniveau zu nutzen.[412] Es steht ihm frei, den Standort seiner wirtschaftlichen Aktivität auch nach steuerlichen Gesichtspunkten zu wählen.[413] Würde der betroffene Mitgliedstaat grenzenlos und ohne Einschränkung auf die ins Ausland verlagerten und tatsächlich dort erwirtschafteten Einkünfte zugreifen, so käme dies einer willkürlichen Inanspruchnahme der Steuerhoheit nahe. Um die Grundfreiheiten vor solch willkürlichen

409 *Kokott*, Das Steuerrecht der Europäischen Union, 2018, § 5 Rn. 21.

410 Rn. 93 f. der Schlussanträge des GA *Mengozzi* zum EuGH, Urt. vom 26.2.2019 - Rs. C-135/17, *X*, ECLI:EU:C:2018:389.

411 Rn. 94 der Schlussanträge des GA *Mengozzi* zum EuGH, Urt. vom 26.2.2019 - Rs. C-135/17, *X*, ECLI:EU:C:2018:389.

412 Ähnlich der EuGH jedenfalls in Bezug auf unionsinterne Sachverhalte; vgl. EuGH, Urt. vom 12.9.2006 - Rs. C-196/04, *Cadbury Schweppes und Cadbury Schweppes Overseas*, ECLI:EU:C:2006:544, Rn. 36.

413 *Schön*, IStR-Beihefter 2013, 3 (9).

Zugriffen wirkungsvoll zu schützen, sollte der EuGH die Notwendigkeit der Wahrung der Besteuerungsbefugnisse – jedenfalls bei der Hinzurechnungsbesteuerung – nicht ausnahmslos als eigenständigen Rechtfertigungsgrund anerkennen.[414]

Bereits früh hat der EuGH betont, dass er nicht jeden vermeintlichen Steuerausfall eines Mitgliedstaats als Rechtfertigungsgrund für die Grundfreiheitsbeschränkung anerkennt.[415] Insbesondere mit Blick auf die grenzüberschreitende Verlagerung von Steuersubstrat kann bspw. die Notwendigkeit der Wahrung der Besteuerungsbefugnisse – jedenfalls im Kontext der Niederlassungsfreiheit – allein nicht als Rechtfertigungsgrund für die Beschränkung der Grundfreiheiten durch die Hinzurechnungsbesteuerung geltend gemacht werden. Dies ist spätestens mit dem Urteil des EuGH in der Rs. *Cadbury Schweppes* noch einmal deutlich geworden. So heißt es in Rn. 49,

> *„[...] dass ein Vorteil, der aus der relativ geringen steuerlichen Belastung einer Tochtergesellschaft mit Sitz in einem anderen Mitgliedstaat als dem, in dem die Muttergesellschaft gegründet worden ist, [...], als solcher dem letztgenannten Mitgliedstaat nicht das Recht gibt, diesen Vorteil durch eine weniger günstige steuerliche Behandlung der Muttergesellschaft auszugleichen“*.[416]

Daraus ergibt sich letztlich, dass der Umstand allein, dass eine ansässige Gesellschaft eine Tochtergesellschaft in einem anderen niedriger besteuernden Mitgliedstaat gründet, nicht die Ausübung einer eine vom Vertrag

414 Im Ergebnis wie hier *Kokott*, Das Steuerrecht der Europäischen Union, 2018, § 5 Rn. 32, die in der *„Wahrung einer ausgewogenen Aufteilung der Besteuerungsbefugnisse“* generell keinen eigenständigen Rechtfertigungsgrund sieht; siehe aber EuGH, Urt. vom 7.11.2013 - Rs. C-322/11, *K*, ECLI:EU:C:2013:716, Rn. 50; vom 29.11.2011 - Rs. C-371/10, *National Grid Indus*, ECLI:EU:C:2011:7853, Rn. 45; vom 6.9.2012 - Rs. C-18/11, *Philips Electronics UK*, ECLI:EU:C:2012:532, Rn. 23.

415 In diesem Sinne EuGH, Urt. vom 28.1.1986 - Rs. C-270/83, *Kommission/Frankreich*, ECLI:EU:C:1986:37, Rn. 21; vgl auch EuGH, Urt. vom 12.9.2006 - Rs. C-196/04, *Cadbury Schweppes und Cadbury Schweppes Overseas*, ECLI:EU:C:2006:544, Rn. 49; vom 7.9.2004 - Rs. C-319/02, *Manninen*, ECLI:EU:C:2004:484, Rn. 49; vom 21.11.2002 - Rs. C-436/00, *X und Y*, ECLI:EU:2002:704, Rn. 50; vom 21.9.1999 - Rs. C-307/97, *Saint-Gobain ZN*, ECLI:EU:C:1999:438, Rn. 51; vom 16.7.1998 - Rs. C-264/96, *Imperial Chemical Industries/Colmer*, ECLI:EU:C:1998:370, Rn. 28; vom 20.10.2011 - Rs. C-284/09, *Kommission/Deutschland*, ECLI:EU:C:2011:670, Rn. 83.

416 EuGH, Urt. vom 12.9.2006 - Rs. C-196/04, *Cadbury Schweppes und Cadbury Schweppes Overseas*, ECLI:EU:C:2006:544, Rn. 49.

garantierten Grundfreiheit beeinträchtigenden Maßnahme rechtfertigen kann.[417]

2. Bekämpfung von Steuerhinterziehung und Steuerumgehung

Eine auf die Absicherung von Besteuerungsansprüchen zielende nationale Maßnahme kann jedoch – jedenfalls mittelbar – ein legitimes Anliegen der Mitgliedstaaten für den Eingriff in die Grundfreiheiten darstellen, insbesondere wenn sie eng mit dem Ziel der Bekämpfung von Steuerhinterziehung und –umgehung verknüpft ist.[418]

Das Vorgehen gegen Steuerhinterziehung und -umgehung hat der EuGH im Kontext der Hinzurechnungsbesteuerung bereits als Rechtfertigungsgrund für die Beschränkung der Niederlassungs- und Kapitalverkehrsfreiheit anerkannt.[419] Daran anknüpfend entschied der EuGH jedoch auch, dass die Rechtsvorschriften der Hinzurechnungsbesteuerung nur dann unionskonform sind, wenn sie sich spezifisch gegen rein künstliche Gestaltungen richtet, die zu dem Zweck errichtet wurden, der inländischen Besteuerung zu entgehen.[420]

In der Rs. *Cadbury Schweppes* konkretisierte der EuGH, was er unter dem Begriff „rein künstliche Gestaltung" – jedenfalls im Kontext der Niederlassungsfreiheit – versteht. Eine rein künstliche Gestaltung liegt insbesondere dann vor, wenn auf der Grundlage objektiver, von dritter Seite nachprüfbarer Anhaltspunkte festgestellt wird, dass nur eine fiktive Ansiedlung vorliegt, da keine wirtschaftliche Tätigkeit im Hoheitsgebiet des Aufnahmemitgliedstaats entfaltet wird, wobei das Ausmaß ihres greifbaren Vorhandenseins in Form von Geschäftsräumen, Personal und Ausrüstungsgegenständen zu berücksichtigen ist.[421] Anders gesagt darf es sich im Rah-

---

417 EuGH, Urt. vom 12.9.2006 - Rs. C-196/04, *Cadbury Schweppes und Cadbury Schweppes Overseas*, ECLI:EU:C:2006:544, Rn. 50; in diesem Sinne vom 21.11.2002 - Rs. C-436/00, *X und Y*, ECLI:EU:C:2002:704, Rn. 62.

418 EuGH, Urt. vom 20.12.2017 - Rs. C-504/16, *Deister Holding*, ECLI:EU:C:2017:1009, Rn. 96; vom 7.9.2017 - Rs. C-6/16, *Eqiom und Enka*, ECLI:EU:C:2017:641, Rn. 63.

419 EuGH, Urt. vom 12.9.2006 - Rs. C-196/04, *Cadbury Schweppes und Cadbury Schweppes Overseas*, ECLI:EU:C:2006:544, Rn. 48; vom 26.2.2019 - Rs. C-135/17, *X*, ECLI:EU:C:2019:136, Rn. 73.

420 EuGH, Urt. vom 12.9.2006 - Rs. C-196/04, *Cadbury Schweppes und Cadbury Schweppes Overseas*, ECLI:EU:C:2006:544, Rn. 51; vom 26.2.2019 - Rs. C-135/17, *X*, ECLI:EU:C:2019:136, Rn. 73.

421 EuGH, Urt. vom 12.9.2006 - Rs. C-196/04, *Cadbury Schweppes und Cadbury Schweppes Overseas*, ECLI:EU:C:2006:544, Rn. 67 f.

men der Hinzurechnungsbesteuerung bei der ausländischen Gesellschaft nicht nur um eine leere „Hülle“ handeln, mithilfe derer die inländische Steuer umgangen werden soll, die normalerweise für durch Tätigkeiten im Inland erzielte Gewinne geschuldet würden. Als Paradebeispiel für leere Hüllen nennt der EuGH im entschiedenen Sachverhalt sog. „Briefkasten- oder Strohfirmen“.[422]

Charakteristisch für solche Briefkasten- oder Strohfirmen ist, dass sie de facto keine territoriale Anknüpfung im Aufnahmestaat vorweisen. Sie haben im Ausland zwar ihren Satzungssitz, sind aber i. d. R. wirtschaftlich funktionslos und bedienen für gewöhnlich weder den Beschaffungs- noch den Absatzmarkt.[423] Damit stellt der EuGH sehr strenge Maßstäbe an den Missbrauchsbegriff und fasst diesen – jedenfalls im Kontext der Niederlassungsfreiheit – denkbar eng. Danach kann von einer künstlichen Konstruktion nur ausgegangen werden, wenn es sich um eine sog. Scheinanknüpfung im Aufnahmestaat handelt. Dagegen müssen Gestaltungen mit (ausreichend) territorialer Verknüpfung, bspw. bei greifbarem Vorhandensein der beherrschten ausländischen Gesellschaft in Form von Geschäftsräumen, Personal und Ausrüstungsgegenständen und einer wie auch immer gearteten tatsächlichen wirtschaftlichen Tätigkeit von den Mitgliedstaaten akzeptiert werden, ungeachtet des Vorhandenseins von Motiven steuerlicher Art.

Greift man auf die Rechtsprechung des EuGH zurück, so sind bei grundfreiheitlichen Würdigungen von Inbound-Fällen schon ausländische Gesellschaften als nicht rein künstliche Gestaltungen anerkannt worden, die nur eine sehr geringe territoriale Verknüpfung zum Aufnahmestaat vorweisen konnten. Insbesondere sei hier auf die Entscheidung zur *Deister und Juhler Holding* zu verweisen.[424] Letztere verfügte im Aufnahmestaat weder über eigene Büroräume noch – abgesehen vom Geschäftsführer – über eigenes Personal, um ihre wirtschaftliche Tätigkeit auszuüben. Im Bedarfsfall griff sie auf die persönlichen und sachlichen Ressourcen anderer Konzerngesellschaften zurück, die im selben Mitgliedstaat ansässig waren.[425] Trotz der augenfälligen geringen physischen Präsenz im Aufnah-

422 EuGH, Urt. vom 12.9.2006 - Rs. C-196/04, *Cadbury Schweppes und Cadbury Schweppes Overseas*, ECLI:EU:C:2006:544, Rn. 68.
423 Vgl. *Ditz/Ekinci*, Ubg 2021, 361 (364).
424 EuGH, Urt. vom 20.12.2017 - Rs. C-504/16, *Deister Holding*, ECLI:EU:C:2017:1009.
425 EuGH, Urt. vom 20.12.2017 - Rs. C-504/16, *Deister Holding*, ECLI:EU:C:2017:1009, Rn. 22.

memitgliedstaat war der EuGH nicht der Ansicht, dass eine rein künstliche, jeder wirtschaftlichen Realität bare Gestaltung vorlag, die einzig und allein zur ungerechtfertigten Nutzung eines Steuervorteils geschaffen wurde.[426]

Allerdings soll an dieser Stelle nicht verschwiegen werden, dass der EuGH, insbesondere mit Blick auf die Substanz innerhalb einer Unternehmensgruppe, diese engen Anforderungen etwas zu lockern scheint. In den Rs. *T Danmark* und *N Luxembourg* entschied der EuGH, dass selbst Gesellschaften, die mit Substanz „angereichert" wurden, als künstlich angesehen werden können, wenn sie keine eigenständigen ökonomischen Ziele verfolgen und keiner signifikanten aktiven Geschäftstätigkeit nachgehen.[427] Damit misst der EuGH dem Tatbestandsmerkmal der wirtschaftlichen Tätigkeit in seiner jüngeren Rechtsprechung eine stärkere Bedeutung zu.

Es ist wohl davon auszugehen, dass eine missbräuchliche Gestaltung zukünftig nicht schon durch eine wie auch immer geartete untergeordnete wirkliche wirtschaftliche Tätigkeit widerlegt werden kann. Die dahingehenden Entscheidungen der Großen Kammer des EuGH in Inbound-Fällen dürften auch als Signalwirkung für Outbound-Fälle verstanden werden.

3. Erfordernis einer wirksamen steuerlichen Kontrolle

Gleich mehrfach hat der EuGH die Notwendigkeit, die Wirksamkeit der Steueraufsicht zu gewährleisten, als schützenswerten Rechtfertigungsgrund für die Beschränkung der europäischen Grundfreiheiten anerkannt.[428] In der Rs. *Futura Participation* stellte der EuGH unmissverständlich klar, dass die Wirksamkeit der Steueraufsicht und der steuerlichen Kontrolle ein

426 EuGH, Urt. vom 20.12.2017 - Rs. C-504/16, *Deister Holding*, ECLI:EU:C:2017:1009, Rn. 99. Der EuGH ließ in diesem Fall insoweit eine Konzernbetrachtung zu. Er stellt also nicht nur auf die einzelne zwischengeschaltete Gesellschaft ab. Vielmehr stellt er sich die Frage, ob innerhalb des Konzerns Gründe für die Zwischenschaltung bestehen. Dies verdeutlicht auch, dass der missbräuchliche Charakter einer steuerlichen Gestaltung stets im Wege einer Prüfung aller Umstände des Einzelfalls festgestellt werden muss.

427 EuGH, Urt. vom 26.2.2019 - Rs. C-116/16, *T Danmark*, ECLI:EU:C:2019:135, Rn. 114; vom 26.2.2019 - Rs. C-115/16, *N Luxembourg 1*, ECLI:EU:C:2019:134, Rn. 139.

428 EuGH, Urt. vom 20.2.1979 - Rs. C-120/78, *Rewe/Bundesmonopolverwaltung für Branntwein*, ECLI:EU:C:1979:42, Rn. 8; vom 15.5.1997 - Rs. C-250/95, *Futura Participations und Singer/Administration des contributions*, ECLI:EU:C:1997:239, Rn. 31; vom 8.7.1999 - Rs. C-254/97, *Baxter u.a.*, ECLI:EU:C:1999:368, Rn. 18; vom 15.7.2004 - Rs. C-315/02, *Lenz*, ECLI:EU:C:2004:446, Rn. 27; vom 18.12.2007 - Rs. C-101/05, *A*, ECLI:EU:C:2007:804, Rn. 55.

zwingender Grund des Allgemeininteresses ist, der eine Beschränkung der vom AEUV gewährleisteten Grundfreiheiten rechtfertigen kann.[429]

Unbestritten stellt die wirksame steuerliche Kontrolle vor allem für die steuerliche Erfassung von Sachverhalten mit Auslandsberührung ein unverzichtbares Instrument dar, das die zuverlässige Festsetzung der nach dem jeweiligen nationalen Recht zu erhebenden Steuer erst ermöglicht. In Bezug auf Beteiligungen im Ausland wird bspw. die Feststellung, ob die Beteiligung an der ausländischen Gesellschaft auf einer künstlichen Gestaltung beruht, regelmäßig eine Prüfung der vorgelegten Beweise, inbesondere zur Art der wirtschaftlichen Tätigkeit und zur physischen Präsenz der im Ausland ansässigen Gesellschaft, durch die deutschen Steuerbehörden erfordern.[430]

Die Erlangung wesentlicher und zutreffender Informationen über im Ausland verwirklichte Sachverhalte stellt allerdings in rein unionsinternen Sachverhalten keine Schwierigkeit dar.[431] Aufgrund der Amtshilferichtlinie 2011/16/EU[432] (vormals Richtlinie 77/799/EWG) können die mitgliedstaatlichen Steuerbehörden die notwendigen Informationen bei den zuständigen Behörden anderer Mitgliedstaaten bindend anfordern.[433] Die vorgenannte Richtlinie verpflichtet die zuständige Behörde eines Mitgliedstaates dazu, der zuständigen Behörde eines anderen Mitgliedstaates alle ihr bekannt gewordenen Auskünfte zu erteilen, die für die zutreffende Festsetzung der Steuern vom Einkommen und vom Vermögen geeignet sind, wenn letztere Behörde Gründe für die Vermutung einer Steuerumgehung im Inland hat.[434] Aus diesen Gründen überzeugt die Berufung auf das Erfordernis einer wirksamen steuerlichen Kontrolle als Rechtfertigungsgrund im Rahmen der Hinzurechnungsbesteuerung jedenfalls isoliert betrachtet auf innergemeinschaftlicher Ebene nicht.

---

429 EuGH, Urt. vom 15.5.1997 - Rs. C-250/95, *Futura Participations und Singer/Administration des contributions*, ECLI:EU:C:1997:239, Rn. 31.

430 EuGH, Urt. vom 26.2.2019 - Rs. C-135/17, *X*, ECLI:EU:C:2019:136, Rn. 93.

431 In diesem Sinne EuGH, Urt. vom 12.9.2006 - Rs. C-196/04, *Cadbury Schweppes und Cadbury Schweppes Overseas*, ECLI:EU:C:2006:544, Rn. 71.

432 Richtlinie 2011/16/EU des Rates vom 15.2.2011 über die Zusammenarbeit der Verwaltungsbehörden im Bereich der Besteuerung und zur Aufhebung der Richtlinie 77/799/EWG, ABl. EU L 64/1.

433 In diesem Sinne EuGH, Urt. vom 12.9.2006 - Rs. C-196/04, *Cadbury Schweppes und Cadbury Schweppes Overseas*, ECLI:EU:C:2006:544, Rn. 71.

434 EuGH, Urt. vom 13.4.2000 - Rs. C-420/98, *W.N.*, ECLI:EU:C:2000:209, Rn. 13.

Auch das von den Mitgliedstaaten hin und wieder vorgebrachte Argument, dass die Richtlinie aufgrund ihres begrenzten Anwendungsbereichs[435] (Art. 17 RL 2011/16/EU; vormals Art. 8 RL 77/799/EWG) nicht zufriedenstellend funktioniert,[436] greift zu kurz, da in diesen Fällen die Aufklärung durch den Steuerpflichtigen selbst infrage käme.[437] Die Steuerbehörden könnten in solchen Fällen von den betroffenen Steuerpflichtigen selbst die Nachweise verlangen, die sie für erforderlich halten, und ggf. bei Nichtvorlage dieser Nachweise die beantragte Steuervergünstigung versagen.

Anders verhält es sich bei grenzüberschreitenden Vorgängen zwischen Mitgliedstaaten und Drittstaaten. Der EuGH verweist in diesem Kontext regelmäßig darauf, dass die Rechtsprechung zu Beschränkungen der Ausübung der Grundfreiheiten innerhalb der Union nicht in vollem Umfang auf den Kapitalverkehr zwischen Mitgliedstaaten und Drittstaaten übertragen werden kann, da dieser sich in einen anderen rechtlichen Rahmen einfügt.[438] Was inbesondere die wirksame Steuererhebung als Rechtfertigungsgrund zur Beschränkung der Grundfreiheiten betrifft, hat der EuGH entschieden, dass im Verhältnis zu Drittstaaten der Zugang zur Kapitalverkehrsfreiheit auch davon abhängig gemacht werden kann, ob ein hinreichender, rechtlich abgesicherter Informationsaustausch besteht, der die Steuerbehörden der Mitgliedstaaten in die Lage versetzt, die Richtigkeit der

435 Aus Art. 17 der Richtlinie geht hervor, dass die ersuchte Behörde eines Mitgliedstaats insbesondere dann nicht verpflichtet ist, eine von ihm verlangte Auskunft zu erteilen, wenn die ersuchende Behörde die üblichen Informationsquellen nicht ausgeschöpft hat (Abs. 1), die Durchführung solcher Ermittlungen bzw. die Beschaffung der betreffenden Informationen durch diesen Mitgliedstaat für seine eigenen Zwecke mit seinen Rechtsvorschriften unvereinbar wäre (Abs. 2), der ersuchende Mitgliedstaat seinerseits aus rechtlichen Gründen nicht zur Übermittlung entsprechender Informationen in der Lage ist (Abs. 3) oder wenn er sich auf eine Regelung über die Vertraulichkeit beruft (Abs. 4).

436 Vgl. EuGH, Urt. vom 28.1.1992 - Rs. C-204/90, *Bachmann/Belgischer Staat*, ECLI:EU:C:1992:35, Rn. 19; vom 30.1.2007 - Rs. C-150/04, *Kommission/Dänemark*, ECLI:EU:C:2007:69, Rn. 50.

437 EuGH, Urt. vom 28.1.1992 - Rs. C-204/90, *Bachmann/Belgischer Staat*, ECLI:EU:C:1992:35, Rn. 20; vom 30.1.2007 - Rs. C-150/04, *Kommission/Dänemark*, ECLI:EU:C:2007:69, Rn. 54; vom 11.10.2007 - Rs. C-451/05, *ELISA*, ECLI:EU:C:2007:594, Rn. 95; vom 25.10.2007 - Rs. C-464/05, *Geurts und Vogten*, ECLI:EU:C:2007:631, Rn. 28.

438 EuGH, Urt. vom 26.2.2019 - Rs. C-135/17, *X*, ECLI:EU:C:2019:136, Rn. 90; vom 28.10.2010 - Rs. C-72/09, *Établissements Rimbaud*, ECLI:EU:C:2010:645, Rn. 40; vom 18.12.2007 - Rs. C-101/05, *A*, ECLI:EU:2007:804, Rn. 60; vom 19.11.2009 - Rs. C-540/07, *Kommission/Italien*, ECLI:EU:C:2009:717, Rn. 69.

vorgelegten Informationen zu prüfen.[439] Somit kann die Kapitalverkehrsfreiheit nur gegenüber solchen Staaten schützen, die im Verhältnis zu dem betroffenen Mitgliedstaat die besonderen Anforderungen an den Informationsaustausch erfüllen.[440] Ein pauschaler Verweis auf die Amtshilferichtlinie greift in Beziehung zu Drittstaaten nicht, da diese insoweit keine Anwendung findet.[441]

Allerdings erfährt dieser Grundsatz eine wichtige Einschränkung, indem der EuGH die Berufung auf die Wirksamkeit steuerlicher Kontrollen immer dann nicht anerkennt, wenn rechtliche und vertragliche Verpflichtungen zum Auskunftsaustausch die mitgliedstaatlichen Steuerbehörden in die Lage versetzen, die Richtigkeit der Angaben „nach anderen Rechtsvorschriften" (also außerhalb der Amtshilferichtlinie) zu überprüfen.[442] Zu den relevantesten Verpflichtungen zum Auskunftsaustausch mit Drittstaaten zählen insbesondere völkervertraglich begründete bilaterale und multilaterale Auskunftsklauseln.[443]

Liegen hingegen mit Drittstaaten keine vertraglichen und rechtlichen Bestimmungen vor, die es den mitgliedstaatlichen Steuerbehörden tatsächlich ermöglichen, die Richtigkeit der Angaben zu prüfen, die zum Nachweis dafür vorgelegt werden könnten, dass die Beteiligung nicht auf einer künstlichen Gestaltung beruht, sollte dies für die Mitgliedstaaten Rechtfertigung genug sein, den Anwendungsbereich der Kapitalverkehrsfreiheit auch im Rahmen der Hinzurechnungsbesteuerung weiter einzugrenzen.[444] Wenn also eine Regelung eines Mitgliedstaats die Gewährung eines Steuervorteils von der Erfüllung von Verpflichtungen abhängig macht, deren Einhaltung von den zuständigen Behörden des Mitgliedstaats nur durch Auskunftseinholung bei einem Drittstaat nachgeprüft werden kann, so ist dies grundsätzlich erlaubt.[445]

---

439 EuGH, Urt. vom 26.2.2019 - Rs. C-135/17, *X*, ECLI:EU:C:2019:136, Rn. 91.

440 Vgl. für Deutschland die Länderübersicht Nr. 1 und Nr. 4 im BMF, Schr. vom 19.1.2022, IV B 2-S 1301/21/10048:001, BStBl. I 2022, 147.

441 Dies gilt auch im Verhältnis zu den Mitgliedstaaten des EWR.

442 In diesem Sinne EuGH, Urt. vom 26.2.2019 - Rs. C-135/17, *X*, ECLI:EU:C:2019:136, Rn. 94.

443 *Englisch*, in: Schaumburg/Englisch (Hrsg.), Europäisches Steuerrecht, 2. Aufl. 2021, Rn. 7.290.

444 *Englisch*, in: Schaumburg/Englisch (Hrsg.), Europäisches Steuerrecht, 2. Aufl. 2021, Rn. 7.290.

445 *Englisch*, in: Schaumburg/Englisch (Hrsg.), Europäisches Steuerrecht, 2. Aufl. 2021, Rn. 7.290; *Kokott*, Das Steuerrecht der Europäischen Union, 2018, § 5 Rn. 54.

4. Verhältnis der Rechtfertigungsgründe zueinander

Innerhalb der Union zeigt die Rechtsprechung des EuGH ein sehr enges Verständnis, was taugliche Rechtfertigungsgründe für die Hinzurechnungsbesteuerung anbelangt. Aus den vorstehenden Ausführungen ergibt sich, dass die Hinzurechnungsbesteuerung unionsintern nur zur Verhinderung von Steuerhinterziehung und Steuerumgehung in Betracht kommt. So darf eine Regelung wie die der Hinzurechnungsbesteuerung lediglich Fälle erfassen, die sich speziell auf rein künstliche Gestaltungen beziehen und die darauf ausgerichtet sind, der Anwendung der Rechtsvorschriften des betreffenden Mitgliedstaats zu entgehen. Allerdings trifft es auch zu, dass die Vorschriften des AStG über die Hinzurechnungsbesteuerung jedenfalls in Drittstaatensachverhalten auch mit der Notwendigkeit, die Wirksamkeit der Steueraufsicht zu gewährleisten, gerechtfertigt werden können.

Die Rechtfertigungsgründe der Missbrauchsbekämpfung und der wirksamen Steuererhebung sind miteinander eng verschlungen. Denn die Feststellung, dass die Beteiligung an einer ausländischen Gesellschaft trotz der Erfüllung der Voraussetzungen zur Hinzurechnungsbesteuerung[446] nicht auf einer künstlichen Gestaltung beruht, erfordert regelmäßig die Prüfung von den vorgelegten Informationen durch die betroffenen mitgliedstaatlichen Steuerbehörden insbesondere zur Art der wirtschaftlichen Tätigkeit und der physischen Präsenz.[447]

Überdies hat der EuGH in der Rs. *X* auch die Nähe der Aufteilung der Besteuerungsrechte zur Missbrauchsbekämpfung und der wirksamen Steuererhebung betont.[448] Die drei vorgenannten Rechtfertigungsgründe sind eng miteinander verzahnt. Sie verfolgen das gleiche Ziel, nämlich, Verhaltensweisen entgegenzuwirken, die dazu geeignet sind, das Recht eines Mitgliedstaats auf Ausübung seiner Steuerhoheit für die in seinem Hoheitsgebiet von gebietsansässigen Steuerpflichtigen durchgeführten Tätigkeiten zu gefährden und damit im Ergebnis die ausgewogene Aufteilung der Besteuerungsbefugnisse zwischen den Mitgliedstaaten und den Mitgliedstaaten und Drittstaaten zu beeinträchtigen. Allerdings werden die Rechtfertigungsgründe vom EuGH im Rahmen der Hinzurechnungsbesteuerung nur anerkannt, wenn sie sich auf rein künstliche Gestatungen beschränken.

446 Sowohl der allgemeinen nach § 7 AStG wie auch der erweiterten nach § 13 AStG.
447 EuGH, Urt. vom 26.2.2019 - Rs. C-135/17, *X*, ECLI:EU:C:2019:136, Rn. 93.
448 EuGH, Urt. vom 26.2.2019 - Rs. C-135/17, *X*, ECLI:EU:C:2019:136, Rn. 72 ff.

III. Verhältnismäßigkeit als Schranke für den möglichen Handlungsrahmen der Mitgliedstaaten zur Verfolgung der akzeptierten Rechtfertigungsgründe

1. Bekämpfung von Steuerhinterziehung und Steuerumgehung

Jede Rechtfertigung von Grundfreiheitsbeschränkungen steht unter dem Vorbehalt der Verhältnismäßigkeit.[449] Danach müssen solche die Grundfreiheiten beschränkenden nationalen Maßnahmen „geeignet sein, die Erreichung des fraglichen Zieles zu gewährleisten" und dürfen darüber hinaus nicht „über das hinausgehen, was hierzu erforderlich ist".[450] Dass die Hinzurechnungsbesteuerung grundsätzlich geeignet ist, missbräuchliche Gestaltungen zu erfassen, steht außer Zweifel. Fraglich ist aber, ob die typisierenden Tatbestandsvoraussetzungen der Hinzurechnungsbesteuerung über das zur Erreichung dieses Zwecks Erforderliche hinausgehen.

Hierzu ergibt sich aus der Rechtsprechung des EuGH, dass nationale Missbrauchsvorschriften, die keinen Gegenbeweis vorsehen, gegen die Grundsätze der Verhältnismäßigkeit verstoßen.[451] Anders gesagt sind typisierende Missbrauchsvermeidungsvorschriften nur dann verhältnismäßig, wenn dem betroffenen Steuerpflichtigen die Möglichkeit gewährt wird, Anhaltspunkte zu liefern, die die Missbrauchsvermutung entkräften. In der Rs. *Cadbury Schweppes* stellte der EuGH in diesem Zusammenhang fest, dass das bloße Erzielen von passiven Einkünften im niedrig besteuernden Ausland als solches noch keine allgemeine Vermutung einer missbräuchli-

---

449 Vgl. etwa EuGH, Urt. vom 31.3.1993 - Rs. C-19/92, *Kraus/Land Baden-Württemberg*, ECLI:EU:C:1993:125, Rn. 32; vom 30.11.1995 - Rs. C-55/94, *Gebhard/Consiglio dell'Ordine degli Avvocati e Procuratori di Milano*, ECLI:EU:C:1995:411, Rn.37; zudem *Englisch*, in: Schaumburg/Englisch (Hrsg.), Europäisches Steuerrecht, 2. Aufl. 2020, Rn. 7.205; *Kokott*, Das Steuerrecht der Europäischen Union, 2018, § 2, Rn. 62.

450 EuGH, Urt. vom 31.3.1993 - Rs. C-19/92, *Kraus/Land Baden-Württemberg*, ECLI:EU:C:1993:125, Rn. 32; vom 30.11.1995 - Rs. C-55/94, *Gebhard/Consiglio dell'Ordine degli Avvocati e Procuratori di Milano*, ECLI:EU:C:1995:411, Rn. 37; EuGH, Urt. vom 15.5.1997 - Rs. C-250/95, *Futura Participations und Singer/Administration des contributions*, ECLI:EU:C:1997:239, Rn. 26; vom 11.3.2004 - Rs. C-9/02, *de Lasteyrie du Saillant*, ECLI:EU:C:2004:138, Rn. 49; vom 13.12.2005 - Rs. C-446/03, *Marks & Spencer*, ECLI:EU:C:2005:763, Rn. 35; vom 12.9.2006 - Rs. C-196/04, *Cadbury Schweppes und Cadbury Schweppes Overseas*, ECLI:EU:C:2006:544, Rn. 47.

451 In diesem Sinne EuGH, Urt. vom 13.3.2007 - Rs. C-524/04, *Test Claimants in the Thin Cap Group Lititgation*, ECLI:EU:C:2007:161, Rn. 82; vom 5.7.2012 - Rs. C-318/10, *SIAT*, ECLI:EU:C:2012:415, Rn. 50.

chen Gestaltung begründen kann.[452] Schließlich unterliegt die betreffende ausländische Gesellschaft in diesen Fällen dem Steuerrecht des ausländischen Staates, in dem sie niedergelassen ist. Insoweit kann bei der Erzielung passiver Einkünfte und einem niedrigen Besteuerungsniveau nicht in allen Fällen davon ausgegangen werden, dass die Beteiligung eines in einem Mitgliedstaat ansässigen Steuerpflichtigen an einer ausländischen Gesellschaft zwangsläufig eine künstliche Gestaltung darstellt.[453] Nationale Vorschriften, die dem Wesen nach mit einer unwiderlegbaren Vermutung von Steuerumgehung vergleichbar sind, sind demnach unzulässig.[454]

Der EuGH akzeptiert typisierende Missbrauchstatbestände nur dann, wenn dem Steuerpflichtigen die Möglichkeit des Gegenbeweises gewährt wird, dass es sich um keine missbräuchliche bzw. künstliche Gestaltung handelt.[455] Darüber hinaus sind solche widerlegbaren gesetzlichen Vermutungen auf Grundlage typisierender Tatbestandsvoraussetzungen nur dann verhältnismäßig, wenn die mitgliedstaatlichen Steuerbehörden den Tatbestand der Vermutungsregelung hinreichend eng fassen und in jedem Fall entsprechende Indizien für das Bestehen einer rein künstlichen Gestaltung vorlegen.[456]

2. Erfordernis einer wirksamen steuerlichen Kontrolle

Unwiderlegbare gesetzliche Vermutungen auf Tatbestandsebene zulasten des grenzüberschreitenden unionsinternen Wirtschaftsverkehrs können auch nicht mit der Notwendigkeit der wirksamen steuerlichen Kontrolle gerechtfertigt werden. Dies wäre unverhältnismäßig, da die mitgliedstaat-

---

452 EuGH, Urt. vom 12.9.2006 - Rs. C.196/04, *Cadbury Schweppes und Cadbury Schweppes Overseas*, ECLI:EU:C:2006:544, Rn. 38; in diesem Sinne EuGH, Urt. vom 26.2.2019 - Rs. 135/17, *X*, ECLI:EU:C:2019:136, Rn. 80 und 86.

453 So ausdrücklich EuGH, Urt. vom 26.2.2019 - Rs. 135/17, *X*, ECLI:EU:C:2019:136 Rn. 86.

454 *Englisch*, in: Schaumburg/Englisch (Hrsg.), Europäisches Steuerrecht, 2. Aufl. 2020, Rn. 7.290.

455 EuGH, Urt. vom 12.9.2006 - Rs. C.196/04, *Cadbury Schweppes und Cadbury Schweppes Overseas*, ECLI:EU:C:2006:544, Rn. 69 f.; vom 26.2.2019 - Rs. C-135/17, *X*, ECLI:EU:C:2019:136, Rn. 87; vom 13.3.2007 - Rs. C-524/04, *Test Claimants in the Thin Cap Group Litigation*, ECLI:EU:C:2007:161, Rn. 82; vom 5.7.2012 - Rs. C-318/10, *SIAT*, ECLI:EU:C:2012:415, Rn. 50; vom 3.10.2013 - Rs. C-282/12, *Itelcar*, ECLI:EU:C:2013:629, Rn. 37.

456 EuGH, Urt. vom 20.12.2017 - Rs. C-504/16, *Deister Holding*, ECLI:EU:C:2017:1009, Rn. 62; vom 7.9.2017 - Rs. C-6/16, *Eqiom und Enka*, ECLI:EU:C:207:641, Rn. 32.

lichen Steuerbehörden aufgrund der Amtshilferichtlinie 2011/16/EU die Behörden anderer Mitgliedstaaten um Sachverhaltsaufklärung ersuchen können.[457] In Bezug auf den Kapitalverkehr zwischen Mitgliedstaaten und Drittstaaten käme dieses Mittel allerdings nicht in Betracht, da die Amtshilferichtlinie im Zusammenhang mit Drittstaaten keine Anwendung findet. Insoweit ist es nach ständiger Rechtsprechung des EuGH grds. gerechtfertigt, wenn Mitgliedstaaten im Verhältnis zu Drittstaaten die Gewährung eines steuerlichen Vorteils verweigern, falls es sich insbesondere wegen des Fehlens einer vertraglichen Verpflichtung des Drittstaats zur Auskunftserteilung als unmöglich erweist, die für die zutreffende inländische Besteuerung relevanten Auskünfte von diesem Staat zu erhalten.[458] In diesen Fällen würde die Hinzurechnungsbesteuerung unabhängig vom Vorbringen des Steuerpflichtigen zur Anwendung kommen.

Gleichwohl entschied der EuGH ebenso, dass eine Berufung auf die wirksame Steuererhebung scheitert, wenn im konkreten Einzelfall eine vertragliche Rechtsgrundlage für die Einholung der benötigten Informationen besteht, anhand derer überprüft werden kann, ob die Voraussetzungen für die steuerlich günstigere Behandlung erfüllt sind.[459] In Bezug auf die Hinzurechnungsbesteuerung bedeutet dies im Konkreten, dass der Zugang zum Substanztest bei Drittstaatensachverhalten auch davon abhängig gemacht werden kann, ob rechtliche, insbesondere vertragliche Verpflichtungen des Drittstaats gegenüber den nationalen Steuerbehörden bestehen, die es Letzteren ermöglichen, die Richtigkeit der vorgelegten Informationen auch zu überpüfen (tatsächliche Verifikationsmöglichkeit).[460]

Diese vom EuGH festgelegten Rechtsgrundsätze sind allerdings nur so lange nachvollziehbar, wie die Angaben des Steuerpflichtigen strittig oder fraglich sind. Nach der hier vertretenen Auffassung sollte dem Steuerpflichtigen als milderes Mittel – noch vor der pauschalen Versagung des Steuer-

---

457 *Englisch*, in: Schaumburg/Englisch (Hrsg.), Europäisches Steuerrecht, 2. Aufl. 2020, Rn. 7.290.

458 EuGH, Urt. vom 26.2.2019 - Rs. C-135/17, *X*, ECLI:EU:C:2019:136, Rn. 92; vom 18.12.2007 - Rs. C-101/05, *A*, ECLI:EU:2007:804, Rn. 63; vom 10.2.2011 - Rs. C-436/08, *Haribo Lakritzen Hans Riegel*, ECLI:EU:C:2011:61, Rn. 67; vom 10.4.2014 - Rs. C-190/12, *Emerging Markets Series of DFA Investment Trust Company*, ECLI:EU:C:2014:249, Rn. 84.

459 EuGH, Urt. vom 24.11.2016 - Rs. C-464/14, *SECIL*, ECLI:EU:C:2016:896, Rn. 68; in diesem Sinne EuGH, Urt. vom 26.2.2019 - Rs. C-135/17, *X*, ECLI:EU:C:2019:136, Rn. 94.

460 EuGH, Urt. vom 26.2.2019 - Rs. C-135/17, *X*, ECLI:EU:C:2019:136, Rn. 91.

vorteils – stets die Möglichkeit eingeräumt werden, selbst die erforderlichen Informationen vorzulegen.[461] Nur bei deren Nichtvorlage oder wenn die vorgelegten Nachweise strittig sind oder diese nicht dieselbe Aussagekraft und denselben Beweiswert haben wie die Informationen, die im Rahmen des Auskunftsersuchens bereitgestellt werden, sollte der beantragte steuerliche Vorteil verweigert werden dürfen.[462] Dieser Ansatz wird auch vom BFH verfolgt. In seiner Entscheidung vom 18.12.2019 verifizierte der BFH zwar, ob hinreichende Auskunftsrechte bestehen, um die Künstlichkeit ggf. zu prüfen, hielt die Sache aber für so eindeutig nicht künstlich, dass es einer tatsächlichen Überprüfung gar nicht bedurfte.[463] Die Mitgliedstaaten dürfen in diesem Kontext außerdem keine unerfüllbaren Anforderungen an den Gegenbeweis stellen.[464]

Gleichwohl soll an dieser Stelle noch einmal betont werden, dass der EuGH in Drittstaatensachverhalten keinen Übergang der Beweislast zum Steuerpflichtigen vorsieht, wenn kein hinreichender Informationsaustausch mit dem betreffenden Drittstaat gegeben ist. Dies dürfte wohl darauf zurückzuführen sein, dass einseitige Behauptungen des Steuerpflichtigen nicht ausreichen dürfen, um festzustellen, dass die Beteiligung auf keiner künstlichen Gestaltung beruht, sondern die mitgliedstaatlichen Steuerbehörden auch tatsächlich in der Lage sein müssen, die Angaben im Rahmen des Gegenbeweises zu überprüfen.[465]

E. Zwischenergebnis

Das nationale Steuerrecht der Mitgliedstaaten wird zunehmend durch das europäische Gemeinschaftsrecht beeinflusst. Mit dem Beitritt in die EU verpflichtete sich der deutsche Gesetzgeber, das Unionsrecht im Rah-

---

461 In unionsinternen Fällen hat der EuGH diese Auffassung bereits geteilt; siehe EuGH, Urt. vom 8.6.1999 - Rs. C-254/97, *Baxter u.a.*, ECLI:EU:C:1999:368, Rn. 19 f.; vom 11.10.2007 - Rs. C-451/05, *ELISA*, ECLI:EU:C:2007:594, Rn. 94 ff.; vom 30.6.2011 - Rs. C-262/09, *Meilicke*, ECLI:EU:C:2011:438, Rn. 43 ff.

462 EuGH, Urt. vom 11.10.2007 - Rs. C-451/05, *ELISA*, ECLI:EU:C:2007:594, Rn. 94 f.; ähnlich EuGH, Urt. vom 30.6.2011 - Rs. C-262/09, *Meilicke*, ECLI:EU:C:2011:438, Rn. 46; zudem *Kotthaus*, Binnenmarktrecht und externe Kapitalverkehrsfreiheit, 2012, S. 164 f.

463 BFH, Urt. vom 18.12.2019 - I R 59/17, BStBl. II 2021, 270, Tz. B. II. 2. d.

464 In diesem Sinne EuGH, Urt. vom 30.6.2011 - Rs. C-262/09, *Meilicke*, ECLI:EU:C:2011:438, Rn. 46.

465 *Köhler*, ISR 2021, 201 (211).

men der ihm verbliebenen Kompetenzausübungen zu beachten. Die Mitgliedstaaten verpflichteten sich zu diesem Zweck dazu, das nationale Steuerrecht europarechtskonform auszugestalten. Wie jedes nationale Gesetz mit grenzüberschreitendem Bezug müssen auch die Regelungen zur Hinzurechnungsbesteuerung den Vorgaben des Unionsrechts entsprechen. Die europarechtlichen Rahmenbedingungen der Hinzurechnungsbesteuerung werden vornehmlich durch zwei Grundfreiheiten bestimmt: die Niederlassungsfreiheit und die Kapitalverkehrsfreiheit.

Die Niederlassungsfreiheit stellt ein Verbot von Beschränkungen der freien Niederlassung von Staatsangehörigen eines Mitgliedstaats im Hoheitsgebiet eines anderen Mitgliedstaats dar. Sie ist eine wichtige Säule der Personenverkehrsfreiheiten, die den Unionsbürgern (Art. 49 AEUV) und nach den Rechtsvorschriften eines Mitgliedstaats gegründeten Gesellschaften mit Sitz, Hauptverwaltung oder Hauptniederlassung innerhalb der EU (Art. 54 AEUV) das Recht einräumt, an jedem beliebigen Ort der EU nach Maßgabe der dort geltenden Bestimmungen eine selbstständige Erwerbstätigkeit unter den gleichen Bedingungen wie Inländer auszuüben, einschließlich der Gründung und Leitung von Agenturen, Zweigniederlassungen oder Tochtergesellschaften. Sie garantiert eine freie Standortwahl und führt i. d. R. zu einer Integration in die Rechtsordnung des Aufnahmestaats. Zu diesem Zweck setzt die Niederlassung in einem anderen Mitgliedstaat eine tatsächliche Ansiedlung und die Ausübung einer wirtschaftlichen Tätigkeit im Aufnahmemitgliedstaat voraus. Liegt eine feste, dauerhafte Einrichtung im anderen Mitgliedstaat vor, von der aus regelmäßig und wiederkehrend eine wirtschaftliche Tätigkeit ausgeübt wird, ist regelmäßig von der Anwendung der Niederlassungsfreiheit auszugehen. Deren Schutzbereich ist allerdings nur auf die europäischen Hoheitsgebiete und auf das Gebiet der übrigen EWR-Staaten beschränkt.[466] Nicht erfasst sind hingegen extraterritoriale Sachverhalte mit in Drittstaaten gegründeten Gesellschaften ohne Freizügigkeitsabkommen.

466 Einen Sonderfall unter den Drittstaaten bildet die Schweiz. Das 2002 in Kraft getretene Freizügigkeitsabkommen zwischen der EU und der Schweiz enthält an die unionsrechtlichen Grundfreiheiten angelehnte Mobilitätsgarantien, die als „quasi" Grundfreiheiten in der Beziehung zwischen den EU-Mitgliedstaaten und der Schweiz gelten – vgl. das Abkommen zwischen der Europäischen Gemeinschaft und ihren Mitgliedstaaten einerseits und der Schweizerischen Eidgenossenschaft andererseits über die Freizügigkeit vom 21.6.1999, ABl. EU 2002 Nr. L 114, 6; dazu *Hörnicke/Kraft*, ISR 2022, 1 5 ff.

Die Kapitalverkehrsfreiheit gewährleistet den freien Kapitalverkehr über die eigenen und mitgliedstaatlichen Grenzen hinaus. Sie stellt ein Verbot von Beschränkungen des freien Kapitalverkehrs zwischen den Mitgliedstaaten sowie zwischen den Mitgliedstaaten und Drittstaaten dar (Art. 63 Abs. 1 AEUV). Berechtigt sind sowohl Kapitalleistende als auch Kapitalempfänger, unabhängig von deren Nationalität oder Gebietsansässigkeit. Vielmehr ist der Kapitalverkehr über die EU-Grenze hinaus frei, unabhängig davon, wer diese Bewegung ausgelöst hat und völlig losgelöst davon, ob das Kapital aus der Gemeinschaft heraus- oder in die Gemeinschaft hineinbewegt wird. Unter Kapitalverkehr ist jede über die Grenze eines Mitgliedstaats hinweg stattfindende Übertragung von Geld- oder Sachkapital zu verstehen, die primär zu reinen Anlagezwecken erfolgt. Das können Direktinvestitionen in Form von Beteiligungen an Unternehmen sein, die die Möglichkeit verschaffen, sich tatsächlich an der Verwaltung dieser Gesellschaft und an deren Kontrolle zu beteiligen. Aber auch der Erwerb von Wertpapieren auf dem Kapitalmarkt mit der Absicht einer bloßen Geldanlage, ohne auf Verwaltung und Kontrolle des Unternehmens Einfluss zu nehmen, zählt dazu.

Bei den Grundfreiheiten handelt es sich um sog. Diskriminierungs- und Beschränkungsverbote. Sie sollen einerseits gewährleisten, dass Staatsangehörige anderer Mitgliedstaaten nicht schlechter gestellt werden als die eigenen Staatsangehörigen. Andererseits sollen die Grundfreiheiten allen nationalen Maßnahmen entgegenwirken, die die Ausübung der Grundfreiheit behindern oder weniger attraktiv machen. Sie dienen der Verwirklichung des einheitlichen Binnenmarkts und lassen sich in ihrer Gesamtheit als punktuelle Verlängerung des Binnenmarktkonzepts für alle wirtschaftlichen Betätigungen begreifen. Nationale Maßnahmen, die die Grundfreiheiten beschränken, verstoßen gegen das Gemeinschaftsrecht. Weil sowohl die allgemeine als auch die erweiterte Hinzurechnungsbesteuerung geeignet ist, Steuerinländer von Investitionen in Gesellschaften abzuhalten, die in niedrig besteuernden Staaten ansässig sind, stellt sie grundsätzlich eine Beschränkung der Niederlassungsfreiheit bzw. Kapitalverkehrsfreiheit dar.

Die Beteiligung an ausländischen Gesellschaften eröffnet sowohl den Schutzbereich der Niederlassungs- als auch den der Kapitalverkehrsfreiheit. Weil der persönliche Schutzbereich dieser Grundfreiheiten nicht vollkommen deckungsgleich ist und die Kapitalverkehrsfreiheit auch zugunsten von Drittstaaten wirkt, stellt sich die unvermeidliche Frage, inwiefern ein paralleler Grundfreiheitenschutz zulässig ist. Der EuGH prüft i. d. R. innerstaatliche Maßnahmen am Maßstab einer der betroffenen Grundfreiheiten.

Rechtsfolge ist, dass der Anwendungsbereich der nachrangigen Grundfreiheit ausgeschlossen ist, wenn deren Beschränkung nur eine unvermeidliche Konsequenz der Beschränkung einer vorrangig anwendbaren Grundfreiheit ist. Für die Beantwortung der Frage, ob eine nationale Regelung am Prüfungsmaßstab der einen oder anderen Grundfreiheit zu messen ist, ist i. d. R. auf den Gegenstand der betreffenden nationalen Regelung abzustellen.

Mit Ausnahme des Art. 64 AEUV (sog. Stand-Still-Klausel) bedürfen diskriminierende und beschränkende Eingriffe in den Schutzbereich der Grundfreiheiten der Rechtfertigung. Damit verstößt die Hinzurechnungsbesteuerung nicht per se gegen die Grundfreiheiten. Sie stellt zwar einen Eingriff in den Schutzbereich der Grundfreiheiten dar, jedoch kann eine Verletzung der Grundfreiheiten aus europarechtlicher Sicht wieder „geheilt" werden, wenn die national beschränkende Maßnahme gerechtfertigt ist und darüber hinaus dem europäischen Verhältnismäßigkeitsgrundsatz entspricht. In seinem Urteil vom 12.9.2006 entschied der EuGH in der Rs. *Cadbury Schweppes*, dass die Regelungen zur Hinzurechnungsbesteuerung nur unter den engen Voraussetzungen zur Vermeidung missbräuchlicher Gestaltungen im Einklang mit den Grundfreiheiten stehen. Sie könne nur gerechtfertigt werden, wenn die Beschränkung lediglich rein künstliche Gestaltungen erfasst, die auf die Umgehung des nationalen Steuerrechts gerichtet ist. Insoweit ist dem Steuerpflichtigen zwingend die Option des Gegenbeweises zu ermöglichen, dass keine missbräuchliche Gestaltung vorliegt. Ohne Gegenbeweismöglichkeit ist die Hinzurechnungsbesteuerung europarechtswidrig.

Im Verhältnis zu Drittstaaten können die Mitgliedstaaten den Zugang zur Kapitalverkehrsfreiheit allerdings auch von einer Auskunftsklausel abhängig machen. Dieser bei rein innergemeinschaftlichen Sachverhalten aufgrund des Bestehens der Amtshilferichtlinie abgelehnte Rechtfertigungsgrund könnte die Schutzwirkung der Kapitalverkehrsfreiheit für Drittstaatenfälle zumindest partiell einschränken, und zwar immer dann, wenn kein umfassender Auskunftsverkehr mit dem betroffenen Drittstaat gesichert ist. Liegt im Drittstaatenfall keine rechtlich gesicherte Überprüfungsmöglichkeit für die mitgliedstaatlichen Steuerbehörden vor, die vorgelegten Informationen auch zu prüfen, so bleibt der Zugang zum Substanztest bei Drittstaatenbeteiligungen von vornherein verschlossen. Die Nichtanwendbarkeit der Amtshilferichtlinie im Verhältnis zu Drittstaaten kann im Grundsatz jedoch mit bilateralen oder multilateralen Informationsaustauschvereinbarungen, insbesondere im Rahmen von DBA, kompensiert werden. Allerdings hat die zuständige Steuerbehörde dann darüber zu befinden, ob die vorgelegten Informationen auch tatsächlich eine vergleichbar zuverlässige und effektive Steuerkontrolle wie die Amtshilferichtlinie gewährleisten.

Viertes Kapitel: Vereinbarkeit der deutschen Hinzurechnungsbesteuerung mit den europäischen Grundfreiheiten nach der Reform des AStG mit Fokus auf den Substanztest

A. Vorbemerkungen

Sind die persönlichen und sachlichen Voraussetzungen der Hinzurechnungsbesteuerung erfüllt, ist der Ausweg aus dieser nur noch über den Substanztest nach § 8 Abs. 2 bis 4 AStG möglich. Jener wurde im Zuge der AStG-Reform drastisch verschärft.[467] Im Schriftum führt dies bisweilen zu der Erkenntnis, dass die Vorgaben des § 8 Abs. 2 bis 4 AStG in ihrer jetzigen Ausgestaltung die europäischen Grundfreiheiten verletzen.[468] Nach Ansicht der Finanzverwaltung entsprechen die vorgenommenen Änderungen dagegen den Vorgaben des EuGH.[469]

Die Erfüllung der Voraussetzungen des § 8 Abs. 2 bis 4 AStG bewirkt die Nichtanwendung der Hinzurechnungsbesteuerung. Sie hebt die Einordnung der ausländischen Gesellschaft als Zwischengesellschaft wieder auf. Gelingt der Nachweis, sieht § 8 Abs. 2 Satz 1 AStG als Rechtsfolge vor, dass die betreffende Gesellschaft insoweit nicht Zwischengesellschaft für diese Einkünfte ist, mit der Folge, dass die Steuerpflicht der Zwischeneinkünfte bei den betroffenen Steuerinländern entfällt. Maßgebende Voraussetzung für die Erfüllung des § 8 Abs. 2 AStG ist, dass die Einkünfte der ausländischen Gesellschaft aus einer wesentlichen wirtschaftlichen Tätigkeit stammen.

Der durch die ATAD eingeführte Begriff der wesentlichen wirtschaftlichen Tätigkeit ist nicht näher definiert. Im Folgenden werden die beiden Teilaspekte „wirtschaftliche Tätigkeit" zum einen und „wesentlich" zum anderen zunächst getrennt betrachet und im Anschluss möglichst zu einem einheitlichen (unionskonformen) Begriff zusammengeführt.

---

467 Siehe zum geänderten Substanztest Kapitel 2 C.III.2.b.

468 Exemplarisch *Hörnicke/Kraft*, ISR 2022, 1; *Ditz/Ekinci*, Ubg 2021, 361 (368); *Heinsen/Gsödl/Dietrich*, IStR 2020, 729; *Richter/Kortendick/Ekinci*, GmbHR 2020, 694; *Schmidtmann*, IWB 2020, 181 ff.

469 *Köhler/Staats*, ISR 2021, 295 (302 f.).

B. Ausübung einer wesentlichen wirtschaftlichen Tätigkeit im ausländischen Staat als zentrales Merkmal für das Gelingen des Gegenbeweises

I. Allgemeines

Auch nach der Reform der Hinzurechnungsbesteuerung wird der Begriff der wirtschaftlichen Tätigkeit der zentrale Maßstab für die Frage sein, ob die Anwendung der Hinzurechnungsbesteuerung zulässig ist oder ob dem betroffenen Steuerpflichtigen ggf. der Gegenbeweis und somit die Abwendung der Hinzurechnungsbesteuerung gelingt. Grundsätzlich hält der Gesetzgeber insoweit an der Grundkonzeption des bestehenden Substanztests fest. Statt einer tatsächlichen wirtschaftlichen Tätigkeit wird nun aber – entsprechend der Formulierung in der ATAD – der Nachweis einer wesentlichen wirtschaftlichen Tätigkeit für das erfolgreiche Exkulpieren aus der Hinzurechnungsbesteuerung gefordert. Trotz der enormen Bedeutung ist der im Gesetz verankerte Begriff der wesentlichen wirtschaftlichen Tätigkeit nicht näher definiert. Diese Lücke ist insoweit von der Rechtsprechung auszufüllen.

Für die Auslegung des Begriffs der wirtschaftlichen Tätigkeit scheint das innerstaatliche Recht nur bedingt eine Rolle zu spielen, da die Forderung nach einer wirtschaftlichen Tätigkeit zum Gelingen der Gegenbeweismöglichkeit aus der EuGH-Rechtsprechung übernommen wurde. Insofern bietet es sich an, den europäischen Hintergrund des Begriffs abzutasten und diesen unionsrechtlich auszulegen. Im Übrigen ist dies auch deshalb ratsam, weil sich die Auslegung des Begriffs zwingend an den unionsrechtlichen Vorgaben ausrichten muss, um nicht mit dem Primärrecht zu kollidieren.[470]

470 Zum Anwendungsvorrang der Grundfreiheiten siehe Kapitel 3 A.III.

II. Künstliche Gestaltung als Negativabgrenzung zur wirtschaftlichen Tätigkeit

1. Auslegungsfragen und Lösungsvorschläge aus der Rechtsprechungspraxis des EuGH[471]

a) Im Kontext der Niederlassungsfreiheit

Die Forderung nach einer tatsächlichen wirtschaftlichen Tätigkeit war Folge des EuGH-Urteils in der Rs. *Cadbury Schweppes*. Darin entschied der EuGH, dass der ausschüttungsunabhängige Zugriff auf Einkünfte einer beherrschten ausländischen (Tochterkapital-)Gesellschaft die Niederlassungsfreiheit verletzt, wenn der Anwendungsbereich nicht ausschließlich rein künstliche, jeder wirtschaftlichen Realität bare Gestaltungen erfasst, die dazu bestimmt sind, der normalerweise geschuldeten nationalen Steuer zu entgehen.[472] Noch vor dem Ergehen der Cadbury-Schweppes-Entscheidung hatte auch GA *Léger* in seinen Schlussanträgen in diesem Sinne postuliert, dass der bisherigen Rechtsprechung des EuGH[473] zu entnehmen sei, dass

> *„[...] wenn die kontrollierte Tochtergesellschaft eine tatsächliche und echte Geschäftstätigkeit in dem Mitgliedstaat ihrer Gründung ausübt, die Gründe, aus denen die Muttergesellschaft beschlossen hat, sie in diesem Aufnahmestaat zu errichten, nicht die Rechte in Frage stellen können, die die Mutter aus dem EG-Vertrag [jetzt AEUV, d. Verf.] herleitet“.*[474]

Selbst die Abwanderung in einen niedrig besteuernden Staat, um inländische Steuern zu sparen, kann an dieser Entscheidung nichts ändern.[475] Ebenso hat GA *Léger* betont, dass es grundsätzlich legitim erscheint,

---

471 Im Wesentlichen bereits veröffentlicht in *Ditz/Ekinci*, Ubg 2021, 361 (363 ff.).

472 EuGH, Urt. vom 12.9.2006 - Rs. C-196/04, *Cadbury Schweppes und Cadbury Schweppes Overseas*, ECLI:EU:C:2006:544, Rn. 75.

473 Damit bezog er sich auf EuGH, Urt. vom 30.9.2003 - Rs. C-167/01, *Inspire Art*, ECLI:EU:C:2003:512.

474 Rn. 49 der Schlussanträge des GA *Léger* zum EuGH, Urt. vom 12.9.2006 - Rs. C-196/04, *Cadbury Schweppes und Cadbury Schweppes Overseas*, ECLI:EU:C:2006:278.

475 In diesem Sinne EuGH, Urt. vom 12.9.2006 - Rs. C.196/04, *Cadbury Schweppes und Cadbury Schweppes Overseas*, ECLI:EU:C:2006:544, Rn. 38.

„[...] wenn eine Gesellschaft bei der Wahl des Aufnahmestaats, in dem sie eine Tochtergesellschaft zu gründen beabsichtigt, das Besteuerungsniveau berücksichtigt. Sie kann, ohne gegen den Sinn und Zweck von Art. 43 EG [jetzt Art. 49 AEUV, d. Verf.] zu verstoßen, beschließen, eine sekundäre Geschäftstätigkeit in einem anderen Mitgliedstaat auszuüben, um bei der Besteuerung der dort steuerbaren Tätigkeit in den Genuss der günstigeren Steuerregelung dieses anderen Mitgliedstaats zu kommen“.[476]

Dabei darf es sich nur nicht um eine künstliche Gestaltung handeln, die nur zu dem Zweck gegründet wurde, der inländischen Steuer zu entgehen. Als Paradebeispiel für solch künstliche Gestaltungen nennt der EuGH im entschiedenen Sachverhalt sog. Briefkasten- und Strohfirmen.[477]

Entsprechend gilt es, im Rahmen der Hinzurechnungsbesteuerung rein künstliche Gestaltungen von echten Gestaltungen abzugrenzen, mit denen der Steuerpflichtige in legitimer Weise versucht, seine Steuern zu minimieren. Für die Grenzziehung zwischen der echten wirtschaftlichen Tätigkeit im Aufnahmemitgliedstaat und der rein künstlichen Gestaltung zum alleinigen Zweck der inländischen Steuerumgehung greift der EuGH im Cadbury-Schweppes-Fall auf die einschlägige Grundfreiheit, die Niederlassungsfreiheit, zurück.[478]

Wie bereits im dritten Kapitel ausgeführt, verlangt der EuGH für die Inanspruchnahme der Niederlassungsfreiheit die stabile und kontinuierliche Teilnahme am Wirtschaftsleben des Aufnahmemitgliedstaats sowie die entsprechende Nutzenziehung daraus.[479] Dies erscheint auch konsequent, wenn man sich den sachlichen Anwendungsbereich der Niederlassungsfreiheit wieder vor Augen führt, der eine gewisse wirtschaftliche Verflechtung mit dem Zielstaat fordert. Eine solche Integration wird i. d. R. durch die Beteiligung am Beschaffungs- und/oder Absatzmarkt hergestellt. Allein der Umstand, dass sich im Zielstaat ausschließlich der Beschaffung von Geschäftsräumen, Personal und Ausrüstungsgegenständen bedient und nicht auch der Absatzmarkt genutzt wird, steht der Annahme einer angemesse-

---

476 Rn. 51 der Schlussanträge des GA *Léger* zum EuGH, Urt. vom 12.9.2006 - Rs. C-196/04, *Cadbury Schweppes und Cadbury Schweppes Overseas*, ECLI:EU:C:2006:278.

477 EuGH, Urt. vom 12.9.2006 - Rs. C.196/04, *Cadbury Schweppes und Cadbury Schweppes Overseas*, ECLI:EU:C:2006:544, Rn. 68.

478 EuGH, Urt. vom 12.9.2006 - Rs. C.196/04, *Cadbury Schweppes und Cadbury Schweppes Overseas*, ECLI:EU:C:2006:544, Rn. 52.

479 Siehe ausführlich Kapitel 3 B.II.2.

nen wirtschaftlichen Verflechtung mit dem Aufnahmemitgliedstaat insoweit nicht entgegen.[480] Die Niederlassungsfreiheit wird sowohl demjenigen zu gewähren sein, der sich in einen anderen Mitgliedstaat begibt, um dort den Absatzmarkt zu bedienen, als auch demjenigen, der sich ausschließlich am Beschaffungsmarkt orientiert.[481] Hätte der EuGH die Teilnahme am Wirtschaftsleben absatzseitig beschränken wollen, so hätte er als objektive Elemente für eine wirtschaftliche Verflechtung mit dem Aufnahmemitgliedstaat das Vorhandensein von Geschäftsräumen, Personal und Ausrüstungsgegenständen im entschiedenen Sachverhalt gar nicht erst ins Feld geführt. Vielmehr wird entscheidend sein, ob die Teilnahme am Beschaffungs- oder Absatzmarkt nachhaltig (i. S. e. „stabilen und kontinuierlichen Teilnahme") mittels einer festen Einrichtung genutzt wird, also auf eine gewisse Dauer angelegt ist. Dies bedeutet allerdings nicht, dass eine geringe Anzahl von Geschäften per se als eine nicht wirtschaftliche Tätigkeit und damit als künstlich einzustufen ist. Wenn und soweit diese Geschäfte von vornherein auf einer gewissen Regelmäßigkeit beruhen und auf Dauer angelegt sind, ist i. d. R. von einer wirtschaftlichen Tätigkeit auszugehen. Die Tätigkeit sollte nur nicht vorübergehend oder einmalig ausgeübt werden,[482] um damit ggf. der inländischen Steuer zu entgehen.

Offen ist, ob das Kriterium der „echten" wirtschaftlichen Tätigkeit auch erfüllt ist, wenn die Lieferungen und Leistungen (einschließlich Dienstleistungen) ausschließlich gegenüber konzerninternen Gesellschaften erbracht

480 EuGH, Urt. vom 12.9.2006 - Rs. C.196/04, *Cadbury Schweppes und Cadbury Schweppes Overseas*, ECLI:EU:C:2006:544, Rn. 53; a. A. FG Münster, Urt. vom 20.11.2015 - 10 K 1410/12 F, EFG 2016, 453 ff. – jedenfalls dann, wenn „nur" der Beschaffungsmarkt angesprochen wird und dieser keine „besonderen" Vorteile böte; sowie dazu *Köhler*, ISR 2016, 119.

481 *Richter/Kortendick/Ekinci*, GmbHR 2020, 694 (699); *Schönfeld/Wassermeyer*, in: Flick/Wassermeyer/Baumhoff u. a. (Hrsg.), Außensteuerrecht, 81. Lfg. 7.2017, § 8 AStG, Rn. 472; *Haase/Reiche*, in: Haase (Hrsg.), AStG/DBA, 3. Aufl. 2016, § 8 AStG, Rn. 137; *Lehfeldt*, in: Köhler/Strunk/Kaminski (Hrsg.), AStG/DBA, 45. Lfg. 9.2016, § 8 AStG, Rn. 182.20; *Köhler/Eicker*, DStR 2007, 331 (333); *dies.*, DStR 2006, 1871 (1873). So wohl auch FG Münster, Urt. vom 20.11.2015 - 10 K 1410/12, EFG 2016, 453 ff., Rn. 46, welches zutreffend festgestellt hat, dass die Nutzung des Beschaffungsmarkts grundsätzlich für die Erfüllung des Merkmals „Teilnahme am Wirtschaftsleben" ausreicht, jedoch die einschränkendere Auffassung vertritt, dass bei der ausschließlichen Nutzung des Beschaffungsmarkts, *„gezielt bestimmte Ressourcen im Aufnahmestaat, bspw. besonders günstige oder entsprechend der Tätigkeit besonders ausgestattete Räumlichkeiten, Maschinen, gut ausgebildetes Personal oder besondere Produktionsbedinungen, genutzt werden"*.

482 So *Schönfeld/Wassermeyer*, in: Flick/Wassermeyer/Baumhoff u. a. (Hrsg.), Außentsteuerrecht, 81. Lfg. 7.2017, § 8 AStG, Rn. 475; *Köhler/Haun*, Ubg 2008, 73 (79).

werden. Da der EuGH nicht die Teilnahme am allgemeinen Wirtschaftsverkehr verlangt, sondern lediglich die Teilnahme am Wirtschaftsleben, ist wohl davon auszugehen, dass auch Geschäftstätigkeiten, die ausschließlich mit Konzerngesellschaften erfolgen, als Wirtschaftstätigkeit i. S. d. § 8 Abs. 2 AStG der ausländischen Gesellschaft zu verstehen sind, solange die unternehmerische Entscheidungsfreiheit und das unternehmerische Risiko von der ausländischen Gesellschaft selbst getragen werden. Eine restriktivere Auslegung würde im Widerspruch zur Cadbury-Schweppes-Entscheidung stehen. Hier ging es gerade um eine Konzernfinanzierungsgesellschaft, deren einziger Zweck es war, ausländische Konzerngesellschaften zu finanzieren. Indes ging der EuGH nicht davon aus, dass es an einer Teilnahme am Wirtschaftsleben und damit an einer echten Wirtschaftstätigkeit fehlte.

Zudem würden historische und systematische Argumente für eine solche Interpretation sprechen. Denn bei der Einführung des § 8 Abs. 2 AStG beinhaltete die Gesetzesbegründung eine ausdrückliche Klarstellung, dass die Teilnahme am Wirtschaftsverkehr auch durch konzerninterne Lieferungen und Leistungen erfolgen und damit eine wirtschaftliche Tätigkeit begründen könne.[483] Daran würde sich im Übrigen auch nichts ändern, wenn die konzerninternen Leistungen zu fremdunüblichen Bedingungen vereinbart worden wären. In diesen Fällen würden die infrage kommenden Gewinne zuvorderst mit dem Fremdvergleichsgrundsatz berichtigt werden und erst nach der Einkünftekorrektur dem Substanztest zugänglich sein (§ 8 Abs. 2 Satz 5 AStG).[484] Allgemeine Regelungen zur Gewinnabgrenzung gehen der Hinzurechnungsbesteuerung vor.[485]

Allein die Wortwahl des EuGH („rein künstliche Gestaltung"; „Briefkastenfirmen"; „Strohfirmen") verdeutlicht, wie weit der Begriff der tatsächlichen wirtschaftlichen Tätigkeit zu verstehen ist. Darunter sollte letztlich jede dauerhafte, selbstständige Erwerbstätigkeit fallen, die üblicherweise eigenverantwortlich und nachhaltig gegen Entgelt auf Grundlage einer festen Einrichtung im Aufnahmemitgliedstaat erbracht wird. Dies scheint ebenfalls die Linie des EuGH in der jüngeren Rechtsprechung widerzuspiegeln, in welcher selbst einer rein vermögensverwaltenden Gesellschaft der Zu-

---

483 Vgl. BT-Drucks. 16/6290, S. 92; dort heißt es: *„Nimmt die Gesellschaft hingegen in stabiler und kontinuierlicher Weise am Wirtschaftsleben im anderen Mitgliedstaat teil, kann diese Teilnahme auch gegenüber einem verbundenen Unternehmen erfolgen."*

484 Dazu *Ditz*, in: FS Kroppen, 2020, S. 491; *Kraft/Bildstein*, IStR 2019, 37.

485 Zum Verhältnis zwischen Hinzurechnungsbesteuerung und Fremdvergleichsgrundsatz siehe Kapitel 2 D.II.

gang zur Niederlassungsfreiheit gewährt wurde. Der Umstand, dass sich die Wirtschaftstätigkeit auf die Verwaltung von Wirtschaftsgütern beschränkt, bedeute für sich genommen noch nicht, dass eine „rein künstliche Gestaltung" bzw. eine eigenwirtschaftlich funktionslose Gesellschaft vorliegt.[486] Unbedeutend ist insoweit, welcher selbstständigen Erwerbstätigkeit der Steuerpflichtige im Aufnahmemitgliedstaat nachgehen möchte. Es darf sich nur nicht um eine bloße „Hülle" bzw. um eine „Alibitätigkeit" handeln, um insbesondere die inländische Steuer zu umgehen, die normalerweise für durch Tätigkeiten im Inland erzielte Gewinne geschuldet werden würde.[487]

Für den Nachweis einer tatsächlichen wirtschaftlichen Tätigkeit verlangt der EuGH objektiv nachprüfbare Anhaltspunkte, die sich unter anderem auf das Ausmaß des greifbaren Vorhandenseins der beherrschten ausländischen Gesellschaft in Form von Geschäftsräumen, Personal und Ausrüstungsgegenständen beziehen.[488] Die Niederlassungsfreiheit setzt bekanntermaßen eine tatsächliche Ansiedlung im Aufnahmemitgliedstaat voraus. Mit den physisch greifbaren Merkmalen soll die „Echtheit" der ausgelagerten Gesellschaft geprüft werden, also im Konkreten, ob die ausländische Gesellschaft tatsächlich über das Personal und die Ausrüstung verfügt, die zur Erbringung der behaupteten wirtschaftlichen Leistung erforderlich sind. Ist dies zu verneinen, könnte sich die Konstruktion als rein künstliche Gestaltung erweisen. Über diese Feststellung hinaus hat der EuGH weder quantitative noch qualitative Anforderungen gestellt. Bspw. erfordert weder die reine Vermögensverwaltung noch eine Konzernfinanzierungstätigkeit eine besondere sachliche, räumliche und personelle Ausstattung, so dass u. U. keine besonders hohen Anforderungen an das Ausmaß des greifbaren Vorhandenseins der beherrschten ausländischen Gesellschaft im Ansässigkeitsstaat („mittels einer festen Einrichtung") zu stellen sind. Solange die ausländische Gesellschaft die ihr zugewiesenen Aufgaben mit den ihr zur Verfügung stehenden Ressourcen erfüllen kann und die unternehmerische Entscheidungsfreiheit sowie die unternehmerischen Chancen und Risiken

486 In diesem Sinne EuGH, Beschl. vom 14.6.2018 - Rs. C-440/17, *GS*, ECLI:EU:C:2018:437, Rn. 54 mit Verweis auf EuGH, Urt. vom 20.12.2007 - Rs. C-504/16, *Deister Holding*, ECLI:EU:C:2017:1009, Rn. 73.

487 In diesem Sinne EuGH, Urt. vom 12.9.2006 - Rs. C.196/04, *Cadbury Schweppes und Cadbury Schweppes Overseas*, ECLI:EU:C:2006:544, Rn. 55.

488 EuGH, Urt. vom 12.9.2006 - Rs. C.196/04, *Cadbury Schweppes und Cadbury Schweppes Overseas*, ECLI:EU:C:2006:544, Rn. 67.

aus dieser Tätigkeit trägt, kann nicht von einer „rein künstlichen Gestaltung“ ausgegangen werden.[489]

Nicht ausreichend dürfte insoweit nur die fiktive Ansiedlung sein, wie sie für eine Briefkasten- oder Strohfirma charakteristisch ist, d. h. ohne wirkliche territoriale Anknüpfung im Aufnahmemitgliedstaat. Damit sind insbesondere funktionslose ausländische Gesellschaften gemeint, die im Ausland zwar ihren Satzungssitz haben, jedoch keiner eigenen wirtschaftlichen Tätigkeit nachgehen und auch nicht über die Räumlichkeiten, das Personal und die Ausrüstung verfügen, die zur Erbringung der infrage stehenden Leistung erforderlich wären. I. d. R. dürfte dies Durchleitungsgesellschaften betreffen, die weder unternehmerische Chancen noch Risiken tragen und i. d. R. anweisungsgebunden handeln. Mangelt es an beidem, könnte dies tatsächlich für eine rein künstliche Gestaltung sprechen, die darauf ausgerichtet ist, der inländischen (höheren) Steuer zu entgehen.

b) Im Kontext der Kapitalverkehrsfreiheit

Mit Urteil vom 26.2.2019[490] entschied der EuGH, dass die Vorschriften bezüglich beherrschter ausländischer Gesellschaften tatbestandlich nicht nur die Niederlassungsfreiheit, sondern auch die Kapitalverkehrsfreiheit beschränken können. Hierbei gilt es jedoch zu beachten, dass sich der Begriff „rein künstliche Gestaltung“ im Kontext der Kapitalverkehrsfreiheit nicht unbedingt mit den niederlassungsspezifischen Substanzanforderungen aus der Cadbury-Schweppes-Entscheidung decken muss. Zwar können die entwickelten Kriterien auch im Rahmen der Kapitalverkehrsfreiheit als Indiz für das Vorliegen einer rein künstlichen Gestaltung herangezogen werden. Allerdings könnte das Kriterium einer rein künstlichen Gestaltung im Licht der Kapitalverkehrsfreiheit auch einer anderen Ausprägung folgen. Der EuGH hat es wie folgt formuliert:

> *„Somit deckt sich der Begriff ‚rein künstliche Gestaltung‘ im Kontext des freien Kapitalverkehrs nicht unbedingt mit den in den Rz. 67 und 68*

489 In diesem Sinne BFH, Urt. vom 25.2.2004 - I R 42/02, BStBl. II 2005, 14, Tz. B.I.3.b; vom 20.3.2002 - I R 63/99, BStBl. II 2003, 50, Tz. B.II.2.b.bb; vom 19.1.2000 - I R 94/97, BStBl. II 2001, 222, Tz. II.1.c.aa.

490 EuGH, Urt. vom 26.2.2019 - Rs. C-135/17, *X*, ECLI:EU:C:2019:136, Rn. 55 ff.; dazu *Heckerodt*, ISR 2019, 683; *Kortendick/Joisten/Ekinci*, DStZ 2019, 510; *Schnitger/Krüger/Nielsen*, IStR 2019, 340.

des Urteils vom 12.9.2006, Cadbury Schweppes und Cadbury Schweppes Overseas (C-196/04, ECLI:EU:C:2006:544), genannten Anhaltspunkten für die fehlende wirtschaftliche Realität der Niederlassung einer Gesellschaft, da die künstliche Schaffung der Voraussetzungen, um unberechtigt der Besteuerung im Mitgliedstaat zu entgehen oder dort unberechtigt einen Steuervorteil in Anspruch zu nehmen, bei grenzüberschreitendem Kapitalverkehr in verschiedenen Formen erfolgen kann. Zwar können die genannten Anhaltspunkte auch im Rahmen der Anwendung der Vorschriften über den freien Kapitalverkehr als Indizien für das Vorliegen einer rein künstlichen Gestaltung dienen, insbesondere wenn es sich als notwendig erweist, den wirtschaftlichen Grund für eine Beteiligung an einer Gesellschaft, die keine eigenen wirtschaftlichen Tätigkeiten entfaltet, zu bewerten. Der genannte Begriff kann jedoch im Kontext des freien Kapitalverkehrs auch jede Vorkehrung umfassen, bei der das Hauptziel oder eines der Hauptziele darin besteht, durch Tätigkeiten im Hoheitsgebiet eines Mitgliedstaats erzielte Gewinne künstlich in Drittländer mit niedrigerem Besteuerungsniveau zu transferieren."[491]

Die Art des zu führenden Gegenbeweises hängt insoweit maßgeblich von der beeinträchtigten unionsrechtlichen Grundfreiheit ab. Folglich wirkt sich die Anwendbarkeit der Kapitalverkehrsfreiheit auch auf die Auslegung des Begriffs der „rein künstlichen Gestaltung" im Rahmen der Anwendung der Hinzurechnungsbesteuerung aus. Die EuGH-Entscheidung liefert jedoch keine näheren Anhaltspunkte für die Beantwortung der Frage, wann von einer „rein künstlichen Gestaltung" auszugehen ist. Dem Urteil ist allerdings eines ganz deutlich zu entnehmen: Bei der Frage, ob eine künstliche Gestaltung vorliegt, wird es entscheidend auf den sachlichen Schutzbereich der Kapitalverkehrsfreiheit ankommen müssen, der grundsätzlich jeden Kapitalfluss mit wirtschaftlichem Charakter (zwischen Mitgliedstaaten und zwischen Mitgliedstaaten und Drittstaaten) schützt und dabei – im Gegensatz zur Niederlassungsfreiheit – weder die Aufnahme noch die Verlagerung der wirtschaftlichen Tätigkeit in einen anderen Staat noch die Gründung von einer Agentur, Zweigniederlassung oder Tochtergesellschaft im Aufnahmestaat fordert. Insofern ist es – jedenfalls in Fällen, in denen der betroffene Steuerpflichtige nicht wesentlich an der ausländischen Gesellschaft beteiligt ist – äußerst fraglich, ob im Anwendungsbereich der

491 EuGH, Urt. vom 26.2.2019 - Rs. C-135/17, X, ECLI:EU:C:2019:136, Rn. 84.

Kapitalverkehrsfreiheit ausschließlich auf das Kriterium der physischen Substanz zurückgegriffen werden kann.[492]

Diese Feststellung des EuGH kann im Verhältnis zu Drittstaaten zulasten des Steuerpflichtigen wirken: Ausweislich der oben wiedergegebenen Rz. 84 kann es sich im Rahmen der Prüfung der Kapitalverkehrsfreiheit auch unbeachtet einer wirtschaftlichen Tätigkeit der Zwischengesellschaft (i. S. eines Substanztests) um eine künstliche Gestaltung handeln, soweit die Beteiligung an der Zwischengesellschaft im Wesentlichen deshalb erfolgt, um Gewinne in Drittstaaten mit niedrigerem Besteuerungsniveau zu verlagern. Mit anderen Worten: Der betroffene Steuerpflichtige müsste nicht nur den Substanztest in § 8 Abs. 2 AStG erfüllen, sondern ihm müsste darüber hinaus auch der Beweis gelingen, dass keines seiner Hauptziele in der Erzielung eines Steuervorteils bestand. Folglich müsste der Steuerpflichtige unabhängig davon, ob die beherrschte ausländische Gesellschaft genügend Substanz vorweisen kann, zusätzlich noch triftige wirtschaftliche, d. h. außersteuerliche Gründe für die Beteiligung an der ausländischen Gesellschaft darlegen und nachweisen (i. S. eines Motivtests).

Im Ergebnis scheint die Feststellung des EuGH verständlich: Im Verhältnis zu Drittstaaten geht es schließlich nicht nur um die Frage, ob Gewinne innerhalb der EU verlagert werden, sondern ob den Mitgliedstaaten der EU aufgrund bestimmter Konstellation gänzlich Steuersubstrat verloren geht. Ob dies im Umkehrschluss bedeutet, dass in den Fällen, in denen keine Substanz nachgewiesen werden kann,[493] der betroffene Steuerpflichtige sich auch über den Motivtest aus der Hinzurechnungsbesteuerung erfolgreich exkulpieren kann, lässt sich Rz. 84 nicht zweifelsfrei entnehmen.[494] Dies wäre allerdings nicht nur gemessen an der Zielsetzung der Hinzurechnungsbesteuerung sachgerecht, sondern unionsrechtlich vielleicht sogar geboten, da in diesen Fällen schlicht nicht von einem missbräuchli-

492 Dies ablehnend *Köhler*, ISR 2021, 201 (203).

493 Bspw. wenn der Anteilseigner nur einen Minderheitsanteil an der Zwischengesellschaft hält und gar nicht erst die Möglichkeit besitzt, an die geforderten Informationen zu kommen.

494 So bleibt insbesondere offen, was mit der etwas kryptischen Formulierung *„zwar können die genannten Anhaltspunkte auch im Rahmen der Anwendung der Vorschriften über den freien Kapitalverkehr als Indizien für das Vorliegen einer rein künstlichen Gestaltung dienen, insbesondere wenn es sich als notwendig erweist, den wirtschaftlichen Grund für eine Beteiligung an einer Gesellschaft, die keine eigenen wirtschaftlichen Tätigkeiten entfaltet, zu bewerten"* zum Ausdruck gebracht werden soll.

chen Verhalten gesprochen werden kann.[495] Ob in diesem Kontext bereits ein außersteuerlicher Grund die Missbrauchsvermutung widerlegen kann, kann nicht zweifelsfrei beantwortet werden.[496] Wenn die Einschaltung der ausländischen Gesellschaft jedoch eine andere Erklärung haben könnte als die Erlangung von Steuervorteilen, ist die Missbrauchsvermutung nach der hier vertretenen Auffassung nicht mehr haltbar.

Hinweise zu möglichen wirtschaftlich anerkannten Gründen lassen sich der Rechtsprechung des BFH entnehmen. Zu den vom BFH anerkannten wirtschaftlichen oder sonst beachtlichen Gründen gehören unter anderem die „Sicherung eines kleinen Teils eines beträchtlichen Familienvermögens für Krisenzeiten“[497], der „Aufbau einer internationalen Unternehmensgruppe“[498] ebenso wie der „Erwerb von Beteiligungen von einigem Gewicht“[499].[500] Zudem sollte bei bestehenden Strukturen das Streben nach einem Steuervorteil von vornherein ausgeschlossen werden, wenn die Hinzurechnungsbesteuerung nur durch die Herabsetzung des ausländischen Körperschaftsteuersatzes ausgelöst wird, selbst wenn die ausländische Gesellschaft passive Einkünfte erzielt. In solchen Fällen war ein steuerlicher Vorteil bis zur Herabsetzung des ausländischen Köperschaftsteuersatzes nicht zu erwarten, so dass die Gewinnverlagerung aus steuerlichen Gründen in solchen Fällen mutmaßlich gar nicht beabsichtigt wurde.[501]

2. Auslegungsfragen und Lösungsvorschläge aus der Rechtsprechungspraxis des BFH

Schon frühzeitig bezog der BFH Stellung zur Zwischenschaltung einer niedrigbesteuerten ausländischen Gesellschaft. Dabei ging es i. d. R. um inländerbeherrschte irische IFSC-Gesellschaften, deren Sitze sich in den irischen Dublin Docks befanden. Solche in den Dublin Docks errichteten

495 In diesem Sinne *Cloer/Hagemann,* DB 2019, 1228 (1233).

496 So aber *Cloer/Hagemann,* DB 2019, 1228 (1233).

497 BFH, Urt. vom 21.5.1971 - III R 125-127/70, BStBl. II 1971, 721; An dieser Stelle soll allerdings nicht verschwiegen werden, dass der BFH in seinem Urteil vom 5.3.1986, I R 201/82, BStBl. II 1986, 496 diesen vormals als „beachtlichen außersteuerlichen Grund“ anerkannten, steuerlich salvierenden Umstand mit dem Verweis „nicht plausibel“ wieder verworfen hat.

498 BFH, Urt. vom 21.1.1975 - I R 135/70, BStBl. II 175, 553.

499 BFH, Urt. vom 29.7.1976 - VIIII R 41/74, BStBl. II 1977, 261.

500 Vgl. im Einzelnen *Lüdicke,* FS 100 Jahre BFH, S. 1053 (1060 ff.).

501 *Cloer/Hagemann,* DB 2019, 1228 (1233).

Gesellschaften wurden bei Erfüllung bestimmter Voraussetzungen in Irland mit einem ermäßigten Körperschaftsteuersatz von 10 % besteuert. Obwohl sich ihre Geschäftsaktivitäten i. d. R. nur auf die gewinnbringende Verwaltung des eingezahlten Kapitals beschränkte, ordnete der BFH sie in den konkreten Fällen nicht in die Kategorie der rein künstlichen Gestaltung ein, sondern bezeichnete sie stattdessen als eigenwirtschaftlich tätige Kapitalanlagegesellschaften.[502] Ausschlaggebend war für den BFH, dass die Gesellschaften über eigene Geschäftsführungsorgane (sog. Board of directors) verfügten, *„dem die eigentliche Entscheidung darüber, in welcher Weise das Kapital anzulegen war, oblag und die diese – auch im Einvernehmen mit den Gesellschaftern – wahrnahm"*.[503] Sie trugen die Chancen und Risiken für diese konkreten Geschäfte, waren somit eigenwirtschaftlich tätig.

Mit Urteil vom 25.2.2004 bestätigte der BFH seine Rechtsprechung zu den IFSC-Gesellschaften und lieferte darüber hinaus weitere Merkmale zur Unterscheidung missbräuchlicher funktionsloser Basisgesellschaften von eigenwirtschaftlich tätigen Kapitalanlagegesellschaften. Eine auf gewisse Dauer angelegte Kapitalanlagegesellschaft könne jedenfalls dann nicht funktionslos sein, wenn sie *„über ein Mindestmaß an personeller und sachlicher Ausstattung verfügt, die die unternehmerische Entscheidungs- und Handlungsfähigkeit sicherstellt"*.[504] Mit Verweis auf ältere Urteile betonte der I. Senat, dass die Rechtsprechung des BFH zum einen

> *„[...] noch nie eine auf Dauer angelegte Zwischenschaltung inländischer Kapitalgesellschaften als Rechtsmissbrauch qualifiziert [hat, d. Verf.], wenn ein Steuerpflichtiger – aus welchen Gründen auch immer – zwischen sich und eine Einkunftsquelle eine inländische Kapitalgesellschaft schaltet und alle sich daraus ergebenden Konsequenzen zieht"*.[505]

---

502 Vgl. nur BFH, Urt. vom 19.1.2000 - I R 94/97, BStBl. II 2001, 222, Tz. II.1.c.aa; vom 19.1.2000 - I R 117/97, BFH/NV 2000, 824, Tz. II.1.c.aa.; In diesem Sinne auch BFH, Urt. vom 25.2.2004 - I R 42/02, BStBl. II 2005, 14, Tz. B.I.3.b.

503 BFH, Urt. vom 19.1.2000 - I R 94/97, BStBl. II 2001, 222, Tz. II.1.c.aa; in diesem Sinne auch BFH, Urt. vom 19.1.2000 - I R 117/97, BFH/NV 2000, 824, Tz. II.1.c.aa. Siehe zu den IFSC-Gesellschaften im Einzelnen z.B. *Wiskemann*, IStR 2003, 647.

504 BFH, Urt. vom 25.2.2004 - I R 42/02, BStBl. II 2005, 14, Tz. B.I.3.b.

505 BFH, Urt. vom 25.2.2004 - I R 42/02, BStBl. II 2005, Tz. B.I.3.c. mit Verweis auf BFH, Urt. vom 23.10.1996 - I R 55/95, BStBl. II 1998, 90 und BFH, Urt. vom 15.10.1998 - III R 75/97, BStBl. II 1999, 119.

Zum anderen sehe der EuGH

> *„[...] es generell als einen Verstoß gegen die gemeinschaftsrechtlich garantierte Niederlassungsfreiheit an, wenn die in einem Mitgliedstaat errichtete Kapitalgesellschaft gegenüber dort ansässigen Kapitalgesellschaften benachteiligt wird".*[506]

Deshalb sei die Abschirmwirkung einer solchen Gesellschaft *„grundsätzlich auch dann zu akzeptieren, wenn damit steuerliche Vorteile verbunden sind".*[507] Die Zwischenschaltung einer ausländischen Gesellschaft kann allenfalls dann als künstlich gewertet werden, *„wenn sie lediglich vorübergehend erfolgt und nur zu dem Zweck bestimmt ist, anderweitig drohenden steuerlichen Belastungen zu entgehen"*[508]. Nach Auffassungen des I. Senats waren die Beteiligungen an den IFSC-Gesellschaften im entschiedenen Sachverhalt auf Dauer angelegt und nicht nur vorübergehend, um der inländischen Steuer zu entgehen.[509] Sie hatten rund zwei Jahre bestanden. Daran würde selbst die Feststellung, dass die Gesellschaften in erster Linie eingeschaltet wurden, um das Körperschaftsteuersatzgefälle zwischen Deutschland und Irland auszunutzen, nichts ändern, solange sich erkennen ließe, dass die Beteiligungen an den irischen Gesellschaften von vornherein auf unabsehbare Zeit zur Kapitalanlage eingegangen worden sind.[510] Dabei spielt es auch keine Rolle, dass die Gewinne im anderen Mitgliedstaat niedriger besteuert werden im Vergleich zum Inland.

In ähnlicher Weise entschied der BFH auch im sog. Delaware-Urteil vom 20.3.2002[511] in Bezug auf eine zwischengeschaltete Konzernfinanzierungsgesellschaft, die allein zu dem Zweck gegründet worden war, ein Großprojekt innerhalb des Konzerns zu finanzieren. Trotz der engen und lediglich eingeschränkten Geschäftstätigkeit sei die ausländische Gesellschaft nicht als eigenwirtschaftlich funktionslose Gesellschaft zu qualifizieren.[512] Denn es obliegt der unternehmerischen Entscheidungsfreiheit des Gesellschafters, *„den Umfang des unternehmerischen Tuns abzustecken"*[513]. Nach Auffassung des BFH übte die ausländische Gesellschaft eine echte

---

506 BFH, Urt. vom 25.2.2004 - I R 42/02, BStBl. II 2005, 14, Tz. B.I.3.c.
507 BFH, Urt. vom 25.2.2004 - I R 42/02, BStBl. II 2005, 14, Tz. B.I.3.c.
508 BFH, Urt. vom 25.2.2004 - I R 42/02, BStBl. II 2005, 14, Tz. B.I.3.d.
509 BFH, Urt. vom 25.2.2004 - I R 42/02, BStBl. II 2005, 14, Tz. B.I.3.d.
510 BFH, Urt. vom 25.2.2004 - I R 42/02, BStBl. II 2005, 14, Tz. B.I.3.d.
511 BFH, Urt. vom 20.3.2002 - I R 63/99, BStBl. II 2003, 50.
512 BFH, Urt. vom 20.3.2002 - I R 63/99, BStBl. II 2003, 50, Tz. II. 2.b.aa.
513 BFH, Urt. vom 20.3.2002 - I R 63/99, BStBl. II 2003, 50, Tz. II. 2.b.aa.

wirtschaftliche Tätigkeit aus; der BFH ließ keine Zweifel daran, dass es sich bei der in Rede stehenden Konzernfinanzierungsgesellschaft nicht um eine bloße Briefkastengesellschaft handele, da diese die ihr zugesprochene Finanzierungsfunktion innerhalb des Konzerns auch tatsächlich ausübte und die mit dieser Tätigkeit einhergehenden Chancen und Risiken trug.[514] Der Konzernfinanzierungsgesellschaft oblag erkennbar auch das Letztentscheidungsrecht über die Vergabe der Darlehenstranchen, die entsprechend der Baufortschritte ausgezahlt werden sollten. Sie nahm ihre Finanzierungsfunktion unabhängig wahr. Selbst die unmittelbar nach der Veräußerung des finanzierten Objekts vorgenommene Löschung der ausländischen Gesellschaft vermochte an dieser Auffassung nichts zu ändern.

Mit der am 21.10.2009[515] entschiedenen Rs. *Columbus Container* blieb der BFH der dargestellten Argumentationslinie treu und bejahte das Vorliegen einer wirtschaftlichen Tätigkeit einer belgischen Gesellschaft, die als Koordinationszentrum für weltweite Konzernaktivitäten diente. Der wesentliche Zweck der Gesellschaft lag darin, die Konzernfinanzierung gebündelt in Belgien durchzuführen. Darüber hinaus übte sie vermögensverwaltende Tätigkeiten aus, wie z. B. die Zentralisierung und Koordination der Buchführung. Obwohl sich die Geschäftstätigkeit der belgischen Gesellschaft auf die Konzernfinanzierung und der damit weitestgehend zusammenhängenden Vermögensverwaltung beschränkte, ging der BFH nicht von einer künstlichen Gestaltung aus, da die Gesellschaft die ihr zugesprochenen Funktionen tatsächlich und eigenständig mittels einer festen Einrichtung in Belgien ausübte.[516] Die Gesellschaft verfügte auch über entsprechendes Personal und geeignete Geschäftsräume, um ihre wirtschaftliche Tätigkeit durchzuführen.[517]

In diese Linie reiht sich auch die jüngste Entscheidung des BFH im sog. Zypern-Fall[518] ein. Dort ging es um eine mittelbar beherrschte zypriotische Gesellschaft, deren Kerngeschäft darin bestand, Lizenzen an Urheberrechten unter Mitwirkung bestimmter Konzerngesellschaften einzuholen

514 BFH, Urt. vom 20.3.2002 - I R 63/99, BStBl. II 2003, 50, Tz. II. 2.b.bb.

515 BFH, Urt. vom 21.10.2009 - I R 114/08, BStBl. II 2010, 774.

516 BFH, Urt. vom 21.10.2009 - I R 114/08, BStBl. II 2010, 774, Tz. II.4.c.bb; danach bestanden nach den tatrichterlichen Feststellungen des FG Münster, Urt. vom 11.11.2008 – 15 K 1114/99 F, EW, EFG 2009, 309 keine Zweifel daran, dass die belgische Gesellschaft im Streitjahr *„aktiv, ständig und nachhaltig im Rahmen ihres Unternehmenszwecks am Wirtschaftsleben in Belgien teilgenommen [hat, d. Verf.]"*.

517 BFH, Urt. vom 21.10.2009 - I R 114/08, BStBl. II 2010, 774, Tz. II.4.c.bb.

518 BFH, Urt. vom 13.6.2018 - I R 94/15, BStBl. II 2020, 755.

und diese dann unter anderem an Konzerngesellschaften als Unterlizenzen weiterzugeben, die wiederum mittels der Unterlizenzen die Urheberrechte auf bestimmten Märkten verbreiteten. Vor diesem Hintergrund war strittig, ob die zypriotische Gesellschaft einer tatsächlichen wirtschaftlichen Tätigkeit nachging. Während das FG Münster in seiner stark kritisierten Entscheidung[519] nicht davon ausging, dass die infrage stehende Gesellschaft ihre wirtschaftliche Kernfunktion (Ankauf, Verwaltung und Weitergabe der Lizenzen gegen Entgelt) selbst ausübte, sondern nur unter maßgeblicher Mitwirkung der Konzerngesellschaften und deshalb die Hinzurechnungsbesteuerung bejahte, löste der BFH den Fall anders und im Ergebnis in besserer Übereinstimmung mit den einschlägigen steuerlichen Vorschriften sowie früheren Gerichtsentscheidungen:[520] Nach § 10 Abs. 3 Satz 1 AStG a. F. sind die dem Hinzurechnungsbetrag zugrunde liegenden Einkünfte nämlich in entsprechender Anwendung der Vorschriften des deutschen Steuerrechts zu ermitteln. Aufgrund der vorrangigen Einkünfteabgrenzung – mithin durch den Ansatz von vGA und vE – konnten die aus der Lizenzierung erzielten Einkünfte gar nicht erst als eigene Einkünfte der zypriotischen Gesellschaft qualifiziert werden.[521] Der zypriotischen Gesellschaft konnten lediglich solche Gewinne zugeordnet werden, die sie aus ihrer tatsächlichen wirtschaftlichen Tätigkeit erwirtschaftete; *hier* aus der administrativen Tätigkeit.[522] Entsprechend konnten auch nur diese Einkünfte dem Entlastungsbeweis und damit der Frage, ob eine rein künstliche oder eine tatsächliche wirtschaftliche Tätigkeit vorliegt, zugänglich sein. Da die zypriotische Gesellschaft in eigenen Geschäftsräumen mit eigenem fachkundigen Personal den administrativen Tätigkeiten nachging, bejahte der BFH hier das Vorliegen einer wirklichen wirtschaftlichen Tätigkeit.[523] Dieser Rechtsprechung des BFH lässt sich insoweit Zweierlei entnehmen: Zum einen, dass bei der Frage, ob eine wirtschaftliche Tätigkeit vorliegt, eigenwirtschaftliche „Minimaltätigkeiten“ unschädlich sind, zum anderen, dass die Substanzerfordernisse nach dem Verständnis des BFH funktionsadäquat auszulegen sind.

---

519 Vgl. FG Münster, Urt. vom 20.11.2015, 10 K 1410/12 F, EFG 453; kritisch dazu *Haase*, IStR 2016, 767, der von der *„doch recht laxen Handhabung der Leitlinien des EuGH durch das FG Münster“* überrascht ist; ähnlich kritisch *Köhler*, ISR 2016, (119) 121 ff.; *Linn/Pignot*, IWB 2016, 466 ff.

520 Vgl. BFH, Urt. vom 20.4.1988 - I R 41/82, BStBl. II 1988, 868.

521 BFH, Urt. vom 13.6.2018 - I R 94/15, BStBl. II 2020, 755, Tz. B.I.1.b ff.

522 BFH, Urt. vom 13.6.2018 - I R 94/15, BStBl. II 2020, 755, Tz. B.I.2.

523 BFH, Urt. vom 13.6.2018 - I R 94/15, BStBl. II 2020, 755, Tz. B.I.2.c.

Vollständigkeitshalber ist ferner auch auf die BFH-Rechtsprechung vom 27.7.1976 hinzuweisen.[524] Dieses Urteil stellt einen Ausreißer zu den vorgenannten Entscheidungen zur Einschaltung von ausländischen Basisgesellschaften dar, da es nicht vollumfänglich in die Rechtsprechungslinie des BFH zu passen scheint. In jenem Urteil betonte der BFH in unmissverständlicher Art und Weise, dass es für die Entfaltung einer eigenen wirtschaftlichen Tätigkeit nicht ausreiche, wenn die ausländische Gesellschaft

> *„[...] sich neben dem Halten ihres Nennkapitals darauf beschränkt, mit diesem Kapital oder mit zusätzlichen Darlehensmitteln eines Gesellschafters angeschaffte Wertpapiere zu halten, selbst wenn dies mit einer gewissen Verwaltungstätigkeit verbunden ist, jedenfalls solange nicht, als diese sich in der üblichen Form der Verwaltung eines Wertpapiervermögens mit dem Erteilen von Bankaufträgen, der Veränderung des Wertpapierbestandes je nach der Kursentwicklung und mit dem gelegentlichen Tätigen von Spekulationsgeschäften erschöpft. Wirtschaftliche Betätigung in dem hier verstandenen und für die Ausschließung des Rechtsmissbrauchs notwendigen Sinne erfordert vielmehr eine über den Rahmen der Vermögenshaltung hinausgehende Teilnahme am allgemeinen wirtschaftlichen Verkehr, wie sie sonst auch zur Annahme einer gewerblichen Betätigung notwendig ist“.*[525]

Kurzum stellte nach Auffassung des VIII. Senats die bloße Vermögensverwaltung in früheren Jahren keine wirtschaftliche Tätigkeit dar. Dieser Ansatz ist allerdings – wie gezeigt – durch fundamentale Entwicklungen in der Rechtsprechung überholt – einerseits, weil der BFH in seinem Urteil aus dem Jahr 2004 seine Vorstellungen über die nach wie vor dem Rechtsmissbrauchsvorwurf unterliegenden „Briefkastenfirmen“ inhaltlich konkretisierte. Seitdem verneint der BFH jedenfalls dann eine „Briefkastengesellschaft“, wenn die Gesellschaft mit personeller und sachlicher Substanz ausgestattet ist, die eine unternehmerische Entscheidungs- und Handlungsfähigkeit sicherstellt, unabhängig von der ausgeübten Tätigkeit. Andererseits ist die Aufassung überholt, weil der EuGH in späteren Jahren den rein vermögensverwaltenden Gesellschaften ausdrücklich eine wirtschaftliche Tätigkeit zugesprochen hat.

---

524 BFH, Urt. vom 29.7.1976 - VIII R 142/73, BStBl. II 1977, 263.

525 BFH, Urt. vom 29.7.1976, VIII R 142/73, BStBl. II 1977, Tz. 1.b.aa.

3. Auslegungsfragen und Lösungsvorschläge aus der Praxis des BMF[526]

Nichtsdestotrotz gab es in der Vergangenheit immer wieder Versuche seitens der Finanzverwaltung, die liberale Rechtsprechung des BFH zu durchbrechen, wie insbesondere die Reaktion der Finanzverwaltung auf die Dublin Docks-Entscheidungen zeigt. Mit BMF-Schreiben vom 19.3.2001[527] hatte die Finanzverwaltung auf die vorgenannten Entscheidungen mit einem Nichtanwendungserlass reagiert und damit unmissverständlich zu erkennen gegeben, unliebsame Finanzierungspraktiken über ausländische Zwischengesellschaften als missbräuchlich einzustufen. Nach Ansicht des BMF seien für die Errichtung der IFSC-Gesellschaften *„weder ins Gewicht fallende außersteuerliche Gründe ersichtlich, noch ist eine substanzielle*[528] *wirtschaftliche Tätigkeit erkennbar“*.[529] Allein aus dem

> *„[...] Vorhandensein eines ‚Board of Directors‘, der gewöhnlich die Funktion eines Überwachungsorgans hat und nicht das Tagesgeschäft führt, [ließen, d. Verf.] sich keine Schlüsse auf eine eigenwirtschaftliche Funktion der Gesellschaft ziehen“*.[530]

Es sei – so das BMF weiter – nämlich keine Seltenheit, dass ausländische Briefkastenfirmen in vielen Fällen über einen Board of Directors verfügen, *„ohne dass daraus eine eigenwirtschaftliche Tätigkeit gefolgert werden könnte“*.[531] Unabhängig davon, ob die infrage stehenden ausländischen Gesellschaften auch tatsächlich ihre Chancen und Risiken trugen, ließe sich

> *„[...] weder eine eigenwirtschaftliche Funktion begründen noch die Frage beantworten, ob für die Errichtung der Gesellschaft wirtschaftliche oder sonst beachtliche Gründe gegeben waren, die sich ohne die steuerliche Zielsetzung sinnvoll nachvollziehen lassen“*.[532]

Das ist geradezu bemerkenswert, weil es der Rechtsprechung des BFH diametral entgegensteht, die eine wirtschaftliche Tätigkeit genau aus diesen beiden Gründen noch bejaht hatte. Nichtsdestotrotz erblickte die

---

526 Zum Teil bereits veröffentlicht in *Ditz/Ekinci*, Ubg 361 (361 f. u. 365 ff.).
527 BMF, Schr. vom 19.3.2001 – IV B 4 – S 1300 – 65/01, BStBl. 2001, 243.
528 Kommt in der BFH-Rechtsprechung nicht vor; wurde vom BMF als qualitatives Merkmal hinzugefügt.
529 BMF, Schr. vom 19.3.2001 – IV B 4 – S 1300 – 65/01, BStBl. 2001, 243, Tz. 1.
530 BMF, Schr. vom 19.3.2001 – IV B 4 – S 1300 – 65/01, BStBl. 2001, 243, Tz. 1.
531 BMF, Schr. vom 19.3.2001 – IV B 4 – S 1300 – 65/01, BStBl. 2001, 243, Tz. 1.
532 BMF, Schr. vom 19.3.2001 – IV B 4 – S 1300 – 65/01, BStBl. 2001, 243, Tz. 1.

Finanzverwaltung im Gegensatz zum BFH bei den IFSC-Gesellschaften reine „Briefkastengesellschaften“ ohne eigene wirtschaftliche Tätigkeit. Damit wurden die Finanzämter angewiesen, die IFSC-Gesellschaften künftig automatisch und ohne vorherige Prüfung als solche abzustempeln.[533] Augenscheinlich war die Finanzverwaltung nicht gewillt, der grenzüberschreitenden legitimen internationalen Steuerplanung zu folgen, obwohl die Sondervorschriften für die IFSC-Gesellschaften (Besteuerung mit 10 % bei Erfüllung bestimmter Voraussetzungen) von der EU-Kommission genehmigt und von den Mitgliedstaaten auch nicht beanstandet worden waren, auch nicht von Deutschland.

Da der BFH in der Nachfolgeentscheidung vom 25.2.2004 seine bisherige Rechtsprechung zu den irischen IFSC-Gesellschaften bekräftigte, sah sich das BMF aufgrund der nunmehr vorherrschenden ständigen Rechtsprechung gezwungen, ihren Nichtanwendungserlass gegen die früheren Dublin Docks-Urteile aufzuheben.[534] Im entschiedenen Sachverhalt brachte der BFH klar genug zum Ausdruck, dass einer ausländischen Gesellschaft, die auf eine gewisse Dauer angelegt ist und über ein Mindestmaß an personeller und sachlicher Ausstattung verfügt, welche die unternehmerische Entscheidungs- und Handlungsfähigkeit sicherstellt, die wirtschaftliche Tätigkeit a priori nicht abgesprochen werden kann. Unter Bezugnahme auf das vorgenannte BFH-Urteil sah sich die Finanzverwaltung verpflichtet, darauf hinzuweisen, dass die automatische Missbrauchsvermutung insoweit gegen die höchstrichterliche Rechtsprechung sprechen würde und es insoweit notwendig sei, im Einzelfall zu prüfen, ob die Kapitalanlagegesellschaft tatsächlich eigenwirtschaftlich (das „substanziell“ wurde augenscheinlich entfernt) tätig ist oder ob es sich um eine Briefkastengesellschaft handelt.[535] Damit wollte das BMF mutmaßlich dem Risiko einer erneuten Rechtsstreitigkeit in vergleichbar gelagerten Fällen entgehen.

Die offensichtliche Abneigung gegenüber Kapitalanlagegesellschaften hielt die Finanzverwaltung allerdings auch nicht davon ab, die Entscheidungen des höchsten europäischen Gerichts zu beherrschten ausländischen Gesellschaften zu hinterfragen und für nationale Zwecke zu „überschreiben“. Am 8.1.2007[536] veröffentlichte das BMF im Hinblick auf die Auswirkungen der Cadbury-Schweppes-Entscheidung ein Schreiben, welches

533 *Philipowski*, IStR 2003, 547, 548 f.
534 Vgl. BMF, Schr. vom 28.12.2004 – IV B 4 – S 13000 – 362/04, BStBl. 2005, 28.
535 BMF, Schr. vom 28.12.2004 – IV B 4 – S 13000 – 362/04, BStBl. 2005, 28, Tz. 3.
536 BMF, Schr. vom 8.1.2007 – IV B 4 – S 1351 -1/07, BStBl. I 2007, 99.

den Gegenbeweis auch im Rahmen der deutschen Hinzurechnungsbesteuerung zuließ.[537] Bemerkenswert waren dabei vor allem die Forderungen des BMF im Hinblick auf die Geschäftsaktivität. Denn entgegen der Rechtsprechung des EuGH forderte die Finanzverwaltung für die Ausübung der Geschäftstätigkeit eine aktive, ständige und nachhaltige Teilnahme am dortigen Marktgeschehen.[538] Die Bezeichnung „aktiv" und „ständig" war in diesem Kontext irreführend, da der EuGH weder das eine noch das andere verlangte. Das BMF hoffte offenbar durch diese Vorgaben, die weitestgehend passiven Tätigkeiten wie z. B. die Vermögensverwaltung oder Finanzierungstätigkeiten (deren Funktionen u. U. auch nur einzelne Geschäfte erfordern können ohne ein „ständiges Tätigwerden") per se der Hinzurechnungsbesteuerung zu unterwerfen, indem es den nachgeordneten Behörden die Anweisung erteilte, bei solch unliebsamen Geschäftstätigkeiten den Gegenbeweis nicht zu akzeptieren. Der Umstand, dass die Finanzverwaltung darüber hinaus eine Teilnahme am dortigen Marktgeschehen verlangte, bestärkt diese Annahme noch. Denn der Begriff des „dortigen Marktgeschehens" könnte grds. so verstanden werden, dass lediglich über die Grenze hinaus erbrachte Leistungen nicht als Teilnahme am dortigen Marktgeschehen qualifizieren, da diese genau genommen keine marktzugewandten Tätigkeiten darstellen. Dagegen spricht jedoch eine Auslegung im Lichte der Ausführungen des EuGH in der Rs. *Cadbury Schweppes*, der lediglich die Teilnahme am Wirtschaftsleben des Aufnahmestaats verlangte, die wiederum durch die Nutzung des Beschaffungsmarkts gewährleistet war.

Beide Kriterien lassen sich in dieser Form weder in der EuGH- noch in der BFH-Rechtsprechung wiederfinden, so dass das BMF-Schreiben als wenig hilfreich – sogar als untauglich – für die Auslegung des Begriffs der wirtschaftlichen Tätigkeit bezeichnet werden muss. Daneben verlangte die Finanzverwaltung noch weitere – zum Teil als irreführend zu bezeichnende – positive Nachweise (auf die später noch weiter eingegangen wird), die eine wirkliche wirtschaftliche Tätigkeit widerspiegeln sollten. Der Steuerpflichtige hätte hierzu nachzuweisen, dass (i) die Gesellschaft im Aufnahmestaat für die Ausübung ihrer Tätigkeit ständig sowohl geschäftsleitendes als auch anderes Personal beschäftigt, (ii) das Personal der Gesellschaft über die Qualifikation verfügt, um die der Gesellschaft übertragenen Auf-

537 Bis dahin sah der Gesetzgeber keine Gegenbeweismöglichkeit für die von der Hinzurechnungsbesteuerung betroffenen Steuerpflichtigen vor; siehe zur historischen Entwicklung der Hinzurechnungsbesteuerung Kapitel 2 B.

538 BMF, Schr. vom 8.1.2007 – IV B 4 – S 1351 -1/07, BStBl. I 2007, 99, Tz. 2. a.

gaben eigenverantwortlich und selbstständig zu erfüllen, (iii) die Einkünfte der Gesellschaft ursächlich aufgrund der eigenen Aktivitäten der Gesellschaft erzielt werden, (iv) den Leistungen der Gesellschaft, sofern sie ihre Geschäfte überwiegend mit nahestehenden Personen i. S. d. § 1 Abs. 2 AStG betreibt, für die Leistungsempfänger wertschöpfende Bedeutung zukommt und (v) die Ausstattung mit Kapital zu der erbrachten Wertschöpfung in einem angemessenen Verhältnis steht. Dieses BMF-Schreiben sollte seinerzeit die Zeit bis zur Einführung des § 8 Abs. 2 AStG überbrücken und wurde mit dem BMF-Schreiben vom 23.4.2010[539] wieder aufgehoben.[540]

Das BMF reaktivierte mit Schreiben vom 17.3.2021[541], das die Auswirkungen der aktuellen Rechtsprechung des BFH auf die §§ 7 ff. AStG i. d. F. vor dem ATADUmsG zum Gegenstand hatte, die teilweise überzogenen Anforderungen an den Gegenbeweis im Rahmen der Hinzurechnungsbesteuerung. Trotz der mittlerweile verlässlichen Linie in der EuGH- und BFH-Rechtsprechung bezüglich der (Nicht-)Anwendbarkeit der Hinzurechnungsbesteuerung sowohl in EU-/EWR- als auch in Drittstaatenfällen überraschen die darin aufgestellten Kriterien, die an den Entlastungsbeweis nach § 8 Abs. 2 AStG a. F. gestellt werden, und erinnern stark an das wieder aufgehobene Schreiben vom 8.1.2007. Außerdem kommt es zu einer

539 BMF, Schr. vom 23.4.2010 - IV A 6-O 1000/09/10095, BStBl. I 2010, 391.

540 Ohnehin ist es äußerst fraglich, ob eine bloße Verwaltungsanweisung eine umfassende, effektive Umsetzung der EuGH-Entscheidungen in das nationale Recht zu gewährleisten vermag. Denn nach Auffassung des EuGH kann ein Verstoß gegen das Unionsrecht abschließend nur durch zwingende innerstaatliche Regelungen geheilt werden, die dieselbe rechtliche Wirkung besitzen, wie die zu ändernde Bestimmung, die gegen das Unionsrechts verstößt; vgl. EuGH, Urt. vom 26.10.1995 - Rs. C-151/94, *Kommission/Luxemburg*, ECLI:EU:C:1995:357, Rn. 18. Damit ist allerdings nicht gemeint, dass eine geltungserhaltende Reduktion im Erlasswege grundsätzlich ausgeschlossen ist. Dies hätte nämlich im Ergebnis zur Folge gehabt, dass die Verwaltung bis zur gesetzlichen Umsetzung der EuGH-Rechtsprechung (Einführung eines Gegenbeweises) die Hinzurechnungsbesteuerung nicht mehr anwenden dürfte, da die Gesetzgebung bis 2008 keine gesetzliche Regelung für den Gegenbeweis enthielt. Insofern kann die Finanzverwaltung – die im Übrigen zur effektiven Durchsetzung der Grundfreiheiten verpflichtet ist – im Erlasswege auf ein Urteil des EuGH bis zur gesetzlichen Neuregelung reagieren und korrigierend in den Wortlaut der Vorschrift eingreifen, um diesen an der Rechtsprechung des EuGH auszurichten; vgl. auch *Lohmann,* Die Europarechtskonformität der Hinzurechnungsbesteuerung in der Fassung des JStG 2008, 2012, S. 252. Ebenso hat der BFH in seinem Urteil vom 21.10.2009 entschieden, dass eine geltungserhaltende Reduktion einer nationalen Vorschrift durch ein BMF-Schreiben grundsätzlich zulässig ist; vgl. BFH, Urt. vom 21.10.2009 - I R 114/08, BStBl. II 2010, 774.

541 BMF, Schr. vom 17.3.2021 - IV B 5 – S 1351/19/10002:001, BStBl. I 2021, 342.

Vermischung und Kumulation von Anforderungen, die vom EuGH speziell im Rahmen der Niederlassungsfreiheit bzw. der Kapitalverkehrsfreiheit aufgestellt wurden.[542] Insoweit ist das Schreiben nicht als hilfreich, sondern abermalig als irreführend zu bezeichnen.

Das BMF-Schreiben erläutert in seiner Tz. II Einzelheiten zur Anwendung des Entlastungsbeweises nach § 8 Abs. 2 AStG a. F. Danach hat der Steuerpflichtige nachzuweisen, dass die Zwischengesellschaft einer tatsächlichen wirtschaftlichen Tätigkeit im Aufnahmestaat nachgeht. Dieser Nachweis setzt nach Ansicht des BMF voraus, dass

- eine gezielte Nutzziehung der Ressourcen im Aufnahmestaat vorliegen muss,
- die Zwischengesellschaft nicht nur personell, sondern auch sachlich angemessen ausgestattet sein muss und
- die wesentlichen unternehmerischen Entscheidungen durch die ausländische Gesellschaft selbst getroffen werden müssen.[543]

Die vorstehenden Voraussetzungen werden weiter präzisiert, wobei das BMF sehr weitreichende Anforderungen an den Entlastungsbeweis stellt, z. B. *„gut ausgebildetes Personal oder günstige Produktionsbedingungen im Rahmen der Beschaffungsmarktaktivitäten oder z. B. besondere Kundennähe im Rahmen der Absatzmarktaktivität“*.[544] Ferner müsse – so. Tz. II des BMF-Schreibens vom 17.3.2021 – *„die Ausübung der Geschäftstätigkeit im Aufnahmestaat [...] einen relevanten Umfang erreichen“* und darüber hinaus die *„Teilnahme am dortigen Marktgeschehen [...] aktiv, ständig und nachhaltig sein“*. Schließlich konkretisiert das BMF die Anforderungen für die Kapitanlagegesellschaften, wonach *„der Kapitalbeschaffungs- oder Investitionsmarkt im Aufnahmestaat“* liegen müsse.[545] Dagegen sei die Anmietung von Räumlichkeiten oder eine geringe Wahrnehmung von Funktionen, insbesondere wenn die Wahrnehmung dieser Funktionen nicht ortsgebunden ist, nicht ausreichend.

Während die von der Finanzverwaltung definierten drei Grundvoraussetzungen für den Entlastungsbeweis, nämlich dass *„eine gezielte Nutzziehung der Ressourcen im Aufnahmestaat vorliegen muss“*, dass die *„Zwischengesellschaft nicht nur personell, sondern auch sachlich angemessen ausgestat-*

542 *Köhler*, ISR 2021, 201 (201).
543 BMF, Schr. 17.3.2021 - IV B 5 – S 1351/19/10002:001, BStBl. I 2021, 342, Tz. II.
544 BMF, Schr. 17.3.2021 - IV B 5 – S 1351/19/10002:001, BStBl. I 2021, 342, Tz. II.
545 BMF, Schr. 17.3.2021 - IV B 5 – S 1351/19/10002:001, BStBl. I 2021, 342, Tz. II.

tet sein muss" und dass die *„wesentlichen unternehmerischen Entscheidungen durch die ausländische Gesellschaft getroffen werden müssen"*, prinzipiell mit den Vorgaben der Cadbury-Schweppes-Entscheidung des EuGH im Einklang stehen dürften, lassen sich die weiteren Anforderungen, nämlich *„die gezielte Nutzziehung von Ressourcen im Aufnahmestaat"* und in diesem Zusammenhang z. B. *„gut ausgebildetes Personal oder günstige Produktionsbedingungen im Rahmen der Beschaffungsaktivität oder z. B. besondere Kundennähe im Rahmen der Absatzmarktaktivität"* nicht aus der EuGH-Rechtsprechung und dem insbesondere noch gültigen Cadbury-Schweppes-Urteil ableiten. Wenn außerdem verlangt wird, dass die *„Ausübung der Geschäftstätigkeit im Aufnahmestaat" [...] einen relevanten Umfang erfordern und erreichen"* sowie *„die Teilnahme am dortigen Marktgeschehen [...] aktiv, ständig und nachhaltig"* sein müsse, so müssen diese als nicht mit der EuGH- und BFH-Rechtsprechung in Einklang stehend abgelehnt werden. Das BMF hatte schon in seinem Schreiben vom 8.1.2007 identische Kriterien aufgestellt, die der BFH als nicht mit der EuGH-Rechtsprechung im Einklang stehend abgelehnt hat.[546] Dieser Vorwurf muss auch gegenüber dem BMF-Schreiben vom 17.3.2021 gelten.

Nicht sachgerecht ist ebenfalls die Forderung des BMF-Schreibens vom 17.3.2021, dass bei Kapitalanlagegesellschaften *„der Kapitalbeschaffungs- oder Investitionsmarkt im Aufnahmestaat"* liegen müsse und *„beispielsweise die Anmietung von Büromöglichkeiten bzw. eine nur geringfügige Wahrnehmung von Funktionen, insbesondere wenn die Wahrnehmung dieser Funktionen nicht ortsgebunden ist"*, für den Substanznachweis unzureichend sei. So widerspricht das erste Kriterium *(„der Kapitalbeschaffungs- oder Investitionsmarkt im Aufnahmestaat")* unzweifelhaft dem EuGH-Urteil in der Rs. *Cadbury Schweppes*. In der Entscheidung ging es um Kapitalanlagegesellschaften, die weder im Hinblick auf den Beschaffungs- noch auf den Absatzmarkt einen speziellen Bezug zum irischen Kapitalmarkt aufwiesen. Der EuGH hatte dies indessen weder thematisiert noch problematisiert.

In diesem Zusammenhang ist schließlich auch auf das Urteil des EFTA-Gerichtshofs vom 9.7.2014 in der Rs. *Fred Olsen u. a.* und *Petter Olsen u.a.*

546 BFH, Urt. vom 21.10.2009 - I R 114/08, BStBl. II 2010, 774, Tz. II.4.c.bb) zu § 20 Abs. 2 AStG: *„[...] wie die erwähnten, insoweit einschränkenden Erfordernisse nach dem BMF-Schreiben [...]; diese werden den Vorgaben des EuGH-Urteils [...] nicht vollen Umfangs gerecht"*.

zu verweisen.[547] In dieser Entscheidung urteilte der Gerichtshof – anknüpfend an die Cadbury-Schweppes-Entscheidung des EuGH – dass sich die Auslegung einer „wirklichen wirtschaftlichen Tätigkeit“ nicht abstrakt, sondern nur anhand der konkreten Umstände des Einzelsachverhalts ergeben könne. Dass im zu entscheidenden Sachverhalt der Trust in die Verwaltung der Gesellschaftsbeteiligungen oder Finanzmittel involviert war und sich diese tatsächlichen Aktivitäten auch in seinem tatsächlichen Gründungsumfang widerspiegelten, reichte insofern aus. Eine Auswirkung der Tätigkeit des Trusts im Gründungsstaat (Liechtenstein) sei nicht erforderlich.[548] Auch dies spricht deutlich gegen die Vorgaben des BMF-Schreibens vom 17.3.2021.

Und schließlich: Der Hinweis, dass die „Anmietung von Büroräumlichkeiten“ oder die „nur geringfügige Wahrnehmung von Funktionen“ für den Entlastungsbeweis nicht ausreichend sein soll, können der höchstrichterlichen Rechtsprechung nicht entnommen werden. Vielmehr hat der BFH anerkannt, dass Kapitalanlage- und Finanzierungsfunktionen generell eine „eigenwirtschaftliche Tätigkeit“ darstellen können und dass für diese Funktionen die Substanzanforderungen im konkreten Einzelfall herabzusetzen sind.[549] Ferner hat der BFH in seinem Urteil vom 13.8.2018 – unter Bezugnahme auf die Cadbury-Schweppes-Entscheidung – hervorgehoben, dass der *„Umstand, dass die Tätigkeiten der beherrschten ausländischen Gesellschaft ebenso gut im Ansässigkeitsstaat des beherrschenden Gesellschafters hätten ausgeführt werden können“*, keinen Schluss auf das Vorliegen einer „rein künstlichen Gestaltung“ zulässt.[550] Daher ist bei Kapitalanlagetätigkeiten nur eine „funktionsadäquate“ Substanz notwendig, ohne dass es auf „ortsgebundene“ Funktionen ankäme. Damit gilt: Der Substanznachweis ist funktionsadäquat zu führen, so dass je nach Tätigkeit der Gesellschaft eine geringfügige Nutzung des örtlichen Beschaffungsmarkts ausreichen muss; eine Nutzung des örtlichen Absatzmarktes ist nicht notwendig und kann auch nicht auf Basis der EuGH-Rechtsprechung gefordert werden. Soweit die Anforderungen über die objektive Prüfung einer tatsächlichen

---

547 EFTA-GH, Urt. vom 9.7.2014 - E-3/13 u. E-20/13, *Fred. Olsen u.a. und Petter Olsen u.a.*

548 EFTA-GH, Urt. vom 9.7.2014, E-3/13 u. E-20/13, *Fred. Olsen u.a. und Petter Olsen u.a.*, Tz. 99.

549 BFH, Urt. vom 29.1.2008 - I R 26/06, BStBl. II 2008, 978, Tz. II.2.b.bb).

550 BFH, Urt. vom 13.6.2018 - I R 94/15, BStBl. II 2020, 755, Tz. B.I.2.c.cc).

Niederlassung hinausgehen, dürfte eine solche restriktive Auslegung nicht mit den unionsrechtlichen Vorgaben vereinbar sein.[551]

Das BMF-Schreiben erweckt – im Gegensatz zur Rechtsprechung des EuGH – in seiner Tz. II außerdem den Eindruck, dass der Entlastungsbeweis i. S. e. „Substanztests" zur Erreichung einer Nichtanwendung der Hinzurechnungsbesteuerung in EU-/EWR-Fällen einerseits sowie in Drittstaatensachverhalten andererseits nach den gleichen Maßstäben anzulegen sei. Für EU-Fälle erweckt dies den unzureffenden Eindruck, dass über den Substanztest hinaus kumulativ verknüpfend der Nachweis zu erfolgen habe, dass keines der Hauptziele einer Gestaltung darin besteht, Gewinne in (EU-)Gebiete mit niedrigerem Besteuerungsniveau zu transferieren. Tatsächlich reicht aber die Erfüllung des Substanznachweises und einer wirtschaftlichen Tätigkeit für den Gegenbeweis im Rahmen der Niederlassungsfreiheit aus. Die steuerliche Motivation spielt dann keine Rolle mehr. Denn das Streben nach einem steuerlichen Vorteil, z. B. durch die Ausnutzung eines Standortvorteils, ist jedenfalls in unionsinternen Fällen kein vom EuGH anerkanntes Ziel und für sich genommen nicht „bekämpfenswert". Auch diese Position der Finanzverwaltung ist insoweit nicht durch die EuGH-Rechtsprechung gedeckt und infolgedessen europarechtlich nicht haltbar.

Dem Grundsatz nach ist dieses BMF-Schreiben zum alten Recht ergangen. Der Wortlaut des § 8 Abs. 2 AStG hat sich mit dem 2021 erlassenen ATADUmsG deutlich verschärft. Der strengen Sichtweise des BMF könnte in Zukunft eine größere praktische Bedeutung zukommen, wenn man unterstellt, das BMF-Schreiben würde auch auf den § 8 Abs. 2 AStG i. d. F. des ATADUmsG Anwendung finden.

4. Zwischenergebnis

Die unionsrechtlich gebotenen Grundfreiheiten beschränken den Anwendungsbereich der deutschen Hinzurechnungsbesteuerung. Dies gilt sowohl für die Niederlassungs- als auch für die Kapitalverkehrsfreiheit. Liegt eine Beschränkung vor, so kann diese nur noch durch die Notwendigkeit der Bekämpfung steuerlichen Missbrauchs in Form rein künstlicher, jeder wirtschaftlichen Realität barer Gestaltungen, gerechtfertigt werden. Das Fehlen einer wirtschaftlichen Tätigkeit ist ein gewichtiges Indiz für eine künstliche Gestaltung.

551 Siehe dazu den sachlichen Schutzbereich der Niederlassungsfreiheit Kapitel 3 B.II.2.

Nach den Vorstellungen des EuGH setzt eine eigenwirtschaftliche Tätigkeit zum einen ein Mindestmaß an personellen und sachlichen Ressourcen im Ansässigkeitsstaat voraus („Substanztest"). Ganz ohne Personal und ohne sachliche Geschäftsaustattung kann sich der EuGH nur schwerlich eine eigenwirtschaftliche Tätigkeit vorstellen. Die physische Präsenz im Ansässigkeitsstaat muss darüber hinaus auf eine gewisse Dauer angelegt sein und nicht nur vorübergehend, d. h. nicht nur einzelfall- bzw. geschäftsfallbezogen, verwirklicht worden sein. An Art und Umfang der wirtschaftlichen Tätigkeit stellt der EuGH dagegen keine (hohen) Anforderungen. Klar ist, dass der EuGH eine wie auch immer geartete wirtschaftliche Tätigkeit akzeptiert; hierzu zählen auch reine Verwaltungs- und Finanzierungsgesellschaften. Dies gilt auch dann, wenn mit der Einschaltung der ausländischen Gesellschaft steuerliche Vorteile verbunden sind. Dagegen wird der Substanztest nicht bestanden, wenn die ausländische Gesellschaft im Ansässigkeitstaat keine eigene wirtschaftliche Tätigkeit entfaltet, insbesondere kein (eigenes) Personal beschäftigt und über keine (eigenen) Geschäftsräume verfügt, sprich: funktionslos ist.

Dies deckt sich auch mit der Rechtsprechung des BFH zur Zwischenschaltung einer niedrigbesteuerten ausländischen Gesellschaft. Danach kommt es für das Vorliegen einer wirtschaftlichen Tätigkeit nicht darauf an, ob die ausländische Beteiligungsgesellschaft eine „substanzarme" oder „substanzintensive" Tätigkeit ausübt. Entscheidend ist nur, dass die Gesellschaft die ihr zugesprochenen Funktionen tatsächlich und eigenständig mittels einer festen Einrichtung im Ansässigkeitsstaat ausübt. Daran ändert auch die zum Teil überschießende Rechtsmeinung des BMF nichts, dessen weitere Anforderungen, nämlich *„die gezielte Nutzziehung von Ressourcen im Aufnahmestaat"* und in diesem Zusammenhang z. B. *„gut ausgebildetes Personal oder günstige Produktionsbedingungen im Rahmen der Beschaffungsaktivität oder z. B. besondere Kundennähe im Rahmen der Absatzmarktaktivität"* sich auch so nicht aus der EuGH-Rechtsprechung und dem insbesondere noch gültigen Cadbury-Schweppes-Urteil ableiten lassen. Wenn außerdem verlangt wird, dass die *„Ausübung der Geschäftstätigkeit im Aufnahmestaat" [...] einen relevanten Umfang erfordern und erreichen"* sowie *„die Teilnahme am dortigen Marktgeschehen [...] aktiv, ständig und nachhaltig"* sein müsse, so müssen diese als irreführend bezeichnet werden.

Der Begriff „rein künstliche Gestaltung" deckt sich im Kontext der Kapitalverkehrsfreiheit indes nicht unbedingt mit den niederlassungsspezifischen Substanzanforderungen. Das Vorhandensein von Personal und

Geschäftseinrichtung kann zwar auch im Rahmen der Anwendung der Kapitalverkehrsfreiheit als Indiz für bzw. gegen das Vorliegen einer rein künstlichen Gestaltung dienen. Allerdings ist dies keine absolute Bedingung mehr. Im Rahmen der Anwendung des freien Kapitalverkehrs wird der Bedeutung der wirtschaftlichen oder sonst beachtlichen Gründe für die Einschaltung der ausländischen Gesellschaft vom EuGH eine stärkere Bedeutung beigemessen. Die physische Präsenz tritt in den Hintergrund. Entscheidend sind in diesen Fällen wohl die Motive des Steuerpflichtigen für die Einschaltung der ausländischen Gesellschaft (Motivtest).

III. Wesentlichkeit als neues qualitatives Merkmal

Die Rechtsprechung des BFH zur Zwischenschaltung einer niedrigbesteuerten ausländischen Gesellschaft war über viele Jahre von der allgemeinen steuerlichen Missbrauchsvorschrift des § 42 AO geprägt. Die Anwendung dieses allgemeinen Rechtsmissbrauchsgedankens auf die Zwischenschaltung einer niedrigbesteuerten ausländischen Gesellschaft, aber auch die Rechtsprechung des EuGH zu Cadbury Schweppes, führte im Grunde genommen dazu, dass die Hinzurechnungsbesteuerung im Verhältnis zu Mitgliedstaaten der EU und des EWR quasi keinen Bestand mehr hatte. Der BFH hatte insbesondere durch seine Dublin Docks-Entscheidungen die Anforderungen an eine wirtschaftliche Tätigkeit weit heruntergefahren. Das BMF reagierte auf diese Entwicklung mit einem faktischen Nichtanwendungserlass. Das Verständnis des BFH könnte durch den neu formulierten Substanztest und der damit einhergehenden Forderung einer wesentlichen wirtschaftlichen Tätigkeit nunmehr zugunsten des BMF gekippt worden sein.

Nach Art. 7 Abs. 2 Bstb. a Satz 2 ATAD findet die Hinzurechnungsbesteuerung keine Anwendung, wenn das beherrschte ausländische Unternehmen eine wesentliche wirtschaftliche Tätigkeit ausübt. Um den Vorgaben der ATAD gerecht zu werden, passte der deutsche Gesetzgeber im Rahmen des ATADUmsG den Wortlaut des § 8 Abs. 2 Satz 1 AStG an die Vorgaben des Sekundärrechts an. Damit der Gegenbeweis gelingt, muss künftig nachgewiesen werden können, dass die ausländische Gesellschaft keiner tatsächlichen, sondern einer wesentlichen wirtschaftlichen Tätigkeit nachgeht. Weder aus der Richtlinie noch aus der Gesetzesbegründung lässt sich eine Definition des Begriffs „wesentlich“ ableiten, der offensichtlich den Begriff „wirklich“ aus der Rechtsprechung des EuGH zu substituieren bezweckt.[552] Klar ist: Der neue Wortlaut impliziert eine inhaltliche Verschärfung. Wie *Schönfeld* treffend formuliert, kann eine *„wirtschaftliche Tätigkeit deutlich einfacher wirklich sein, ohne zugleich als wesentlich zu erscheinen“*.[553] Damit drängt sich die Relevanz der Tätigkeit der ausländischen Gesellschaft in den Vordergrund des Nachweiserfordernisses.[554] Dies geht ganz klar zulasten der Rechtssicherheit, wie nachfolgende Beispiele zeigen.

Die Wesentlichkeit im Hinblick auf die wirtschaftliche Tätigkeit könnte bspw. bei Kapitalanlage- und Finanzierungsgesellschaften fehlen, v. a., wenn die Wirtschaftstätigkeit der ausländischen Gesellschaft allein darin besteht, Geldmittel, die als Eigenkapital der Gesellschaft von den Anteilseignern zur Verfügung gestellt werden, nach näherer Weisung der Anteilseigner als verzinsliches Darlehen an andere Konzerngesellschaften außerhalb des Ansässigkeitsstaates weiterzuleiten. Allein die Anmietung eines Büros und die Anstellung eines Geschäftsführers könnten dieses Ergebnis auch nicht heilen, da es in diesen Fällen bereits an einer wesentlichen wirtschaftlichen Tätigkeit im Ansässigkeitsstaat fehlt. Erschöpft sich die Tätigkeit der ausländischen Gesellschaft also in der Weiterleitung der ihr zur Verfügung gestellten Geldmittel und der damit zusammenhängenden Verwaltung, könnte dies künftig die Anwendung des § 8 Abs. 2 AStG ausschließen.

Passive Verwaltungsgesellschaften erfüllen i. d. R. die Voraussetzungen der §§ 7 ff. AStG und lösen grds. die Hinzurechnungsbesteuerung aus. Beschränkt sich die ausländische Gesellschaft auf eine solch passive Beteiligungsverwaltung, bei der sie über das bloße Halten von Beteiligungen hinaus keine wesentliche Tätigkeit entfaltet, so könnte dies künftig gegen eine wesentliche wirtschaftliche Tätigkeit i. S. d. neuen § 8 Abs. 2 Satz 1

---

552 Diese Abweichung findet sich nicht nur in der deutschen Fassung der ATAD-Richtlinie, sondern ist auch in anderen Übersetzungen in vergleichbarer Weise auszumachen; vgl. z. B. *„substantive economic activity“* in der englischen Fassung der ATAD-Richtlinie und *„any genuine activity“* in der Rs. *Cadbury Schweppes*; oder *„une activité économique substantielle“* in der französischen Fassung der ATAD-Richlinie und *„aucune activité économique effective“* in der Rs. *Cadbury Schweppes.*

553 *Schönfeld*, IStR 2017, 949 (951).

554 *Bärsch/Schneider*, DB 2022, 81 (84); *Richter/Kortendick/Ekinci*, GmbHR 2020, 694 (697).

AStG sprechen.[555] Bei sog. aktiven Beteiligungsverwaltungen, bei denen die eingeschaltete ausländische Gesellschaft als Holdinggesellschaft die Geschicke ihrer Tochtergesellschaften planmäßig steuert, sollte hingegen die Vermutung bestehen, dass die wirtschaftliche Tätigkeit auch wesentlich ist.

Ferner könnte das Bündeln von immateriellen Wirtschaftsgütern, für deren Herstellung die ausländische Gesellschaft nicht im Wesentlichen selbst die Aufwendungen getragen hat, die Vermutung zulassen, dass diese Tätigkeit noch keine wesentliche wirtschaftliche Tätigkeit begründet.[556] Weist die ausländische Gesellschaft allerdings nach, dass die Herstellung der immateriellen Wirtschaftsgüter das Ergebnis eigener Forschungs- und Entwicklungsarbeit ist, die ohne Mitwirkung eines Steuerpflichtigen, der gem. § 7 AStG an der Gesellschaft beteiligt ist, oder einer einem solchen Steuerpflichtigen nahestehenden Person i. S. d. § 1 Abs. 2 AStG unternommen worden ist, so ist dagegen von einer aktiven Tätigkeit i. S. d. § 8 Abs. 1 Nr. 6 Bstb. a AStG auszugehen, die eine Hinzurechnungsbesteuerung ohnehin ausschließt.

Die vorliegenden Beispiele belegen, dass die Anwendung der Hinzurechnungsbesteuerung in Zukunft stark davon abhängen wird, wie weit bzw. eng der Begriff „wesentlich" auszulegen ist. Eine pauschale Missbrauchsvermutung bei der Ausübung bestimmter wirtschaftlicher Tätigkeiten ohne die Möglichkeit des Gegenbeweises ist zugunsten der Grundfreiheiten und vor dem Hintergrund der ursprünglich und noch immer gültigen Ziele der Europäischen Union, nämlich die Errichtung und Vollendung eines Binnenmarkts, abzulehnen. Insoweit sollte das Vorliegen einer wesentlichen wirtschaftlichen Tätigkeit stets nach dem Gesamtbild der Verhältnisse der ausländischen Gesellschaft, wozu auch die personelle und sachliche Substanz und die betriebswirtschaftliche Stellung innerhalb der Organisation gehört, beurteilt werden, welches nachfolgend thematisiert wird.

---

555 So bspw. die österreichische Sicht; vgl. Verordnung des Bundesministers für Finanzen zur Durchführung der Hinzurechnungsbesteuerung und des Methodenwechsels bei Passiveinkünften niedrigbesteuerter Körperschaften (VO-Passiveinkünfte niedrigbesteuerter Körperschaften), BGBl. II 2019/21; Siehe dazu etwa *Kanduth-Kristen*, ÖStZ 2019, 80; *Schilcher/Knesl*, RdW 2019, 54.

556 So bspw. die österreichische Sicht; vgl. Verordnung des Bundesministers für Finanzen zur Durchführung der Hinzurechnungsbesteuerung und des Methodenwechsels bei Passiveinkünften niedrigbesteuerter Körperschaften (VO-Passiveinkünfte niedrigbesteuerter Körperschaften), BGBl. II 2019/21.

C. Personelle und sachliche Substanz als Ausdruck für die Ausübung der wesentlichen wirtschaftlichen Tätigkeit

I. Vorbemerkungen

Als Indiz für die Ausübung einer wesentlichen wirtschaftlichen Tätigkeit sieht das Gesetz den Einsatz der für die Ausübung der Tätigkeit erforderlichen physischen und personellen Ausstattung vor (§ 8 Abs. 2 Satz 2 AStG). Eine wesentliche wirtschaftliche Tätigkeit setzt demnach voraus, dass die ausländische Gesellschaft über jenes Ausmaß an Personal und Geschäftsausstattung verfügt, das in einem angemessenen Verhältnis zu der ihr zugeschriebenen Tätigkeit steht. Es reicht nicht aus, wenn die ausländische Gesellschaft irgendeine Substanz im Ansässigkeitsstaat vorhält. Diese muss in quantitativer Hinsicht in der Lage sein, die behauptete wirtschaftliche Tätigkeit auch tatsächlich zu erbringen.

Nach § 8 Abs. 2 Satz 3 AStG erfordert der Substanznachweis neben quantitativen auch qualitative Elemente. Danach muss die wirtschaftliche Tätigkeit durch hinreichend qualifiziertes Personal selbstständig und eigenverantwortlich ausgeübt werden. Erst wenn die ausländische Gesellschaft in der Lage ist, die von ihr angestrebte wesentliche wirtschaftliche Tätigkeit mit hinreichend qualifiziertem Personal selbstständig und eigenverantwortlich zu erfüllen, kann eine rein künstliche Gestaltung ausgeschlossen werden. Während das erste Kriterium gewissermaßen die körperliche Präsenz der ausländischen Gesellschaft im Ausland betrifft, bezieht sich letzteres im Grunde auf die Authentizität der von der ausländischen Gesellschaft erbrachten Leistungen.[557] Der Blick ist erkennbar auf das „Innere“ der ausländischen Gesellschaft gerichtet.

II. Einsatz von personeller und sachlicher Ausstattung

Das erste Kriterium der physischen Präsenz verlangt, dass die ausländische Gesellschaft über die erforderlichen Geschäftsräume und über die erfor-

557 Die qualitativen Forderungen hatte GA *Léger* bereits in seinen Schlussanträgen zum EuGH, Urt. vom 12.9.2006 – Rs. C-196/04, *Cadbury Schweppes und Cadbury Schweppes Overseas*, ECLI:EU:C:2006:278, Rz. 113 gefordert. Der EuGH hat das subjektive Kriterium in seiner Entscheidung jedoch ausdrücklich nicht übernommen.

derliche Anzahl an Mitarbeitern im Ausland verfügt, die zur Erbringung ihrer konkreten Aufgaben erforderlich sind. Im Konkreten bedeutet dies, dass das vorhandene Personal mithilfe der vorhandenen Ausstattung in der Lage sein muss, der behaupteten wesentlichen wirtschaflichen Tätigkeit nachzukommen. Dies setzt zweifellos eine feste Geschäftseinrichtung im Ansässigkeitsstaat voraus. Dabei hängt der Umfang der physischen Präsenz maßgeblich von der Art der Tätigkeit im Ausland ab. So werden bspw. die aktive Vermögensverwaltung und die Konzernfinanzierungstätigkeit i. d. R. wenig Personal und sachliche Ressourcen erfordern, so dass u. U. keine besonders hohen Anforderungen an diese Merkmale zu stellen sind.[558] Diese Auffassung deckt sich im Übrigen auch mit der Rechtsprechung des BFH. In diesem Sinne hatte der BFH in seinem Urteil vom 29.1.2008 entschieden, dass vermögensverwaltende Funktionen oder Finanzierungstätigkeiten *„gemeinhin keine besondere sächliche, räumliche und personelle Ausstattung und kein[en, d. Verf.] besondere[n, d. Verf.] „Apparat" [benötigen, d. Verf.]"*.[559]

Weder die Rechtsprechung des EuGH noch die des BFH lassen es zu, Tätigkeiten aus dem Gegenbeweis auszuklammern, die naturgemäß nur wenig physische Substanz erfordern. Eine Niederlassung in einem anderen Mitgliedstaat ist demnach auch dann geschützt, wenn nur wenig Ausrüstungsgegenstände und Personal vorhanden sind. Von der ausländischen Gesellschaft darf schließlich nicht mehr Substanz verlangt werden, als sie zur eigenen wesentlichen wirtschaftlichen Tätigkeit tatsächlich benötigt.[560] Vielmehr ist entscheidend, ob die ausländische Gesellschaft in der Lage ist, mit den ihr zur Verfügung stehenden Räumlichkeiten, den Einrichtungen und dem Personal die ihr zugeschriebene Tätigkeit auszuüben. Für den Substanznachweis ist es insoweit unerheblich, ob die wirtschaftliche Tätigkeit dem Grunde nach als „substanzintensiv" oder „substanzarm" zu charakterisieren ist.[561]

Auf Grundlage dieser Feststellung ist für die Bestimmung der nötigen Mindestsubstanz stets auf die konkrete Tätigkeit der beherrschten ausländischen Gesellschaft abzustellen. Es wäre mithin befremdlich, wenn hier höhere Anforderungen gestellt würden, als dies ein ordentlicher Geschäfts-

558 *Ditz/Ekinci*, Ubg 2021, 361 (364); *Richter/Kortendick/Ekinci*, GmbHR 2020, 694 (699).

559 BFH, Urt. vom 29.1.2008 - I R 26/06, BStBl. II 2008, 978, Tz. II.2.b.bb.

560 *Richter/Kortendick/Ekinci*, GmbHR 2020, 694 (699).

561 *Geringer*, SWI 2019, 541 (545).

führer für erforderlich hielte. Für den Geschäftsbetrieb nicht erforderliche Tätigkeiten und Kosten sollten nicht ausschließlich für Zwecke der steuerlichen Akzeptanz aufgewendet werden müssen.[562] Dies würde aus betriebswirtschaftlicher Sicht zu einem paradoxen Ergebnis führen – ein Ergebnis, dass so sicher nicht gewollt und auch nicht richtig sein kann. Sind hinreichend Räumlichkeiten, Personal und Ausstattung vorhanden, so ist dies ein starkes Indiz für eine echte wirtschaftliche Tätigkeit.

Mit Personal ist grundsätzlich sowohl geschäftsleitendes als auch sonstiges operatives Personal angesprochen. Je nach Art der konkreten Tätigkeit kann der Umfang des Personals unterschiedliche Ausmaße annehmen. Ob dieses Personal – damit ist nicht das geschäftsleitende Personal gemeint – arbeitsvertraglich an das Unternehmen gebunden ist oder von Konzerngesellschaften bzw. im Rahmen von Personalleasing zur Verfügung steht, ist unerheblich. Entscheidend ist, dass so viel Personal vorhanden ist, dass das ausländische Unternehmen die ihr zugesprochene Tätigkeit selbstständig ausüben kann.[563]

Darüber hinaus muss die ausländische Gesellschaft über eine für ihren Geschäftszweck angemessen eingerichtete Geschäftsausstattung verfügen. Dabei darf es keinen Unterschied machen, ob die wirtschaftliche Tätigkeit in eigenen oder gemieteten Räumlichkeiten ausgeübt wird. Eine nicht angemessene Ausstattung wird man nur bei groben Missverhältnissen annehmen dürfen.

Diese Feststellung deckt sich im Übrigen auch mit der Rechtsprechung des BFH. Im Zypern-Fall hatte dieser einer mittelbar deutschbeherrschten zypriotischen Gesellschaft, die auf Zypern Büroräume von einer dort ansässigen Bank angemietet und von dort aus durch die einzige Geschäftsführerin administrative Aufgaben wahrgenommen hatte, eine angemessene Ausstattung zugesprochen. Bezogen auf die Gewinne, die auf die kaufmännische und administrative Abwicklung der Lizenzgeschäfte entfielen, sah der BFH die aufgestellten Substanzerfordernisse in der Rs. *Cadbury Schweppes* als erfüllt an. Denn die Gesellschaft ging in „eigenen" Geschäftsräumen mit eigenem Personal den vorgenannten kaufmännischen und administrativen Tätigkeiten nach. In Anbetracht der limitierten Funktion der zypriotischen Gesellschaft lag genügend Substanz vor, um ihrer Geschäftstätigkeit im Ansässigkeitsstaat nachzugehen.

562 *Richter/Kortendick/Ekinci*, GmbHR 694 (699).

563 *Böhmer/Gebhardt/Krüger*, in: Hagemann/Kahlenberg (Hrsg.), Anti Tax Avoidance Directive (ATAD), Art. 7 Rn. 178.

Diese Ausführungen des BFH unterstreichen noch einmal die eingangs getroffene Feststellung, dass bei derartigen Geschäftstätigkeiten keine allzu hohen Anforderungen an das personelle und sachliche Substanzerfordernis gestellt werden dürfen, so dass die Substanzanforderungen auf das notwendige Ausmaß zurückgefahren werden müssen.[564] Bewusst provozierend könnte hier die These aufgestellt werden, ob nicht erst die körperlich übermäßige Anreicherung derartiger Gesellschaften als künstlich anmuten würden. Nicht ausreichend ist jedoch das Vorhalten irgendeiner Substanz. Die Substanzerfordernisse sind stets anhand der charakteristischen Merkmale der betreffenden Tätigkeit zu stellen. Das heißt, allein das Vorliegen irgendeines qualifizierten Geschäftsbetriebs kann für sich genommen noch nicht die konkreten Substanzerfordernisse einer bestimmten Tätigkeit erfüllen.

III. Eigenständige und eigenverantwortliche Ausübung durch hinreichend qualifiziertes Personal

Dem Gesetzeswortlaut nach bedarf es zudem des Nachweises, dass die ausländische Gesellschaft ihre Geschäftstätigkeit durch hinreichend qualifiziertes Personal selbstständig und eigenverantwortlich ausführt (§ 8 Abs. 2 Satz 3 AStG). Dieser erweiterte Substanztest, der auch auf die Qualität des Personals Bezug nimmt, entspricht nicht der Rechtsprechung des EuGH und auch nicht den Vorgaben der ATAD[565]. Zwar hatte bereits GA *Léger* in seinen Schlussanträgen gefordert, für die „Echtheit“ der erbrachten Leistungen auch die Kompetenz des Personals der Tochtergesellschaft zu untersuchen.[566] Diese Auffassung fand allerdings keinen Einzug in die Urteilsbegründung des EuGH.

Aussagen zur Mindestqualifikation des Personals lassen sich dem EuGH in der Rs. *Cadbury Schweppes* nicht entnehmen. Gleichwohl ist dem Gesetzgeber bei der Forderung nach qualifiziertem Personal ein Stück weit

564 In diesem Sinne BFH, Urt. vom 29.1.2008 - I R 26/06, BStBl. II 2008, 978, Tz. II.2.b.bb.

565 Die ATAD fordert lediglich, dass *„[…] das beherrschte ausländische Unternehmen, gestützt auf Personal, Ausstattung, Vermögenswerte und Räumlichkeiten eine wesentliche wirtschaftliche Tätigkeit ausübt […]“*; vgl. Art. 7 Abs. 2 Bstb. a) Unterabs. 2 ATAD.

566 Rn. 113 der Schlussanträge des GA *Léger* zum EuGH, Urt. vom 12.9.2006 - Rs. C-196/04, *Cadbury Schweppes und Cadbury Schweppes Overseas*, ECLI:EU:C:2006:278.

zuzustimmen. Dies beruht auf dem simplen Gedanken, dass eine Gesellschaft die ihr übertragenen Aufgaben nur dann selbstständig erledigen kann, wenn das vorhandene Personal auch befähigt ist, diese zu erfüllen.[567] Fehlt es an hinreichend qualifiziertem Personal, so könnte dies für die Annahme einer künstlichen Konstruktion sprechen.

Damit sollen (mutmaßlich) zuvorderst Gestaltungen erfasst werden, die durch ein grobes Missverhältnis zwischen der Qualifikation des Personals und der konkreten Tätigkeit der Gesellschaft gekennzeichnet sind.[568] Letztlich soll dadurch vermutlich vermieden werden, dass unqualifiziertes Strohpersonal eingestellt wird, um die undefinierten Vorgaben des EuGH zu erfüllen.

Auf der Grundlage dieser Einsicht stellt sich allerdings dann die Frage, ob der Gesetzgeber mit dem eher schwierig nachzuweisenden Element nicht Fragen der Missbrauchsidentifikation mit der Bestimmung des Ortes der Geschäftsleitung vermengt. Würden die wesentlichen operativen Entscheidungen der ausländischen Gesellschaft nicht durch die Organe der Gesellschaft im Ausland, sondern durch die Organe der Muttergesellschaft im Inland getroffen werden, wäre dies wohl eher eine Frage der unbeschränkten Steuerpflicht. In solchen Fällen würde die ausländische Gesellschaft gar nicht der Hinzurechnungsbesteuerung unterliegen, weil der Ort der Geschäftsleitung dann regelmäßig als im Inland befindlich bestimmt würde. Wird der Ort der Geschäftsleitung hingegen im Ausland gesehen, so ist wohl i. d. R. davon auszugehen, dass das vorhandene Personal hinreichend qualifiziert ist, um die Funktion der Gesellschaft zu erfüllen.[569]

IV. Schädliches Outsourcing[570]

Das Fehlen einer wesentlichen wirtschaftlichen Tätigkeit wird automatisch angenommen, wenn die ausländische Gesellschaft ihre wesentlichen Geschäftstätigkeiten überwiegend auf Dritte verlagert (§ 8 Abs. 2 Satz 5

567 *Schönfeld/Wassermeyer* in: Flick/Wassermeyer/Baumhoff u. a. (Hrsg.), Außensteuerrecht, 81. Lfg. 7.2017, § 8 AStG, Rn. 490.

568 *Schönfeld/Wassermeyer* in: Flick/Wassermeyer/Baumhoff u. a. (Hrsg.), Außensteuerrecht, 81. Lfg. 7.2017, § 8 AStG, Rn. 490.

569 So schon *Thiele*, Hinzurechnungsbesteuerung und Unionsrecht, 2010, S. 204.

570 Im Wesentlichen bereits veröffentlicht in *Richter/Kortendick/Ekinci*, GmbHR 2020, 694 (700 f.).

AStG). Die Gesetzesbegründung führt dazu aus, dass die ausländische Gesellschaft in diesem Fall den niederlassungsspezifischen Substanzanforderungen nicht mehr gerecht werden kann.[571] Als Ergebnis folgt aus dem Gesetzeswortlaut eine typisierende Missbrauchsvermutung ohne Gegenbeweismöglichkeit.

Ganz offensichtlich will der Gesetzgeber damit dem Outsourcing begegnen und dieses in pauschaler Form als schädlich für die Anwendung des Substanztests sanktionieren. Dies steht ganz offensichtlich im Widerspruch zur Rechtsprechung des BFH[572] und des EuGH[573] und verkennt die Lebenswirklichkeit in Unternehmensabläufen. Nicht jedes Auslagern wirtschaftlicher, vielleicht sogar wesentlicher (Kern-)Funktionen ist gleichbedeutend mit dem Fehlen einer wesentlichen wirtschaftlichen Tätigkeit. Erst recht stehen Unternehmen, die ihre Kernfunktionen auf Dritte auslagern, nicht überdurchschnittlich im Verdacht, missbräuchlich zu sein. Ganz im Gegenteil: Es ist im Geschäftsleben üblich, auch Fremdleistungen von Dritten zu beziehen, gerade in einer zunehmend globalisierten und in vielen Bereichen arbeitsteilig spezialisierten Unternehmenslandschaft.

Die Motive für die Auslagerung können vielfältig sein. Zumeist wird der Wunsch der Kostenreduzierung im Vordergrund stehen. Aber auch die Auslagerung an Spezialisten, deren Arbeit ggf. qualitativ hochwertiger ist als die der eigenen Mitarbeiter, könnte für ein Outsourcing sprechen. Allein der technische Fortschritt der letzten Jahre belegt, dass Unternehmen zunehmend von dem Know-how respektive der Expertise von Spezialisten abhängig sind. Viele Unternehmen sind nicht imstande, alle oder auch nur den Großteil der Dienstleistungen selbst zu erbringen oder Produkte ohne Zulieferung selbst zu produzieren. In Zeiten fortschreitender internationaler Verflechtung und Digitalisierung wäre es nicht sachgerecht und europarechtlich äußerst bedenklich, wenn das Auslagern der wesentlichen wirtschaftlichen Tätigkeit per se als schädlich eingestuft würde, solange eine originäre Aktivität bei der Auslandsgesellschaft verbleibt.[574] Ob die ausländische Gesellschaft alle Kernfunktionen selbst ausübt oder hierfür auf fremde Dritte zurückgreift, darf keinen Unterschied machen. Die Tätigkeit der fremden Dritten ist i. d. R. dem Auftraggeber zuzurechnen.

---

571 BT-Drucks. 19/28652, Begründung Besonderer Teil, S. 57.

572 Vgl. BFH, Urt. vom 19.1.2000 - I R 94/97, BStBl. II 2001, 222.

573 Vgl. EuGH, Urt. vom 14.6.2018 - Rs. C-440/17, *GS*, ECLI:EU:C:2018:437.

574 Siehe zur alten Rechtslage bereits *Lehfeldt*, in: Strunk/Kaminski/Köhler (Hrsg.), AStG/DBA, 45. Lfg. 9.2016, § 8 Rn. 182.21.

Mit der Vermeidung eines Outsourcings aus rein steuerlichen Gründen würden restriktivere Anforderungen gestellt, als ein ordentlicher Geschäftsführer es für erforderlich hielte. In solchen Fällen müssten - allein für die steuerliche Akzeptanz - Tätigkeiten selbst ausgeübt werden, die andere günstiger und/oder qualitativ besser zuliefern könnten, was ökonomischen Überlegungen zuwiderliefe. Dass § 8 Abs. 2 Satz 5 AStG nur dann anwendbar sein soll, wenn die wesentliche wirtschaftliche Tätigkeit „überwiegend" durch Dritte besorgt würde, entkräftet obige Argumente nicht. Pauschal sollte nicht ohne weitere Differenzierung gefordert werden, wirtschaftliche Tätigkeiten selbst durchführen zu müssen, um nicht als künstlich eingestuft zu werden. Solange die Gesellschaft über einen Geschäftsführer verfügt, ihre Entscheidungen selbst trifft und die Chancen und Risiken ihrer Geschäftstätigkeit trägt, kann nicht von einer künstlichen Gestaltung ausgegangen werden, selbst wenn die ausländische Gesellschaft sich fremder Dritter bedient. Sollte die Ausübung der Tätigkeit durch das eigene Personal kostengünstiger sein, wird sich die Gesellschaft ohnehin für den Einsatz des eigenen Personals entscheiden.

Fraglich ist zudem, ob „Dritte" i. S. v. § 8 Abs. 2 Satz 5 AStG nur voneinander unabhängige Dritte oder auch nahestehende Personen i. S. v. § 1 Abs. 2 AStG sein können und mithin insbesondere die Leistungsbeziehungen innerhalb des Konzernverbunds davon umfasst werden. Letztere sollten außen vor bleiben, da insbesondere regionale Tochtergesellschaften häufig umfassende Leistungen von der Muttergesellschaft oder sonstigen Konzerngesellschaften beziehen. Ohnehin müssten bei konzerninternen Leistungen angemessene Verrechnungspreise vorliegen. Ein solcher Aspekt hat nichts mit der Missbrauchsidentifizierung zu tun. Dies wären Fragen der Gewinnabgrenzung, die getrennt von der Frage des Missbrauchs i. S. d. § 8 Abs. 2 AStG zu beantworten sind.

Was die Rechtsprechung des BFH anbelangt, entschied dieser bereits, dass die Übertragung (vermeintlicher) Kernfunktionen ausländischer Gesellschaften auf Dritte, jedenfalls im gleichen Ansässigkeitsstaat, steuerlich unschädlich ist.[575] Ebenso wies der EuGH im Rahmen der Problematik des Outsourcings daraufhin, dass der Umstand, dass eine Gesellschaft im Mitgliedstaat ihre Geschäftstätigkeit im Wesentlichen oder gar gänzlich über eine Konzerngesellschaft in einem anderen Mitgliedstaat ausübt, für

575 BFH, Urt. vom 19.1.2000 - I R 94/97, BStBl. II 2001, 222, Tz. II.1.c.bb.

sich genommen keine künstliche Gestaltung begründet.[576] Bei der Beurteilung, ob die ausländische Gesellschaft wirtschaftlich tätig ist oder eine rein künstliche Gestaltung vorliegt, ist nach der hier vertretenen Auffassung insoweit auf eine Konzernbetrachtung abzustellen und nicht auf die einzelne Zwischengesellschaft isoliert in dem Sinne, dass innerhalb eines Konzerns auf die bestehende Substanz zurückgegriffen werden kann.

Das Gebot der Einzelfallprüfung schließt es jedenfalls aus, Vorteile aus Konzernverhältnissen von vornherein aus der Gegenbeweismöglichkeit auszuschließen.[577] Bei der Feststellung einer rein künstlichen Gestaltung verlangt der EuGH mithin, dass Gesichtspunkte wie die organisatorischen, wirtschaftlichen oder sonst beachtlichen Merkmale der Unternehmensgruppe berücksichtigt werden.[578] Insofern ist nicht jedes Outsourcing von wesentlichen Kernfunktionen gleichbedeutend mit dem Fehlen einer wesentlichen wirtschaftlichen Tätigkeit. Nur in solchen Fällen, in denen die wirtschaftlichen Funktionen in einem solchen Ausmaß an andere übertragen werden, dass die Gesellschaft an und für sich völlig ausgehöhlt ist und keinerlei Funktion hat, könnte es sich um künstliche Gestaltungen handeln.[579] Ein Paradebeispiel hierfür wären die ohnehin schädlichen, nicht autonomen Briefkasten- bzw. Strohfirmen. Insofern erscheint auch im Rahmen des Outsourcings eine Gegenbeweismöglichkeit dringend angezeigt.

D. Geforderte Segmentierung im Hinblick auf die erzielten passiven Einkünfte unter Berücksichtigung des Fremdvergleichsgrundsatzes[580]

Nach dem Wortlaut des § 8 Abs. 2 Satz 1 AStG ist eine ausländische Gesellschaft nicht Zwischengesellschaft für Einkünfte, wenn die Gesellschaft in dem Staat, in dem sie ihren Sitz oder ihre Geschäftsleitung hat, insoweit einer wesentlichen wirtschaftlichen Tätigkeit nachgeht. Der Wortlaut des § 8 Abs. 2 Satz 1 AStG („insoweit") impliziert, dass bei gemischten Tätigkeiten und den hieraus erzielten Einkünften der Substanztest für jede einzeln ausgeführte Tätigkeit eigenständig zu erfolgen hat. Danach soll ein positiver

576 EuGH, Urt. vom 14.6.2018 - Rs. C-440/17, *GS*, ECLI:EU:C:2018:437, Rn. 51 f.

577 EuGH, Urt. vom 14.6.2018 - Rs. C-440/17, *GS*, ECLI:EU:C:2018:437, Rn. 57.

578 EuGH, Urt. vom 14.6.2018 - Rs. C-440/17, *GS*, ECLI:EU:C:2018:437, Rn. 57; vgl. in diesem Sinne EuGH, Urt. vom 20.12.2017 - Rs. C-504/16, *Deister Holding*, ECLI:EU:C:2017:1009, Rn. 74.

579 *Thiele*, Hinzurechnungsbesteuerung und Unionsrecht, 2010, S. 197.

580 Im Wesentlichen bereits veröffentlicht in *Richter/Kortendick/Ekinci*, GmbHR 2020, 694 (698 f.).

Substanztest in einem Tätigkeitsbereich nicht automatisch die Hinzurechnungsbesteuerung in einem anderen Tätigkeitsbereich ausschließen. Nach dem Willen des Gesetzgebers hat der Substanznachweis insoweit für jeden einzelnen Teil der passiven Tätigkeiten der nämlichen Auslandsgesellschaft zu erfolgen. Dies wird ganz offensichtlich in vielen Fällen zu Abgrenzungsschwierigkeiten und faktisch erhöhten Nachweispflichten führen. Denn die unterschiedlichen Einkünftekategorien können unterschiedlich hohe Substanzanforderungen nach sich ziehen.

§ 8 Abs. 2 Satz 4 Hs. 1 AStG bekräftigt diese nach einzelnen Tätigkeiten und Einkünften differenzierende Sichtweise möglicherweise noch. Danach sollen der wesentlichen wirtschaftlichen Tätigkeit nur solche Einkünfte zugeordnet werden, die auch durch diese Tätigkeit erzielt wurden. Insofern würde der generelle Nachweis, dass die ausländische Gesellschaft über genügend Substanz verfügt und einer eindeutig wesentlichen wirtschaftlichen Tätigkeit nachgeht, bei der Erzielung von mehreren passiven Einkünften nicht genügen. Die Substanz und die damit i. d. R. korrelierende wesentliche wirtschaftliche Tätigkeit müssten für jede einzelne Tätigkeit eigenständig beurteilt werden. Dieser Gedankengang basiert erkennbar auf der Grundidee, dass passive Einkünfte, für die der Substanznachweis nicht ohne Weiteres gelingt, nicht anderen passiven Einkünften, bei denen dies problemlos möglich ist, „beigemischt“ werden sollen. Daraus folgt allerdings auch der etwas seltsam anmutende Gedanke, dass eine im Ausland niedergelassene Gesellschaft zum Teil wirtschaftlich begründet und zum Teil künstlich aufgestellt sein kann.

Dieses ambivalente Verständnis, dass eine ausländische Gesellschaft partiell missbräuchlich und partiell wirtschaftlich begründet aufgestellt sein soll, erscheint im Lichte der Zielsetzung der Niederlassungsfreiheit zumindest zweifelhaft. Durch die Niederlassungsfreiheit soll es dem Steuerpflichtigen ermöglicht werden, in anderen Mitgliedstaaten Zweigniederlassungen oder Tochtergesellschaften zu gründen, um dort Tätigkeiten nachzugehen und die gegenseitige wirtschaftliche und soziale Durchdringung auf dem Gebiet der selbstständigen Erwerbstätigkeiten innerhalb der EU zu fördern. Aufgrund dessen soll die Niederlassungsfreiheit eine stabile und kontinuierliche Teilnahme und Nutznießung des Wirtschaftslebens im anderen Mitgliedstaat ermöglichen.[581] Wie einer ausländischen Gesellschaft

581 EuGH, Urt. vom 12.9.2006 - Rs. C-196/04, *Cadbury Schweppes und Cadbury Schweppes Overseas*, ECLI:EU:C:2006:544, Rn. 53.

die wirtschaftliche und soziale Durchdringung im anderen Mitgliedtstaat nur zum Teil gelingen soll, erschließt sich nicht. Daher sollte § 8 Abs. 2 Satz 1 AStG als *„All-Or-Nothing"*-Prinzip verstanden werden. Bleibt die Auffassung ungeteilt, so müsste sich eine bereits in einem anderen Mitgliedstaat niedergelassene und dort wirtschaftlich tätige Gesellschaft bei jeder weiteren Ausübung einer Tätigkeit erneut der Prüfung der Niederlassungsfreiheit dergestalt stellen, als ließe sich die ausländische Gesellschaft immer wieder neu im Ansässigkeitsstaat nieder.[582] Ob dies mit den Grundgedanken der Niederlassungsfreiheit vereinbar ist, erscheint eher zweifelhaft. Hinzu kommt, dass die ATAD ebenso keine Aussagen zur segmentierenden Betrachtungsweise vorsieht.[583]

Im Schrifttum ist umstritten, ob sich eine solch segmentierende Betrachtungsweise nicht vielleicht sogar aus der EuGH-Rechtsprechung ergibt.[584] In der Rs. *Cadbury Schweppes* differenziert der EuGH zumindest nicht ausdrücklich zwischen der künstlichen und echten wirtschaftlichen Tätigkeit. Vielmehr untersucht das Gericht die Ansässigkeit und die Tätigkeit der Auslandsgesellschaft als Ganzes und leitet unter Berücksichtigung aller relevanten Fakten (personelle und sachliche Ausstattung, echte wirtschaftliche Tätigkeit) ab, dass keine künstliche Konstruktion vorliegt. Nur wenn die ausgeübten Tätigkeiten denkbar weit auseinanderliegen, könnte eine Segmentierung in Ausnahmefällen zulässig sein.[585] Eine Segmentierung zwischen (aktiven) Verwaltungs- und Finanzierungstätigkeiten, die i. d. R. wirtschaftlich eng miteinander verknüpft sind, kann bspw. nicht überzeugen. In solchen Fällen ist i. d. R. von einer einheitlichen wesentlichen wirtschaftlichen Tätigkeit der Auslandsgesellschaft und einer „einheitlichen" Substanz auszugehen. Etwas anderes kann nur gelten, wenn sich die ausländische Gesellschaft für die Finanzierungstätigkeiten als bloßes Vollzugsorgan erweist und neben vergleichsweise unbedeutenden Einkünften aus der Vermögensverwaltung in erheblich größerem Umfang Einkünfte aus der Finanzierungstätigkeit erzielt und für Letzteres nicht das Recht hat, die

---

582 Vgl. zur alten Rechtslage *Schönfeld/Wassermeyer* in: Flick/Wassermeyer/Baumhoff u.a. (Hrsg.), Außensteuerrecht, 81. Lfg. 7.2017, § 8 AStG, Rn. 502.

583 A. A. *Wacker*, IStR 2018, 882 (888), der für die segmentierende Sichtweise auf die Erläuterungen des zwölften Erwägungsgrunds („Kategorien von Einkünften") verweist.

584 Bejahend *Schönfeld/Wassermeyer* in: Flick/Wassermeyer/Baumhoff u. a. (Hrsg.), Außensteuerrecht, 81. Lfg. 7.2017, § 8 AStG, Rn. 502; A. A. *Köhler/Haun*, Ubg 2008, 73 (81); *Winkeljohann/Weihmann*, Ubg 2008, 161 (168).

585 So schon zur alten Rechtslage *Thiele*, Hinzurechnungsbesteuerung und Unionsrecht, 2010, 213.

zur Aufgabenerfüllung notwendigen Handlungsanweisungen autonom zu treffen.

Gem. § 8 Abs. 2 Satz 4 Hs. 2 AStG sind der wesentlichen wirtschaftlichen Tätigkeit auch nur solche Einkünfte zuzuordnen, die dem Fremdvergleichsgrundsatz entsprechen. Dies schließt neben verrechnungspreisbedingten Einkünfteminderungen (§ 1 AStG) auch vGA (§ 8 Abs. 3 Satz 2 KStG) und vE (§ 8 Abs. 3 Satz 3 ff. KStG) ein. Es ist nicht ganz ersichtlich, welche Fälle § 8 Abs. 2 Satz 4 Hs. 2 AStG erfassen soll, da die Regelungen der Einkünftekorrektur der Hinzurechnungsbesteuerung vorgehen. Die Anwendung der nationalen Korrekturvorschriften führt gerade dazu, dass auch nur solche Einkünfte der Hinzurechnungsbesteuerung unterworfen werden, die tatsächlich der konkreten Tätigkeit der ausländischen Gesellschaft zugerechnet werden können.[586] Solange einer Zwischengesellschaft keine Einkünfte zuzurechnen sind, bedarf es auch keines Nachweises, ob die Gesellschaft über genügend Substanz verfügt. In solchen Fällen erübrigt sich der Substanztest.[587]

Letzlich sind nur diejenigen Einkünfte, die sich nach der Anwendung der nationalen und internationalen Einkünftekorrekturvorschriften ergeben, dem Substanztest zugänglich, wie der BFH im Zypern-Fall eindrucksvoll zeigte.[588] Nach der vorgenommenen Einkünftekorrektur konnte der zypriotischen Gesellschaft nur noch ein Bruchteil der Einkünfte zugeordnet werden, die der Hinzurechnungsbesteuerung hätten unterliegen können.[589] Für den übrig gebliebenen Restbetrag an Einkünften der zypriotischen Gesellschaft für von ihr wahrgenommene administrative Tätigkeiten scheiterte indessen die Anwendung der Hinzurechnungsbesteuerung an dem vom EuGH in der Rs. *Cadbury Schweppes* entwickelten Substanzkriterien.

586 Zum Verhältnis zwischen Hinzurechnungsbesteuerung und internationaler Gewinnabgrenzung siehe Kapitel 2 D.II.

587 Zutreffend *Mattern*, DB 2019, 83 (85).

588 Siehe hierzu Kapitel 4 B.II.2.

589 *Ditz/Engelen/Quilitzsch*, DStR 2019, 361 (362).

E. Beschränkung des Substanztests auf EU-/EWR-Gesellschaften

I. Gesellschaft mit Sitz oder Geschäftsleitung im EU-Mitgliedstaat oder EWR-Staat

Der Zugang zum Gegenbeweis nach § 8 Abs. 2 AStG beschränkt sich gem. § 8 Abs. 3 AStG auf Einkünfte einer ausländischen Gesellschaft, die ihren Sitz oder ihre Geschäftsleitung in einem Mitgliedsstaat der EU oder einem Vertragsstaat des EWR-Abkommens hat.[590] Im Umkehrschluss der Einbeziehung von EU-/EWR-Staaten ergibt sich allerdings auch, dass § 8 Abs. 2 AStG keine Anwendung findet, wenn die ausländische Gesellschaft ihren Sitz und ihre Geschäftsleitung in einem Drittstaat hat. Die Ausweitung auf Drittstaaten ist insoweit nicht vorgesehen, obwohl die ATAD in Art. 7 Abs. 2 Bstb. a Satz 3 ein Wahlrecht bestimmt hat, den Gegenbeweis auch für Drittstaaten zuzulassen. Die Beschränkung auf EU-/EWR-Staaten begründet der Gesetzgeber damit, dass die Vorschriften der Hinzurechnungsbesteuerung (§§ 7 ff. AStG) ausschließlich die Niederlassungsfreiheit berühren, was die Berufung auf die Kapitalverkehrsfreiheit von vornherein ausschließt.[591]

II. (Keine) Exkulpationsmöglichkeit im Verhältnis zu Drittstaaten

1. Versagung der Exkulpation bei allgemeiner Hinzurechnungsbesteuerung[592]

Die restriktive Position des Gesetzgebers, wonach für die Hinzurechnungsbesteuerung nach den §§ 7 ff. AStG nur die Niederlassungsfreiheit einschlägig sein soll, beruht im Wesentlichen auf der Cadbury-Schweppes-Entscheidung und den Vorgaben der ATAD.[593] In der Gesetzesbegründung führt der Gesetzgeber dazu aus, dass der Ausschluss des Gegenbeweises möglich ist, weil

590 Die Einbeziehung der EWR-Staaten in den Anwendungsbereich des § 8 Abs. 2 AStG ist auch geboten, weil das EWR-Abkommen den vier Grundfreiheiten vergleichbare Freiheiten enthält, so dass der innerhalb des Unionsgebiets verwirklichte Binnenmarkt auch für diese Staaten gilt; vgl. in diesem Sinne EuGH, Urt. vom 19.7.2012 - Rs. C-48/11, *A*, ECLI:EU:C:2012:485, Rn. 15.

591 BT-Drucks. 19/28652, Begründung Besonderer Teil, S. 57.

592 Im Wesentlichen bereits veröffentlicht in *Ditz/Ekinci*, Ubg 361 (368).

593 BT-Drucks. 19/28652, Begründung Besonderer Teil, S. 57.

1. *„nach der Rechtsprechung des EuGH bei Drittstaaten-Sachverhalten die Berufung auf die Kapitalverkehrsfreiheit ausgeschlossen ist, wenn die betreffende Regelung allein den Anwendungsbereich der Niederlassungsfreiheit betrifft [...],*
2. *die Beherrschungsvoraussetzungen der ATAD (Art. 7 Absatz 1 Satz 1 Buchstabe a) ausschließlich die Niederlassungsfreiheit berühren."*[594]

Außerdem sei im Rahmen des JStG 2008 mit einer Neufassung des § 8 Abs. 2 AStG der Entscheidung des EuGH in der Rs. *Cadbury Schweppes* Rechnung getragen. An dieses zur Niederlassungsfreiheit ergangene Urteil[595] – so der Gesetzgeber weiter – hat sich die ATAD gehalten. Deshalb enthielte sie einen Substanztest. In diesem Zusammenhang ließe Art. 7 Abs. 2 Bstb. a Satz 3 ATAD zudem explizit zu, den Substanztest für Drittstaaten auszuschließen.[596] Die Begründung ist aus gleich mehreren Gründen zweifelhaft.

Die restriktive Position des Gesetzgebers beruht mutmaßlich auf Rn. 33 der Entscheidung in der Rs. *Cadbury Schweppes*. Der EuGH hatte in seinem Urteil zu *Cadbury Schweppes* die EU-Rechtmäßigkeit der britischen Hinzurechnungsbesteuerung nur an den Voraussetzungen der Niederlassungsfreiheit überprüft und dort tatsächlich festgestellt, dass die beschränkende Auswirkung der britischen Hinzurechnungsbesteuerung auf die Kapitalverkehrsfreiheit lediglich die unvermeidliche Konsequenz einer Beschränkung der Niederlassungsfreiheit ist und deshalb keine eigenständige Prüfung im Hinblick auf die Kapitalverkehrsfreiheit rechtfertige.[597] Obwohl der EuGH die britischen Regeln zur Hinzurechnungsbesteuerung zwar zutreffend ausschließlich am Maßstab der Niederlassungsfreiheit überprüfte, verwies dieser dabei explizit auf die erforderliche Kontrollbeteiligung nach britischem Recht. Die entsprechenden Rechtsvorschriften des Vereinigten Königsreichs sahen danach eine Mindestbeteiligungsvoraussetzung von über 50 % vor.[598] Die britische Hinzurechnungsbesteuerung war also nur auf echte Kontrollbeteiligungen durch einen im Inland ansässigen Steuerpflichtigen anwendbar. Bei einer solchen Beherrschungsvoraussetzung ist

594 BT-Drucks. 19/28652, Begründung Besonderer Teil, S. 57.
595 Siehe Kapitel 2 B.VI.
596 BT-Drucks. 19/28652, Begründung Besonderer Teil, S. 57.
597 EuGH, Urt. vom 12.9.2006 - Rs. C-196/04, *Cadbury Schweppes und Cadbury Schweppes Overseas*, ECLI:EU:C:2006:544, Rn. 33.
598 EuGH, Urt. vom 12.9.2006 - Rs. C-196/04, *Cadbury Schweppes und Cadbury Schweppes Overseas*, ECLI:EU:C:2006:544, Rn. 6 f.

ohne Zweifel davon auszugehen, dass ausschließlich die Niederlassungsfreiheit berührt ist.[599]

Ob die von der deutschen Hinzurechnungsbesteuerung erfassten (theoretisch) denkbaren Konstellationen tatsächlich nur den Anwendungsbereich der Niederlassungsfreiheit berühren, kann bezweifelt werden. Denn für die erforderliche Inländerbeherrschung sind nach den Vorgaben des § 7 Abs. 2 AStG nicht nur die Stimmrechte und das Nennkapital maßgebend. Danach kann bereits der Anspruch auf mehr als 50 % der Gewinne der ausländischen Gesellschaft die Rechtsfolgen der Hinzurechnungsbesteuerung auslösen, selbst wenn die Gesellschaftsbeteiligung keine Stimm- oder Einflussrechte gewährt. Insoweit kann die Hinzurechnungsbesteuerung auch zur Anwendung gelangen, wenn kein maßgeblicher Einfluss auf die ausländische Gesellschaft vorliegt, z. B. bei weniger als 50 % der Stimmrechte, aber bei Anspruch auf mehr als 50 % der Gewinnanteile.[600] Dem kann auch nicht entgegengehalten werden, dass Art. 7 Abs. 2 Bstb. a Satz 3 ATAD es ausdrücklich zulässt, den Substanztest für Drittstaatengesellschaften auszuschließen.[601] Schließlich muss sich auch das Sekundärrecht am Primärrecht messen lassen.[602]

Außerdem sind bei der Bewertung der einschlägigen Grundfreiheiten die Besonderheiten des deutschen Steuerrechts zu berücksichtigen. Es ist zwar richtig, dass ein sicherer Einfluss auf die Entscheidung einer Gesellschaft ebenfalls anzunehmen ist, wenn die betroffene steuerpflichtige Person – wie von § 7 Abs. 2 AStG vorausgesetzt – gemeinsam mit einer nahestehenden Person mehr als 50 % der Anteile an der ausländischen Gesellschaft hält.[603] Betrachtet man jedoch die Definition der nahestehenden Person im deutschen Steuerrecht (§ 1 Abs. 2 AStG), so drängt sich die Frage auf, ob die alleinige Anwendbarkeit der Niederlassungsfreiheit im Rahmen der Hinzurechnungsbesteuerung nicht schon wegen des § 1 Abs. 2 Nr. 4 AStG

599 Siehe dazu Kap. 3 B.IV.2.

600 Ähnlich *Böhmer/Oppel*, IWB 2020, 5 (7); *Richter/Kortendick/Ekinci*, GmbHR 2020, 694 (698); *Böhmer/Gebhardt/Krüger*, in: Hagemann/Kahlenberg (Hrsg.), Anti Tax Avoidance Directive (ATAD), 2018, Art. 7, Rn. 185.

601 So aber die Begründung des Gesetzgebers; vgl. BT-Drucks. 19/28652, Begründung Besonderer Teil, S. 57.

602 Vgl. dazu ausführlich *Richter/Kortendick/Ekinci*, GmbHR 2020, 694 (701 f.); *Schönfeld/Ellenrieder*, StuW 2019, 253.

603 In diesem Sinne EuGH, Urt. vom 21.1.2010 - Rs. C-311/08, *SGI*, ECLI:EU:C:2010:26, Rn. 27 f.

ausscheidet.[604] Während § 1 Abs. 2 Nrn. 1 bis 3 AStG noch von einem „beherrschenden Einfluss" auf die nahestehende Person oder von einer „wesentlichen" Beteiligung von mind. 25 % sprechen, stellt der Gesetzgeber in Abgrenzung dazu in Nr. 4 nur auf eine wie auch immer zu verstehende „begründete" Einflussnahme ab (ohne beherrschenden oder wesentlichen Einfluss zu fordern).[605] In diesen Fällen kann der steuerpflichtige Inländer (mutmaßlich) keinen sicheren Einfluss auf die ausländische Gesellschaft ausüben, da ihm der sichere Einfluss bereits bei der nahestehenden Person fehlt.

Der Begriff der nahestehenden Person ist im deutschen Steuerrecht denkbar weit gefasst. Ein Nahestehen ist auch ohne Vorliegen einer Kontrollbeteiligung möglich. Wie *Wassermeyer* treffend formuliert, trägt die Vorschrift deshalb die Gefahr in sich, *„den Ausdruck ‚Nahestehen' ausufern zu lassen"*.[606] Insofern ist die Begründung des Gesetzgebers nicht derart offenkundig, dass für einen Zweifel an der ausschließlichen Anwendbarkeit der Niederlassungsfreiheit im Rahmen des § 8 Abs. 2 AStG keinerlei Raum mehr bleibt.[607] Hätte der Gesetzgeber nur Fälle der Niederlassungsfreiheit zum Entlastungsbeweis zulassen wollen, hätte er beim Beherrschungserfordernis des § 7 Abs. 1 und 2 AStG nicht vollumfänglich auf § 1 Abs. 2 AStG verweisen dürfen (§ 7 Abs. 3 AStG).

Zudem ist noch folgender Gedanke zu erwägen: Personen können dem Steuerpflichtigen nahestehen, ohne dass er sie gleichzeitig beherrscht. Bspw. kann eine Kapitalbeteiligung von mind. 25 % für eine nahestehende Person qualifizieren (§ 1 Abs. 2 Satz 1 Nr. 1 AStG). Wenn über diese wiederum eine Mehrheitsbeteiligung an einer ausländischen Zwischengesellschaft vermittelt wird, gilt sie als durch den Steuerpflichtigen beherrscht. Dennoch wird der Steuerpflichtige seinen Willen nicht in der Zwischengesellschaft durchsetzen können, wenn daneben ein mit einer Mehrheitsbeteiligung

---

604 Anders *Lentz/Sezer*, ISR 2021, 85 (89), die jedenfalls davon ausgehen, dass das neue personenverbundbezogene Beherrschungskonzept stets zur Anwendbarkeit der Niederlassungsfreiheit führt; ohne nähere Auseinandersetzung mit der Reichweite des § 1 Abs. 2 AStG und dessen möglichen Auswirkungen auf die Hinzurechnungsbesteuerung.

605 Vgl. zur alten Rechtslage *Wassermeyer*, in: Flick/Wassermeyer/Baumhoff u. a., Außensteuerrecht, 95. Lfg. 10.2020, § 1 AStG, Rn. 532.

606 Überzeugend *Wassermeyer*, in: Flick/Wassermeyer/Baumhoff u. a., Außensteuerrecht, 95. Lfg. 10.2020, § 1 AStG, Rn. 533.

607 Der BFH äußerte bereits im Urt. vom 29.11.2000 - I R 85/99, BStBl. II 2002, 720, Tz. II.6. Zweifel an der Vereinbarkeit des bisherigen § 1 AStG mit der Kapitalverkehrsfreiheit.

ausgestatteter Mitgesellschafter an der nahestehenden Person beteiligt ist.[608] In solchen Fällen hätte der „Minderheitsbeteiligte" keine Kontrolle über die Zwischengesellschaft, da er mangels Mehrheitsbeteiligung seinen Willen nicht einmal bei der nahestehenden Person durchsetzen kann. Entgegen dem Telos des Gesetzes wären also bei Unternehmensgruppen auch Konstellationen denkbar, die weit von einer tatsächlichen Beherrschung entfernt sind. Etwas anderes kann sich allein dann ergeben, wenn sich die restlichen Anteile an dem verbundenen Unternehmen in Streubesitz befänden. Erst dann würde selbst ein so geringer Anteil u. U. die Möglichkeit eröffnen, einen bestimmenden Einfluss auf das Unternehmen auszuüben.

Somit lässt sich festhalten, dass der Begründung des Gesetzgebers nicht vollumfänglich gefolgt werden kann. Gegen den pauschalen Ausschluss von der Gegenbeweismöglichkeit im Verhältnis zu Drittstaaten bestehen ernstliche unionsrechtliche Zweifel. Eine Drittstaatenöffnung des Substanztests ist nach der hier vertretenen Auffassung nicht nur erlaubt, sondern unionsrechtlich dringend geboten. Ohnehin ist es nicht nachvollziehbar, wieso der Gesetzgeber die Möglichkeit des Entlastungsbeweises nicht auch für Drittstaatenbeteiligungen zulässt. Aufgrund der schärferen Fassung („wesentliche wirtschaftliche Tätigkeit") und den erweiterten Voraussetzungen bei Drittstaatenbeteiligungen („verschärfter Anspruch auf Informationsaustausch")[609] würden jedenfalls nur solche Gesellschaften entlastet werden, die nachweislich nicht in Verdacht stehen, durch gezielte Maßnahmen einen ungerechtfertigten Steuervorteil zu erzwingen.[610]

2. Sonderregel bei Beteiligung an Kapitalanlagegesellschaften

Der neue § 13 Abs. 1 Satz 1 AStG lässt die Hinzurechnungsbesteuerung auch greifen, wenn keine beherrschende Beteiligung vorliegt und die ausländische Gesellschaft Einkünfte mit Kapitalanlagecharakter erzielt. Mit dieser Regelung möchte der Gesetzgeber – ausweislich der Gesetzesbegründung – der Umgehung durch internationale Beteiligungsstreuung entgegentreten.[611] Man mag darüber streiten, ob die Regelung zu Kapitalanlagegesellschaften mit dem Kerngedanken der Hinzurechnungsbesteuerung, nämlich der Verhinderung steuerlich induzierter Einkünfteverlagerung in niedrig

608 *Kortendick/Ekinci*, IStR 2020, 615 (617 f).
609 Dazu sogleich.
610 *Richter/Kortendick/Ekinci*, GmbHR 2020, 694 (698).
611 Vgl. BT-Drucks. 19/28652, Begründung Besonderer Teil, S. 63.

besteuernde Staaten, vereinbar ist, wobei einiges dafür spricht, diese Frage zu verneinen. Schließlich kann man gerade Steuerpflichtigen, die keine Einflussnahmemöglichkeit auf eine ausländische Gesellschaft haben i. d. R. keinen Missbrauch unterstellen.[612] Hierbei geht es augenscheinlich nicht mehr um das steuerliche Merkmal der Beherrschung, sondern nur um das Beteiligtsein an „schädlichen“ Gesellschaften. Eine solche Regelung erscheint willkürlich und ausschließlich fiskalisch motiviert, so dass sie nur als überschießend bezeichnet werden kann.

Da die Norm (sichtbar) keine Beherrschungsbeteiligung verlangt, erklärt § 13 Abs. 4 AStG die Gegenbeweismöglichkeit nach § 8 Abs. 2 AStG für entsprechend anwendbar, ohne Verweis auf die Beschränkung auf EU-/EWR-Staaten nach § 8 Abs. 3 AStG. Im Umkehrschluss bedeutet dies, dass der Gegenbeweis auch für Drittstaaten möglich ist, soweit die Gesellschaft Einkünfte mit Kapitalanlagecharakter erzielt. Da § 13 Abs. 1 AStG keine Beherrschungsbeteiligung verlangt, wird in dessen Anwendungsbereich die Kapitalverkehrsfreiheit ganz offensichtlich nicht durch die Niederlassungfreiheit verdrängt,[613] so dass der Gegenbeweis auch für Drittstaatengesellschaften zu gewähren ist – dies jedoch nur, wenn zwischen Deutschland und dem betreffenden Drittststaat Auskünfte erteilt werden, die für die zutreffende Besteuerung im Inland erforderlich sind (§ 13 Abs. 4 Satz 2 AStG). Damit wird im Wesentlichen der Rechtsprechung des EuGH in der Rs. *X* Rechnung getragen.

Durch die spezielle Verweistechnik erweckt der Gesetzgeber den Eindruck, dass der Gegenbeweis in Drittstaatenfällen nach den Prüfkriterien der Niederlassungsfreiheit zu erfolgen hat. Dies ist aufgrund der Rechtsprechung des EuGH zu beherrschten ausländischen Gesellschaften im Kontext der Kapitalverkehrsfreiheit nur schwer nachvollziehbar.[614] Im Rahmen der Kapitalverkehrsfreiheit ist der Gegenbeweis wohl primär über den Motivtest zu führen, also die grundsätzliche Frage, ob bei der Einschaltung der ausländischen Gesellschaft das Hauptziel oder eines der Hauptziele darin besteht, durch Tätigkeiten im Hoheitsgebiet eines Mitgliedstaats erzielte Gewinne künstlich in Drittländer mit niedrigerem Besteuerungsniveau zu

612 *Goebel/Palm*, IStR 2007, 720 (725); *Haun/Käshammer/Reiser*, GmbHR 2007, 184 (187); *Köhler/Eicker*, DStR 2007, 331 (332).

613 Zum Verhältnis der Niederlassungsfreiheit zur Kapitalverkehrsfreiheit siehe Kapitel 3 B.IV.

614 Siehe Kapitel 4 B.II.1.b.

transferieren.[615] Mangelt es an einer künstlichen Gestaltung, weil außersteuerliche Gründe für die Einschaltung der ausländischen Gesellschaft bzw. für die Beteiligung an der ausländischen Gesellschaft vorgebracht werden können, so ist äußerst fraglich, ob der zusätzlich geforderte Substanztest nach § 8 Abs. 2 AStG noch wirklich zu erbringen ist. Denn unbeschränkt Steuerpflichtige werden insbesondere bei Kleinstbeteiligungen i. d. R. nicht in der Lage sein, ihren Erklärungs- und Nachweispflichten nachzukommen, die nur bei einer entsprechenden Einflussnahmemöglichkeit auf die ausländische Gesellschaft erfüllt werden können.[616] Es bleibt abzuwarten, wie sich der EuGH hierzu in Zukunft positionieren wird.

F. Informationsaustausch als weitere Voraussetzung

I. Vorbemerkungen

Der Zugang zum Substanztest nach § 8 Abs. 2 AStG ist an die Bedingung geknüpft, dass der Sitz- oder Geschäftsleitungsstaat der ausländischen Gesellschaft im Wege des internationalen Informationsaustauschs Auskünfte erteilt, die es der deutschen Steuerbehörde auch ermöglicht, die zur Durchführung der Besteuerung notwendigen Informationen zu erhalten (§ 8 Abs. 4 AStG).

Diese Regelung knüpft augenscheinlich an den bisherigen § 8 Abs. 2 Satz 2 AStG an und schreibt vor, dass eine Berufung auf den Substanztest entfällt, wenn es der deutschen Steuerbehörde nicht möglich ist, die vorgelegten Informationen zu prüfen, die eine eindeutige Beurteilung ermöglichen, ob die ausländische Gesellschaft über genügend Substanz verfügt. Ob die Voraussetzungen der Norm des § 8 Abs. 4 AStG bereits dann erfüllt sind, wenn eine rechtliche Grundlage besteht, aus der ein hinreichender Informationsaustausch abgeleitet werden kann, oder ob das Gesetz darüber hinaus auch eine tatsächliche Verifikationsmöglichkeit verlangt, also eine tatsächliche Handhabung des zwischenstaatlichen Informationsaustausches, lässt sich dem Gesetzeswortlaut nicht entnehmen. Dass es dem Gesetzgeber dabei nicht nur um eine rechtliche Verpflichtung auf Auskunftsaustausch geht, sondern viel mehr um die tatsächliche Auskunftserteilung, wird allerdings aus der Gesetzesbegründung deutlich. Dort heißt

615 EuGH, Urt. vom 26.2.2019 - Rs. C-135/17, *X*, ECLI:EU:C:2019:136, Rn. 84.
616 *Kraft*, IStR 2010, 377 (381); *Wassermeyer/Schönfeld*, GmbHR 2006, 1065 (1067).

es: § 8 Abs. 4 AStG schreibt vor, *„dass eine Berufung auf den Motivtest entfällt, wenn der Staat der ausländischen Gesellschaft im konkreten Fall keine Auskünfte erteilt [...]*".[617] Insofern muss neben der Existenz eines zwischenstaatlichen Informationsaustauschs auch die tatsächliche Auskunftserteilung hinzutreten.

In diesem Kontext verlangt der Gesetzgeber zudem, dass der Informationsaustausch im Einklang mit den jeweils geltenden Standards steht.[618] Damit wird wohl gemeint sein, dass nicht jede vertragliche Verpflichtung zugunsten der deutschen Steuerbehörden als ausreichend angesehen werden kann, sondern vielmehr die erteilten Auskünfte auch eine gewisse rechtliche Qualität vorweisen müssen.

II. Informationsaustausch in EU-Konstellationen

Soweit die Zwischengesellschaft in einem EU-Staat domiziliert, wird die Auskunftserteilung insbesondere durch Art. 5 der Richtlinie 2011/16/EU sichergestellt[619]. Nach Art. 5 übermittelt die ersuchte Behörde auf Anfrage der ersuchenden Behörde alle in Art. 1 Abs. 1 genannten Informationen, die sie besitzt oder die sie im Anschluss an behördliche Ermittlungen erhalten hat. Nach Art. 1 Abs. 1 betrifft der Informationsaustausch alle Informationen, die für die Anwendung und Durchsetzung des innerstaatlichen Rechts der Mitgliedstaaten über die in Art. 2 genannten Steuern voraussichtlich erheblich sind. Die Richtlinie gilt nach Art. 2 für Steuern aller Art, die von einem oder für einen Mitgliedstaat bzw. von oder für eine gebiets- oder verwaltungsmäßige Gliederungseinheit eines Mitgliedstaats, einschließlich der lokalen Behörden, erhoben werden. Dazu zählen auch die Ertragsteuerarten, die für die Hinzurechnungsbesteuerung bedeutsam sind (insbesondere KSt und GewSt).

Auf Grundlage dieser Bestimmungen hat die deutsche Finanzbehörde bei innereuropäischen Konstellationen grds. die Möglichkeit, die notwendigen Informationen zu erlangen, um die Angaben des betroffenen Steuerpflichtigen zu der Tätigkeit der beherrschten ausländischen Gesellschaft zu

617 BT-Drucks. 19/28652, Begründung Besonderer Teil, S. 57.

618 BT-Drucks. 19/28652, Begründung Besonderer Teil, S. 57.

619 Richtlinie 2011/16/EU des Rates vom 15.2.2011 über die Zusammenarbeit der Verwaltungsbehörden im Bereich der Besteuerung und zur Aufhebung der Richtlinie 77/799/EWG, ABl. EU L 64/1.

verifizieren.[620] Da die Richtlinie als sekundärrechtliches Instrument in allen Mitgliedstaaten umgesetzt werden muss, kann an dieser Stelle vermutet werden, dass die für die Besteuerung relevanten Auskünfte auch tatsächlich an die Finanzbehörden erteilt werden. Zwar kennt die Amtshilferichtlinie in Art. 17 Abs. 1 gewisse Grenzen für den Informationsaustausch. So hat bspw. die ersuchte Behörde ein Auskunftsverweigerungsrecht, wenn die ersuchende Behörde ihrerseits nicht die üblichen Informationsquellen ausgeschöpft hat, um an die relevanten Informationen zu gelangen (§ 17 Abs. 1 Amtshilferichtlinie). Allerdings sollen diese Beschränkungen der grds. bestehenden Verifikationsmöglichkeit Deutschlands nicht entgegenstehen.[621]

Im Ergebnis erweist sich die EU-Amtshilferichtlinie insoweit als geeignet, denjenigen ausländischen Gesellschaften, die ihren Sitz oder ihre Geschäftsleitung in einem Mitgliedstaat der EU haben, den Gegenbeweis nach § 8 Abs. 2 AStG verpflichtend zuzuerkennen. Da die Amtshilferichtlinie im Verhältnis zu EWR-Staaten jedoch nicht anwendbar ist, kann eine Anwendung der Hinzurechnungsbesteuerung nur dann unterbleiben, wenn vergleichbare Vereinbarungen bzw. Verpflichtungen zur zwischenstaatlichen Auskunftserteilung bestehen, die es den deutschen Steuerbehörden ermöglichen, die Richtigkeit der vom Steuerpflichtigen vorgetragenen Aspekte im Wege des zwischenstaatlichen Informationsaustauschs zu überprüfen.

III. Informationsaustausch in EWR-Konstellationen

Bei den EWR-Staaten, die nicht Mitgliedstaaten der EU sind, kann sich die rechtliche Grundlage für die Auskunftserteilung aufgrund einer vergleichbaren Vereinbarung, bspw. aus den DBA oder anderen völkerrechtlichen Vereinbarungen, ergeben.[622] Was den Auskunftsaustausch nach den DBA betrifft, ist im Kontext des Substanztests zwischen dem sog. „großen" und dem sog. „kleinen" Auskunftsaustausch zu differenzieren. Da nur der Erstgenannte einen umfassenden Informationsaustausch äquivalent zur EU-Amtshilferichtlinie gewährleistet, kann als rechtliche Grundlage für den

620 I. d. F. vor dem ATADUmsG wurde noch explizit auf die EU-Amtshilferichtlinie vewiesen; vgl. § 8 Abs. 2 Satz 2 AStG a. F.

621 BFH, Urt. vom 18.12.2019 – I R 59/17, BStBl. 2021, 270, Tz. B.II.2.c.

622 BMF, Schr. vom 17.3.2021, IV B 5 – S 1351/19/10002: 001, BStBl. I 2021, 342, Tz. III.

hinreichenden Informationsaustausch in Drittstaatenfällen nur die große Auskunftsklausel in Betracht kommen.[623]

Die große Auskunftsklausel ist – im Gegensatz zu den kleinen Auskunftsklauseln – nicht nur auf den Informationsaustausch für die Durchführung des Abkommens selbst beschränkt.[624] Sie ermöglichet den deutschen Finanzbehörden in der gleichen Weise, Auskünfte über die Richtigkeit von Tatsachenbehauptungen oder über Beweismittel anzufordern, die für die zutreffende Besteuerung nach innerstaatlichem Recht erforderlich sind. Da die mit den EWR-Staaten bestehenden DBA eine große Auskunftsklausel nach den Vorgaben des Art. 26 Abs. 1 OECD-MA enthalten[625], ist der Informationsaustausch stets sichergestellt, so dass der Zugang zur Gegenbeweismöglichkeit auch in Konstellationen mit EWR-Staaten zwingend zu gewähren ist.[626]

IV. (Ir)Relevanz der Auskunftserteilung in Drittstaaten-Konstellationen

Im Drittstaaten-Sachverhalt entfaltet die rechtlich gesicherte Überprüfungsmöglichkeit – nach Auffassung des Gesetzgebers – lediglich bei § 13 AStG-Beteiligungen Relevanz. Danach unterliegen inländische Steuerpflichtige mit Drittstaatenbeteiligungen – in Fällen des § 7 Abs. 1 AStG – automatisch der Hinzurechnungsbesteuerung, wenn die ausländische Be-

623 BMF, Schr. vom 17.3.2021, IV B 5 – S 1351/19/10002: 001, BStBl. I 2021, 342, Tz. III.

624 *Holst/Krüger*, IStR 2021, 80.

625 Art. 26 Abs. 1 DBA Deutschland-Norwegen i. d. F. vom 4.10.1991, BGBl. II 1993, 970, geändert durch Protokoll vom 24.6.2013, BGBl. II 2014, 906; Art. 26 Abs. 1 DBA-Deutschland-Island i. d. F. vom 2.11.1973, BGBl. II 1973, 1567; Art. 26 Abs. 1 DBA-Liechtenstein i. d. F. vom 17.11.2011, BGBl. II 2012, 1462. Dort heißt es: Nach Art. 26 Abs. 1 S. 1 OECD-MA tauschen die zuständigen Behörden der Vertragstaaten *„die Informationen aus, die zur Durchführung dieses Abkommens oder zur Verwaltung oder Anwendung des innerstaatlichen Rechts betreffenden Steuern jeder Art und Bezeichnung, die für Rechnung der Vertragsstaaten oder ihrer Gebietskörperschaften erhoben werden, voraussichtlich erheblich sind […].“*

626 Für die Durchführung des Informationsaustauschs im Verhältnis zu Liechtenstein wird im Protokoll Nr. 9 auf das Abkommen zum Auskunftsaustausch in Steuersachen (Tax Information Exchange Agreement – TIEA) verwiesen, welche im Grunde genommen dem im Art. 26 Abs. 1 OECD aufgestellten Standard über den steuerlichen Informationsaustausch entspricht; Art. 5 TIEA Deutschland-Liechtenstein i. d. F. vom 2.9.2009, BGBl. II 2010, 951; in diesem Sinne BMF, Schr. vom 17.3.2021, IV B 5 – S 1351/19/10002: 001, BStBl. I 2021, 342, Tz. III.

teiligungsgesellschaft passive, niedrigbesteuerte Einkünfte erzielt. Ob diese Auffassung unionsrechtlich haltbar ist, darf bezweifelt werden.[627]

Bei § 13 AStG-Beteiligungen soll die Gegenbeweismöglichkeit grds. gelten, wenn die ausländische Gesellschaft Zwischeneinkünfte mit Kapitalanlagecharakter erzielt und die weiteren Voraussetzungen des § 7 Abs. 1 AStG im Übrigen nicht erfüllt sind (fehlende Beherrschungsbeteiligung).[628] Der Zugang zur Gegenbeweismöglichkeit ist für Einkünfte mit Kapitalanlagecharakter allerdings ausgeschlossen, wenn kein hinreichender Informationsaustausch zugunsten der Bundesrepublik Deutschland besteht (§ 13 Abs. 4 AStG). Ist dies der Fall, ist es unionsrechtlich nicht geboten, den betroffenen Steuerpflichtigen den Nachweis zu ermöglichen, dass es sich um keine künstliche Gestaltung handelt.

Als rechtliche Grundlage für den hinreichenden Informationsaustausch in Drittstaatenfällen qualifizieren neben dem DBA mit großer Auskunftsklausel folgende in Kraft befindliche Vereinbarungen:[629]

- die Regelungen im Abkommen über den steuerlichen Informationsaustausch (Tax Information Exchange Agreement – TIEA), welche Art. 5 TIEA-MA der OECD entsprechen,
- Art. 4 ff. des Übereinkommens vom 25. Januar 1988 über die gegenseitige Amtshilfe in Steuersachen i. d. F. des Änderungsprotokolls vom 27.5.2010 i. V. m. einer Erklärung/Hinterlegung des anderen Vertragsstaates zu Art. 2 Abs. 1 Bstb. a Ziffer I (ESt, KSt) und/oder Bstb. b Ziffer i (GewSt) oder
- zwischenstaatliche Vereinbarungen mit vergleichbaren Regelungen.[630]

Nur bei Vorliegen einer rechtlich gesicherten Überprüfungsmöglichkeit zugunsten der deutschen Steuerbehörde ist den betroffenen Steuerpflichtigen in grundsätzlicher Übereinstimmung mit der EuGH-Rechtsprechung[631] die Möglichkeit zum Gegenbeweis zu eröffnen.

---

627 Siehe hierzu ausführlich Kapitel 4 E.II.1.

628 § 13 AStG mit Verweis auf § 8 Abs. 2 AStG, nicht aber auf § 8 Abs. 3 AStG, wonach der Gegenbeweis nur auf EU-/EWR-Gesellschaften beschränkt ist.

629 Vgl. BMF, Schr. vom 17.3.2021, IV B 5 – S 1351/19/10002: 001, BStBl. I 2021, 342, Tz. III.

630 Vgl. hierzu auch Anlage 1 des Merkblatts zur zwischenstaatlichen Amtshilfe durch Informationsaustausch in Steuersachen; BMF, Schr. vom 29.5.2019 – IV B 6-S 1320/07/10004:008, BStBl. I 2019, 480.

631 In diesem Sinne EuGH, Urt. vom 18.12.2007 – Rs. C-101/05, *A*, ECLI:EU:C:2007:804, Rn. 63.

Fraglich ist, was geschieht, wenn die dem Gegenbeweis zugrundeliegenden Tatsachen zwischen dem Drittstaat und der Bundesrepublik Deutschland unstrittig sind, aber keine Auskunftserteilung erfolgt, weil bspw. keine rechtliche Grundlage dafür besteht. Nach dem Wortlaut scheint der Zugang zur Gegenbeweismöglichkeit in diesen Fällen verwehrt. Gleichwohl könnte die deutsche Steuerbehörde die erforderlichen Informationen vom Steuerpflichtigen selbst verlangen. Nach § 90 Abs. 2 AO ist der Steuerpflichtige in Auslandssachverhalten nämlich verpflichtet, den konkreten Sachverhalt offenzulegen und die entsprechende Mitwirkung zu erbringen. Die betroffene Steuerbehörde hindert also nichts daran, vom Steuerpflichtigen selbst alle Belege zu verlangen, die ihr für die Beurteilung der Frage notwendig erscheinen, ob die ausländische Gesellschaft eine wesentliche wirtschaftliche Tätigkeit im Ansässigkeitsstaat ausübt. Nur wenn die Nachweise für die zutreffende Festsetzung der nationalen Steuer strittig sind und diese nicht dieselbe Aussagekraft und denselben Beweiswert haben oder nicht vorliegen, sollte nach der hier vertretenen Auffassung die Hinzurechnungsbesteuerung durchgeführt werden.[632] Ein solcher Eingriff in die Grundfreiheiten wäre weniger belastend, aber gleichwohl genauso effektiv, um eine ordnungsgemäße innerstaatliche Besteuerung sicherzustellen.

Eine ähnliche Sichtweise lässt sich der BFH-Rechtsprechung entnehmen. In seiner Entscheidung vom 18.12.2019 prüft der BFH z. B. genau, ob hinreichende Auskunftsrechte bestehen, hält die Sache aber für so eindeutig „nicht künstlich“, dass er eine tatsächliche Prüfung für nicht erforderlich hält.[633] Daher sollte der Auskunftsaustausch nur eine Rolle spielen, wenn Zweifel an den vom betroffenen Steuerpflichtigen beigebrachten Beweismitteln bestehen und die deutsche Finanzbehörde keine Verifikationsmöglichkeit der vorgelegten Beweise hat, die erst eine zutreffende Ermittlung der innerstaatlichen Steuerpflicht ermöglichen.

---

632 In diesem Sinne EuGH, Urt. vom 8.7.1999 - Rs. C-254/97, *Baxter u. a.*, ECLI:EU:C:1999:368, Rn. 20; vom 11.10.2007, Rs. C-451/05 - *ELISA*, ECLI:EU:C:2007:594, Rn. 94 f.; vgl. auch *Kotthaus*, Binnenmarktrecht und externe Kapitalverkehrsfreiheit, 2012, S. 164 f.

633 BFH, Urt. vom 18.12.2019 - I R 59/17, BStBl. II 2021, 270, Tz. B. II. 2. d.

Thesenförmige Zusammenfassung der wesentlichen Ergebnisse[634]

Die wesentlichen im Rahmen der Untersuchung festgestellten Ergebnisse lassen sich wie folgt zusammenfassen:

(1) Mittels der Hinzurechnungsbesteuerung erfolgt ein Eingriff in die europäischen Grundfreiheiten. Grenzüberschreitende Sachverhalte werden durch den ausschüttungsunabhängigen Zugriff auf die Gewinne beherrschter ausländischer Gesellschaften gegenüber vergleichbaren inländischen Sachverhalten steuerlich benachteiligt.

(2) Dieser Eingriff bedarf im Binnenmarkt – je nach Intensität der Beteiligung – der Legitimation der Niederlassungsfreiheit (Art. 49 AEUV) oder der Kapitalverkehrsfreiheit (Art. 63 Abs. 1 AEUV).

(3) Die Hinzurechnungsbesteuerung kann in unionsinternen Fällen weder zur Wahrung der ausgewogenen Aufteilung der Besteuerungsbefugnisse (Kapitel 3 D.II.1) noch mit dem Erfordernis einer wirksamen steuerlichen Kontrolle (Kapitel 3 D.II.3) gerechtfertigt werden. Sie ist aber zur Missbrauchsbekämpfung zwischen den Mitgliedstaaten gerechtfertigt, solange sie ausschließlich „rein künstliche Gestaltungen“ ohne wirtschaftliche Substanz betrifft. Dem Steuerpflichtigen muss in diesem Zusammenhang die Möglichkeit gegeben werden, die Missbrauchsvermutung zu widerlegen. Mit dem JStG 2008 wurde dem Steuerpflichtigen diese Möglichkeit des Gegenbeweises in § 8 Abs. 2 AStG a. F. eingeräumt.

(4) Mittels des ATADUmsG wurde die Exkulpationsklausel aus der Hinzurechnungsbesteuerung nunmehr an die ATAD-Vorgaben adaptiert. Gem. § 8 Abs. 2 AStG ist eine ausländische Gesellschaft nur dann nicht Zwischengesellschaft für solche Einkünfte, für die nachgewiesen wird, dass diese einer wesentlichen wirtschaftlichen Tätigkeit entstammen.

(5) Es bleibt offen, was mit dem Begriff „wesentlich“ gemeint ist. Fest steht, dass dieser weder dem Wortlaut der alten Gesetzesfassung, die gem. § 8 Abs. 2 AStG a. F. eine tatsächliche wirtschaftliche Tätig-

634 Im Wesentlichen bereits veröffentlicht in *Richter/Kortendick/Ekinci*, GmbHR 2020, 694 (702 f.).

keit fordert, noch der zugrundeliegenden grundfreiheitsrechtlichen Rechtsprechung, die eine wirkliche wirtschaftliche Tätigkeit postuliert, entspricht.

(6) Entgegen dem Verständnis der Finanzverwaltung kommt es nicht darauf an, ob die wirtschaftliche Tätigkeit dem Grunde nach als „substanzintensiv" oder „substanzarm" zu charakterisieren ist. Aus der Rechtsprechung des EuGH lassen sich keine qualitativen oder quantitativen Untergrenzen für das Ausmaß der wirtschaftlichen Präsenz entnehmen. Erst recht lassen sich bestimmte wirtschaftliche Tätigkeiten nicht als besonders schädlich qualifizieren. Daher können auch Gesellschaften, deren Tätigkeiten sich auf die Durchführung von Kapitalanlagen oder der (aktiven) Vermögensverwaltung beschränken, den Schutz der Grundfreiheiten genießen. Entscheidend ist nur die Übereinstimmung von wirtschaftlicher Tätigkeit und physischer Substanz.

(7) Der Substanznachweis ist dabei funktionsadäquat zu führen, so dass u. U. für vermögensverwaltende Funktionen oder zur Durchführung von Kapitalanlagen gemeinhin keine besondere sächliche, räumliche und personelle Ausstattung und kein besonderer Apparat verlangt werden können. Der BFH setzt für die Anerkennung solcher substanzarmen Auslandsgesellschaften lediglich voraus, dass am Sitz der Gesellschaft die maßgeblichen unternehmerischen Entscheidungen dieser Gesellschaft getroffen werden und die ausländische Gesellschaft auch die mit dieser Tätigkeit einhergehenden Chancen und Risiken trägt. Eine weitergehende wirtschaftliche Substanz vor Ort ist nicht erforderlich.

(8) Der Gegenbeweis kann künftig nicht mehr erfolgreich erbracht werden, wenn die ausländische Gesellschaft ihre wesentliche wirtschaftliche Tätigkeit überwiegend durch Dritte besorgen lässt. Diese pauschale Missbrauchsvermutung steht weder im Einklang mit der Rechtsprechung des BFH noch mit der Rechtsprechung des EuGH. Zudem sieht auch die ATAD eine solche pauschale Missbrauchsvermutung nicht vor (Kapitel 4 C.IV). Jene ist gemessen an der Zielsetzung der Hinzurechnungsbesteuerung abzulehnen.

(9) Die Formulierung „insoweit" in § 8 Abs. 2 AStG spricht u. U. für eine segmentierende Betrachtungsweise. Demnach müsste die Substanz jeweils tätigkeitsbezogen beurteilt werden. Eine segmentierende Betrachtungsweise wäre indes nur schwer mit den europäischen Grundfreiheiten vereinbar (Kapitel 4 D). Große Abgrenzungsschwierigkei-

ten in der Praxis wären die Folge. Daher sollte die segmentierende Betrachtungsweise nur in Ausnahmefällen eine Rolle spielen. Eine Segmentierung zwischen (aktiven) Verwaltungs- und Finanzierungstätigkeiten, die i. d. R. wirtschaftlich eng miteinander verknüpft sind, kann bspw. nicht überzeugen. Etwas anderes kann nur gelten, wenn sich die ausländische Gesellschaft für die Finanzierungstätigkeiten als bloßes Vollzugsorgan erweist und neben vergleichsweise unbedeutenden Einkünften aus der Vermögensverwaltung in erheblich größerem Umfang Einkünfte aus der Finanzierungstätigkeit erzielt und für Letzteres nicht das Recht hat, die zur Aufgabenerfüllung notwendigen Handlungsanweisungen autonom zu treffen.

(10) Der Zugang zum Substanztest ist lediglich auf EU-/EWR-Gesellschaften beschränkt, da in den Augen des Gesetzgebers lediglich der Anwendungsbereich der Niederlassungsfreiheit eröffnet ist. Da die Niederlassungsfreiheit aber im Drittstaatenverhältnis keine Anwendung findet, sind Investitionen in Drittstaatengesellschaften vor der Anwendung der Hinzurechnungsbesteuerung schutzlos. Da allerdings nach der hier vertretenen Auffassung der Beherrschungstatbestand des § 7 AStG nicht ausschließlich solche Anteilseigner in den Blick nimmt, die auch einen sicheren Einfluss auf die ausländische Gesellschaft ausüben können, wird die Kapitalverkehrsfreiheit auch nicht durch die Niederlassungsfreiheit verdrängt, so dass im Drittstaatenfall eine Einzelfallprüfung vorzunehmen ist.

(11) Nach der jüngeren Rechtsprechung des EuGH kann der Zugang zum Substanztest bei Beteiligungen an Gesellschaften, die im Drittstaat ansässig sind, nur dann verwehrt werden, wenn darüber hinaus keine rechtlichen, insbesondere vertraglichen Verpflichtungen des Drittstaates gegenüber den deutschen Behörden besteht, die es auch tatsächlich ermöglichen, die Richtigkeit der gemachten Angaben zu überprüfen. Besteht eine solche rechtliche Verpflichtung, ist es unionsrechtlich geboten, dem betroffenen Steuerpflichtigen einen entsprechenden Nachweis zu ermöglichen.

(12) Fraglich ist, was geschieht, wenn der betroffene Steuerpflichtige diesen Nachweis freiwillig auf sich nimmt und die dem Gegenbeweis zugrundeliegenden Informationen vorbringt. Nach der hier vertretenen Auffassung sollte in diesen Fällen die Hinzurechnungsbesteuerung nur dann durchgeführt werden, wenn die Nachweise für die zutreffende Festsetzung der nationalen Steuer strittig sind oder diese nicht dieselbe Aussagekraft und denselben Beweiswert haben wie die

Informationen, die im Rahmen des Auskunftsersuchens bereitgestellt worden wären.

(13) Zur Erreichung einer Nichtanwendung der Hinzurechnungsbesteuerung ist zwischen EU-/EWR-Fällen einerseits sowie Drittstaatensachverhalten andererseits zu unterscheiden. Die niederlassungsspezifischen Substanzanforderungen, die in der Rs. *Cadbury Schweppes* getroffen wurden, decken sich nicht mit dem Begriff des freien Kapitalverkehrs. Insofern sollte die Nachweismöglichkeit bei Drittstaatenbeteiligungen, die jedenfalls unter die Anwendung des § 13 AStG fallen, um einen weiteren Aspekt erweitert werden, wie etwa die Frage, ob wirtschaftliche Gründe für die Beteiligung existieren (Motivtest).

Die Hinzurechnungsbesteuerung ist als solche sinnvoll und grds. auch geeignet aggressiver Steuergestaltung und Gewinnverlagerung entgegenzutreten und hat auch unter Geltung des Unionsrechts eine Zukunft. Allerdings sind alle überschießenden Anforderungen (z. B. die (widerlegbare) Vermutung eines abgestimmten Verhaltens in Bezug auf die Zwischengesellschaft für die Gesellschafter von Personengesellschaften, die an einer Zwischengesellschaft beteiligt sind, der überhöhte Grenzsteuersatz zur Niedrigbesteuerung und die wesentlichen verschärften Anforderungen an den Gegenbeweis, bspw. das schädliche Outsourcing auf Dritte) zu streichen. Die Erweiterung des Substanztests auf Drittstaatenfälle ist europarechtlich geboten. Es bleibt abzuwarten, inwieweit der deutsche Steuergesetzgeber selbst aktiv wird, um die unionsrechtlichen Zweifel zu beheben. In der Vergangenheit hat sich allerdings auch bewahrheitet, dass dies i. d. R. eines höchstrichterlichen Vorstoßes bedarf.

Literaturverzeichnis

Adrian, Gerrit/ Rautenstrauch, Gabriele/ Sterner, Ingo, Gewerbesteuer bei der Hinzurechnungsbesteuerung, DStR 2017, 1457-1463.

Bannes, Maximilian/ Cloer, Adrian/ Holle, Florian, Hinzurechnungsbesteuerung und Stillstandsklausel – Zugleich Anmerkung zu BFH v. 12.10.2016 – I R 80/14, FR 2017, 620-623.

Bannes, Maximilian/ Holle Florian, Kapitalverkehr mit Drittstaaten – die Bedeutung der Stand-Still-Klausel des Art. 64 Abs. 1 AEUV am Beispiel des deutschen Investmentsteuerrechts, StuW 2017, 112-125.

Bärsch, Sven-Eric/ Schneider, Henrik, Der neue Substanztest zur Vermeidung der Hinzurechnungsbesteuerung in EU-/EWR-Fällen, DB 2022, 81-86.

Baumgartner, Raphael, Mögliche Änderungen der Hinzurechnungsbesteuerung durch den zweiten Referentenentwurf eines ATADUmsG, IStR 2020, 524-529.

Baumhoff, Hubertus, in: Flick/Wassermeyer/Baumhoff u. a. (Hrsg.), Außensteuerrecht – Kommentar, Verlag Dr. Otto Schmidt KG, Köln.

Baur, Sabrina/ Ullmann, Robert, Änderungen des Aktivkatalogs in § 8 Abs. 1 AStG durch das ATAD-Umsetzungsgesetz – Darstellung und Bewertung, IWB 2021, 790-800.

Benz, Sebastian/ Böhmer, Julian, Das BEPS-Projekt der OECD/G20: Vorlage der abschließenden Berichte zu den Aktionspunkten, DB 2015, 2535-2543.

Binnewies, Burkhard/ Gomes, Cristian E., Aktuelles zur Hinzurechnungsbesteuerung nach dem AStG, AG 2019, 340-342.

Birkenfeld, Wolfram, Der Einfluß des Gemeinschaftsrechts auf die Rechtsverwirklichung im Steuerrecht – Eine Bestandsaufnahme, StuW 1998, 55-75.

Böhmer, Julian, Das Trennungsprinzip im Körperschaftsteuerrecht – Grundsatz ohne Zukunft?, StuW 2012, 33-42.

Böhmer, Julian/ Gebhardt, Ronald/ Krüger, Sebastian, in: Hagemann/Kahlenberg (Hrsg.), Anti Tax Avoidance Directive (ATAD) – Kommentar, NWB Verlag GmbH & Co. KG, Herne 2019.

Böhmer, Julian/ Oppel, Florian, Die neue Hinzurechnungsbesteuerung für Beteiligungen an ausländischen Zwischengesellschaften – Eine erste Analyse des BMF-Entwurfs v. 10.12.2019, IWB 2020, 5-20.

Böhmer, Julian/ Schewe, Benedikt/ Schlücke, Katharina, Der Referentenentwurf des ATAD-Umsetzungsgesetzes – Gewinnausschüttungen, Veräußerungen und Umwandlungen, FR 2020, 164-171.

Cloer, Adrian/ Hagemann, Tobias, Grenzen der Hinzurechnungsbesteuerung – Auswirkungen der jüngeren Rechtsprechung von EuGH und BFH, DB 2019, 1228-1236.

Cordewener, Axel, Europäische Grundfreiheiten und nationales Steuerrecht – „Konvergenz" des Gemeinschaftsrechts und „Kohärenz" der direkten Steuern in der Rechtsprechung des EuGH, Verlag Dr. Otto Schmidt KG, Köln 2002 (zugl. Diss. Bonn 2001).

Cordewener, Axel, Deutsche Unternehmensbesteuerung und europäische Grundfreiheiten – Grundzüge des materiellen und formellen Rechtsschutzsystems der EG, DStR 2004, 6-15.

Cordewener, Axel, Der sachliche, persönliche und territoriale Anwendungsbereich der Grundfreiheiten, in: Lang (Hrsg.), Europäisches Steuerrecht, DStJG Band 41, Verlag Dr. Otto Schmidt KG, Köln 2018, 195-271.

Dammann, Fabian, Diskriminierungen im Bereich der Grundfreiheiten und deren Rechtfertigung aus zwingenden Gründen des Allgemeininteresses, Nomos Verlagsgesellschaft mbH & Co. KG, Baden-Baden 2018 (zugl. Diss. Heidelberg 2018).

Dautzenberg, N., EuGH: EU-rechtswidrige Versagung des niederländischen Dividendenfreibetrags auf Auslandsdividenden, mAnm. N. Dautzenberg, FR 2000, 720-728.

Debatin, Helmut, StÄndG 1992 und „Treaty Override", DB 1992, 2159-2163.

Dietz, Sara/ Streinz, Thomas, Das Marktzugangskriterium in der Dogmatik der Grundfreiheiten, EuR 2015, 50-72.

Ditz, Xaver, Der Fremdvergleichsgrundsatz und die Hinzurechnungsbesteuerung, in: Seer/Lüdicke/Rasch (Hrsg.), Globalisiertes Steuerrecht – Anspruch und Verantwortung, Festschrift zum 60. Geburtstag von Heinz-Klaus Kroppen, Verlag Dr. Otto Schmidt KG, Köln 2020, 491-514.

Ditz, Xaver/ Ekinci, Orkun, Substanztest nach § 8 Abs. 2 AStG – Aktuelle Entwicklungen und Analyse des BMF-Schreibens vom 17.3.2021, Ubg 2021, 361-369.

Ditz, Xaver/ Engelen, Christian/ Quilitzsch, Carsten, Hinzurechnungsbesteuerung auf dem Prüfstand – Anmerkungen zum Urteil des BFH v. 13.6.2018 – I R 94/15, DStR 2019, 361-367.

Ditz, Xaver/Quilitzsch, Carsten, Die Neuregelung der Hinzurechnungsbesteuerung durch das ATAD-Umsetzungsgesetz, Ubg 2021, 485-495.

Ditz, Xaver u. a., Unternehmensteuerrechtliche Änderungen im AStG – Ein erster Überblick über den Referentenentwurf des ATAD-Umsetzungsgesetzes v. 10.12.2019, DStR 2020, 73-81.

Ditz, Xaver/ Wassermeyer, Franz, in: Flick/Wassermeyer/Baumhoff u. a. (Hrsg.), Außensteuerrecht – Kommentar, Verlag Dr. Otto Schmidt KG, Köln.

Drüen, Klaus-Dieter, in: Tipke/Kruse (Begr.), Abgabenordnung – Finanzgerichtsordnung – Kommentar, hrsg. von *Roman Seer* u. a., Verlag Dr. Otto Schmidt KG, Köln.

Eilers, Stephan/ Hennig, Patricia, BEPS: Hinzurechnungsbesteuerung – BEPS und neue Rechtsentwicklungen, ISR 2015, 422-430.

Eilers, Stephan/ Oppel, Florian, BEPS erreicht die EU: Das Anti Tax Avoidance Package der EU-Kommission, IStR 2016, 312-319.

Eimler, Jörg, BMF-Schreiben v. 17.3.2021, FR 2021, 452: Auslegung des § 8 Abs. 2 AstG durch die Finanzverwaltung, FR 2021, 822-834.

Engelke, Holger/ Hoffmann, Stephanie, Einfluss der ATAD und aktueller Rechtsprechung auf die Hinzurechnungsbesteuerung, BB 2019, 1564-1568.

Englisch, Joachim, in: Schaumburg/Englisch (Hrsg.), Europäisches Steuerrecht, 2. Aufl., Verlag Dr. Otto Schmidt KG, Köln 2020.

Englisch, Joachim, in: Tipke/Lang (Begr.), Steuerrecht, 24. Aufl., hrsg. von *Roman Seer* u. a., Verlag Dr. Otto Schmidt KG, Köln 2021.

Färber, Niklas, Ausweitung des Substanztests auf Drittstaatenfälle – Die Rechtslage de lege lata unter Berücksichtigung der aktuellen EuGH-Rechtsprechung, IWB 2019, 812-821.

Fehling, Daniel, in: Schaumburg/Englisch (Hrsg.), Europäisches Steuerrecht, 2. Aufl., Verlag Dr. Otto Schmidt KG, Köln 2020.

Fischer, Peter, in: Hübschmann/Hepp/Spitaler (Hrsg.), Abgabenordnung – Finanzgerichtsordnung – Kommentar, Verlag Dr. Otto Schmidt KG, Köln.

Forsthoff, Ulrich, in: Grabitz/Hilf/Nettesheim (Hrsg.), Das Recht der Europäischen Union, C.H.Beck oHG, München.

Förster, Guido, 100 Jahre deutschsprachige Betriebswirtschaftliche Steuerlehre, StuW 2019, 317-327.

Furhmann, Sven, in: Fuhrmann (Hrsg.), Außensteuergesetz – Kommentar, 3. Aufl., NWB Verlag GmbH & Co. KG, Herne 2017.

Gebhardt, Ronald/ Krüger, Sebastian, Die Hinzurechnungsbesteuerung im Drittstaatenfall – BFH, Urt. v. 22.5.2019 – I R 11/19 und Anmerkungen zum Entwurf für ein ATADUmsG, IWB 2020, 109-120.

Gebhardt, Ronald/ Krüger, Sebastian, Hinzurechnungsbesteuerung adé? – BFH, Urteil v. 18.12.2019 – I R 59/17, IWB 2021, 77-88.

Geurts, Matthias, in: Fuhrmann (Hrsg.), Außensteuergesetz – Kommentar, 3. Aufl., NWB Verlag GmbH & Co. KG, Herne 2017.

Geringer, Stefanie, Substanznachweis im Zeitalter der Share and Gig Economy, SWI 2019, 541-549.

Glahe, Moritz, Einkünftekorrektur zwischen verbundenen Unternehmen – Vereinbarkeit der deutschen Verrechnungspreisvorschriften und der Zinsschranke mit Europa- und Verfassungsrecht, Verlag Dr. Otto Schmidt KG, Köln 2012 (zugl. Diss. Augsburg 2012).

Gläser, Christian/ Zöller, Daniel, Zum Verhältnis von Schachtelstrafe und Hinzurechnungsbesteuerung – Anmerkungen zum Urteil des FG Bremen v. 15.10.2015, IStR 2016, 870-874.

Goebel, Sören/ Palm, Annette, Der Motivtest – Rettungsanker der deutschen Hinzurechnungsbesteuerung?, IStR 2007, 720-726.

Gosch, Dietmar/ Schönfeld, Jens, Kapitalverkehrsfreiheit und Drittstaaten – Ein (vorläufiger) Zwischenstand, IStR 2015, 755-760.

Grabbe, Jan H., Schnittstelle von Hinzurechnungs- und Investmentbesteuerung: Einfacher als gedacht!, DB 2022, 223-225.

Grotherr, Siegfried, Änderungen bei der Hinzurechnungsbesteuerung durch das Steuersenkungsgesetz, IWB 2000, 935-950.

Günes, Menderes, Grenzüberschreitende Verschmelzung unter Beteiligung von Kapitalgesellschaften aus Drittstaaten, IStR 2013, 213-219.

Gütle, Jasmin/ Sotta, Christian, Reform der Hinzurechnungsbesteuerung – Auswirkungen des § 7 Abs. 4 S. 2 AStG-E bei Fondsinvestments, BB 2021, 224-229.

Haas, Gerhard, Beteiligung an ausländischen Gesellschaften – Probleme des Außensteuergesetzes, DStR 1973, 527-531.

Haase, Florian, „Substanz, Substanz, ist das Gebilde von Menschenhand", IStR 2016, 767-770.

Haase, Florian, Zukunft des IStR: Hinzurechnungsbesteuerung und Multilaterales Instrument im Fokus, ISR 2017, 349-357.

Haase, Florian, Überlegungen zur Reform der Hinzurechnungsbesteuerung, ifst-Schrift Nr. 521, Institut Finanzen und Steuern e.V., Berlin 2017.

Haase, Florian, Die neue Hinzurechnungsbesteuerung, DStR 2019, 827-835.

Haase, Florian, Internationales und Europäisches Steuerrecht, 6. Aufl., Verlag C.F. Müller GmbH, Heidelberg 2020.

Haase, Florian/ Hofacker, Matthias, Der Gesetzesentwurf zur Neuregelung der Hinzurechnungsbesteuerung, Ubg 2019, 260-271.

Haase, Florian/ Nürnberg, Philip, Hinzurechnungsbesteuerung im Fokus: Der Referentenentwurf eines Gesetzes zur Umsetzung der Anti-Steuervermeidungsrichtlinie, Ubg 2020, 1-5.

Haase, Florian/ Nürnberg, Philip, Der 3. Anlauf des Entwurfs eines Gesetzes zur Umsetzung der Anti-Steuervermeidungsrichtlinie, Ubg 2020, 265-269.

Haase, Florian/ Nürnberg, Philip, Die neue Hinzurechnungsbesteuerung, 3. Aufl., NWB Verlag GmbH & Co. KG, Herne 2021.

Haase, Florian/ Reiche, Felix, in: Haase (Hrsg.), Außensteuergesetz/Doppelbesteuerungsabkommen, 3. Aufl., Verlag C.F. Müller GmbH, Heidelberg 2016.

Hackemann, Tim, Kann die Niederlassungsfreiheit vor der Hinzurechnungsbesteuerung von Drittlandseinkünften nach dem AStG schützen? Anmerkungen zu dem EuGH-Urteil in der Rechtssache „Cadbury Schweppes" und den §§ 7 ff. AStG, IStR 2007, 351-360.

Hahn, Hartmut, Das ICI-Urteil des EuGH und die Hinzurechnungsbesteuerung gemäß §§ 7 ff. AStG, IStR 1999, 609-617.

Hahn, Hartmut, Bemerkungen zum EuGH-Urteil „Cadbury Schweppes", IStR 2006, 667-670.

Hans, Adrian, in: Haase (Hrsg.), Außensteuergesetz/Doppelbesteuerungsabkommen, 3. Aufl., Verlag C.F. Müller GmbH, Heidelberg 2016.

Haslehner, Werner Christof, Das Konkurrenzverhältnis der Europäischen Grundfreiheiten in der Rechtsprechung des EuGH zu den direkten Steuern, IStR 2008, 565-575.

Haun, Jürgen/ Käshammer, Daniel/ Reiser, Hagen, Das BMF-Schreiben vom 8.1.2007 zur Hinzurechnungsbesteuerung – eine erste Analyse, GmbHR 2007, 184-188.

Haun, Jürgen/ Schneider, Tobias, Erklärungs- und Anzeigepflichten nach § 18 Abs. 3 AStG – Anlass, Verpflichtete und Fristen, IStR 2022, 116-123.

Heckerodt, David, Die deutsche Hinzurechnungsbesteuerung im Drittstaatenfall – (K)ein Verstoß gegen die Kapitalverkehrsfreiheit, IStR 2019, 683-691.

Heckerodt, David/ van Lück, Nicola, Die deutsche Hinzurechnungsbesteuerung im Drittstaatenfall – Ein Überblick de lege lata und de lege ferenda, IStR 2020, 857-866.

Heinsen, Oliver/ Gsödl, Markus/ Dietrich, Marco, Reform der Hinzurechnungsbesteuerung – Zum geänderten Motivtest (§ 8 Abs. 2-4 AStG-RefE), IStR 2020, 729-735.

Hey, Johanna, Gestaltungsmissbrauch im Steuerrecht nach der Neufassung des § 42 AO und dem dazu ergangenen BMF-Erlass, BB 2009, 1044-1048.

Hey, Johanna, in: Tipke/Lang (Begr.), Steuerrecht, 24. Aufl., hrsg. von *Roman Seer* u. a., Verlag Dr. Otto Schmidt KG, Köln 2021.

Hindelang, Steffen, Die steuerliche Behandlung drittstaatlicher Dividenden und die europäischen Grundfreiheiten – Die teilweise (Wieder-)Eröffnung des Schutzbereiches der Kapitalverkehrsfreiheit für Dividenden aus drittstaatlichen Direktinvestitionen – zugleich eine Besprechung des Urteils in der Rechtssache Test Claimants in the FII Group Litigation II, IStR 2013, 77-81.

Hirsch, Günter, Verhältnis des deutschen Verfassungsrechts zum Europarecht, in: Pelka (Hrsg.), Europa- und verfassungsrechtliche Grenzen der Unternehmensbesteuerung, DStJG Band 23, Verlag Dr. Otto Schmidt KG, Köln 2000, 175-185.

Holle, Florian/ Weiss, Martin, Das „maßgebende Wirtschaftsjahr" der Hinzurechnungsbesteuerung – Zu dessen Bestimmung nach ausländischem Recht, IWB 2020, 333-343.

Holst, Johannes, Konvergenz der Grundfreiheiten durch das Marktzugangskriterium?, EuR 2017, 633-638.

Holst, Kerstin/ Krüger, Sebastian, Abkommensrechtliche Öffnungsklauseln für das AStG und deren Bedeutung für die Hinzurechnungsbesteuerung im Drittstaatenfall, IStR 2021, 80-85.

Höring, Johannes, Die Hinzurechnung passiver Einkünfte nach § 8 AStG bei Dreiecksverhältnissen – BFH, Urteil v. 13.6.2018 – I R 94/15, IWB 2019, 289-295.

Hörnicke, Gabriel/ Kraft, Gerhard, Die zweifelhafte Unionsrechtskonformität des § 8 Abs. 3 AStG, ISR 2022, 1-10.

Intemann, Jens, in: Herrmann/Heuer/Raupach (Hrsg.), Einkommensteuer- und Körperschaftsteuergesetz – Kommentar, Verlag Dr. Otto Schmidt KG, Köln.

Jacobs, Otto H., Internationale Unternehmensbesteuerung – Deutsche Investitionen im Ausland – Ausländische Investitionen im Inland, 8. Aufl., Verlag C.H.Beck oHG, München 2016.

Jacobsen, Hendrik, Hinzurechnungsbesteuerung und Kapitalverkehrsfreiheit – Die EuGH-Entscheidungen X GmbH, DStZ 2019, 389-400.

Jacobsen, Hendrik, Beendigung der bisherigen deutschen Hinzurechnungsbesteuerung durch den BFH – Anmerkung zu BFH vom 22.5.2019 – I R 11/19 (I R 80/14), HFR 2019, 1026 –, DStZ 2020, 98-100.

Jacobsen, Hendrik, Reform des deutschen Hinzurechnungsbesteuerungsrechts, DStZ 2020, 113-125.

Jacobsen, Hendrik, Das AStG nach dem ATAD-Umsetzungsgesetz, DStZ 2021, 743-758.

Jochimsen, Claus/ Gradl, Christoph, Normhierarchische Einordnung von Treaty Overrides – und Abgleich konkreter Beispiele mit aktuellen DBA sowie der DBA-Verhandlungsgrundlage, IStR 2015, 236-242.

Jost, Philipp, Betriebsstätten – Missbrauch und Niederlassungsfreiheit, Nomos Verlagsgesellschaft mbH & Co. KG, Baden-Baden 2012 (zugl. Diss. Konstanz 2012).

Kahlenberg, Christian, Cadbury-Test auch für Drittstaaten – Folgerungen aus der EuGH-Entscheidung in der Rs. X-GmbH für die anstehende AStG-Reform, DB 2019, 1590-1595.

Kahlenberg, Christian/ Erdem, Elias, Ketten-vGA im System der Hinzurechnungsbesteuerung vor und nach der AStG-Reform, IStR 2020, 95-104.

Kahlenberg, Christian/ Quilitzsch, Carsten, Das Ende der Hinzurechnungsbesteuerung in Drittstaatenfällen? Einige Gedanken zur BFH-Entscheidung v. 18.12.2019 – I R 59/17, IStR 2021, 135-140.

Kanduth-Kristen, Sabine, Hinzurechnungsbesteuerung und Methodenwechsel gem § 10a KStG: Präzisierungen durch die VO-Passiveinkünfte niedrigbesteuerter Körperschaften, BGBl II 2019/21, ÖStZ 2019, 81-90.

Kanduth-Kristen, Sabine/ Müller-Thomczik, Sandra/ Reiter, Lukas, Die Umsetzung der Hinzurechnungsbesteuerung gemäß ATAD in Deutschland und in Österreich: zentrale Aspekte im Rechtsvergleich, IStR 2021, 533-545.

Kielawa-Buzala, Greta, Die doppelte Hinzurechnungsbesteuerung in Deutschland nach dem ATADUmsG, IStR 2020, 609-615.

Kilincsoy, Ege-Aksel, Der unbestimmte Zweck der Hinzurechnungsbesteuerung, ISR 2021, 421-427.

Kleinert, Jens, Konzernbesteuerung: Einbeziehung der Gewinne beherrschter ausländischer Gesellschaften in die Steuerbemessungsgrundlage der Muttergesellschaft, mAnm. Jens Kleinert, GmbHR 2006, 1049-1057.

Kofler, Georg/ Schnitger, Arne, BEPS-Handbuch, Maßnahmen gegen Gewinnverlagerung und Gewinnverkürzung internationaler Konzerne, Verlag C.H.Beck oHG, München 2019.

Köhler, Stefan, Die neue Form der Hinzurechnungsbesteuerung für Zwischeneinkünfte mit Kapitalanlagecharakter durch das Steueränderungsgesetz 1992, BB 1993, 337-343.

Köhler, Stefan, Aktuelles Beratungs-Know-how Internationales Steuerrecht, DStR 2003, 1156-1160.

Köhler, Stefan, Aktuelles Beratungs-Know-how Internationales Steuerrecht, DStR 2005, 227-232.

Köhler, Stefan, FG Münster: keine wirkliche wirtschaftliche Tätigkeit i.S.d. EuGH-Rs. Cadbury Schweppes (§ 8 Abs. 2 AStG) bei Outsourcing bestimmter Funktionen, ISR 2016, 119-124.

Köhler, Stefan, Ganz oder gar nicht(?): Substantiierte Gewinne durch die EU-Grundfreiheiten vor der Hinzurechnungsbesteuerung geschützt, ISR 2018, 453-460.

Köhler, Stefan, Hinzurechnungsbesteuerung bei Direktinvestitionen in Drittstaatenfällen wohl bereits seit dem Jahr 2001 grundsätzlich durch die Kapitalverkehrsfreiheit gesperrt, ISR 2019, 175-182.

Köhler, Stefan, Hinzurechnungsbesteuerung bei Direktinvestitionen in Drittstaatenfällen grundsätzlich durch die Kapitalverkehrsfreiheit gesperrt, ISR 2019, 441-448.

Köhler, Stefan, BMF zu Gegenbeweis bei Hinzurechnungsbesteuerung – Gegendarstellung leider notwendig – Anmerkungen zum BMF-Schr. v. 17.3.2021 – IV B 5 – S 1351/19/10002:001 – DOK 2021/0290319, BStBl. I 2021, 342 „Anwendung des § 8 Abs. 2 AStG; Veröffentlichung der BFH-Urteile vom 22. Mai 2019 – I R 11/19 – und vom 18. Dezember 2019 – I R 59/17", ISR 2021, 201-213.

Köhler, Stefan, in: Strunk/Kaminski/Köhler (Hrsg.), Außensteuergesetz/Doppelbesteuerungsabkommen – Kommentar, Stollfuß Verlag – Zweigniederlassung der Lefebvre Sarrut GmbH, Bonn.

Köhler, Stefan/ Eicker, Klaus, Wichtige EuGH-Entscheidungen zur Hinzurechnungs- und Wegzugsbesteuerung – Anmerkungen zu den EuGH-Urteilen vom 7.9.2006 „N" und vom 12.9.2006, Cadbury Schweppes, DStR 2006, 1871-1875.

Köhler, Stefan/ Eicker, Klaus, Kritische Anmerkungen zum BMF-Schreiben „Cadbury Schweppes" vom 8.1.2007, DStR 2007, 331-334.

Köhler, Stefan/ Haun, Jürgen, Kritische Analyse der Änderungen der Hinzurechnungsbesteuerung durch das JStG 2008, Ubg 2008, 73-88.

Köhler, Stefan/ Staats, Wendelin, Wichtige Änderungen der Hinzurechnungsbesteuerung durch das ATAD Umsetzungsgesetz, ISR 2021, 295-305.

Kokott, Juliane, Vorgaben des Gemeinschaftsrechts für die Missbrauchsbekämpfung im Steuerrecht, FR 2008, 1041-1042.

Kokott, Juliane, Das Steuerrecht der Europäischen Union, Verlag C.H.Beck oHG, München 2018.

Kokott, Juliane/ Ost, Hartmut, Europäische Grundfreiheiten und nationales Steuerrecht, EuZW 2011, 496-503.

Kollruss, Thomas, Vermeidung des pauschalen Betriebsausgabenabzugsverbots auf Dividenden – Optimierung im Bereich der Hinzurechnungsbesteuerung und der Konzernsteuerquote, GmbHR 2009, 1312-1317.

Kollruss, Thomas/ Schrey, Christine/ Benten, Martina, Kein pauschales Betriebsausgabenabzugsverbot auf Divinden einer ausländischen Zwischengesellschaft nach vorangegangener Hinzurechnungsbesteuerung, GmbHR 2013, 684-689.

Köplin, Manfred/ Sedemund, Jan, Das BMF-Schreiben vom 8.1.2007 – untauglich, die EG-Rechtswidrigkeit der deutschen Hinzurechnungsbesteuerung nach Cadbury Schweppes zu beseitigen!, BB 2007, 244-248.

Körner, Andreas, Europarecht und CFC-Regelungen – Anrufung des EuGH im Verfahren „Cadbury Schweppes", IStR 2004, 697-706.

Korte, Stefan, in: Calliess/Ruffert (Hrsg.), EUV/AEUV – Kommentar, 6. Aufl., Verlag C.H.Beck oHG, München 2022.

Kortendick, Andreas/ Ekinci, Orkun, Das neue Beherrschungskonzept in der Hinzurechnungsbesteuerung nach dem ATADUmsG (RefE), IStR 2020, 615-622.

Kortendick, Andreas/ Joisten, Christian/ Ekinci, Orkun, Zur Anwendung der Hinzurechnungsbesteuerung: Folgerungen aus dem BFH-Urteil vom 13.6.2018 – I R 94/15, BB 2018, 3031-3037.

Kortendick, Andreas/ Joisten, Christian/ Ekinci, Orkun, Zur Anwendung der Hinzurechnungsbesteuerung von Zwischeneinkünften mit Kapitalanlagecharakter – Folgerungen aus dem EuGH-Urteil vom 26.2.2019, Rs. C-135/17, DStZ 2019, 510-516.

Kotthaus, Justin, Binnenmarktrecht und externe Kapitalverkehrsfreiheit, Nomos Verlagsgesellschaft mbH & Co. KG, Baden-Baden 2012 (zugl. Diss. Hamburg 2011).

Kotzur, Markus, in: Geiger/Khan/Kotzur (Hrsg.), EUV/AEUV – Kommentar, 6. Aufl. Verlag C.H.Beck oHG, München 2017.

Kraft, Gerhard, Legislatorische Handlungsnotwendigkeiten im Kontext der Hinzurechnungsbesteuerung – Ausgewählte Problembereiche und steuersystematische Perspektiven, IWB 2019, 104-113.

Kraft, Gerhard, in: Kraft (Hrsg.), Außensteuergesetz – Kommentar, 2. Aufl., Verlag C.H.Beck oHG, München 2019.

Kraft, Gerhard, in: Kofler/Schnitger (Hrsg.), BEPS-Handbuch, Verlag C.H.Beck oHG, München 2019.

Kraft, Gerhard, Der gesetzgeberische Totalausfall bei der ATAD-Umsetzung vor dem Hintergrund aktueller Einflüsse auf die künftige Hinzurechnungsbesteuerung, FR 2020, 105-109.

Kraft, Gerhard/ Bildstein, Christoph, Der Fremdvergleich in der Hinzurechnungsbesteuerung – Aktuell und Perspektiven, IStR 2019, 37-43.

Kraft, Gerhard/ Bron, Jan, Implikationen des Urteils in der Rechtssache „Cadbury Schweppes" für die Fortexistenz der deutschen Hinzurechnungsbesteuerung, IStR 2006, 614-620.

Kraft, Gerhard/ Hohage, Uwe, Unmittelbare ATAD-Anwendung in begünstigend wirkenden Situationen, FR 2021, 538-543.

Kraft, Gerhard/ Kraft, Cornelia, Unionsrecht wird Weltsteuerrecht – zum Siegeszug der Kapitalverkehrsfreiheit, in: Gosch/Schnitger/Schön (Hrsg.), Festschrift für Jürgen Lüdicke, Verlag C.H.Beck oHG, München 2019, 405-420.

Krogmann, Catherin/ Vitale, Andrea, Kritische Würdigung des BMF-Schreibens zu „Cadbury Schweppes", IWB 2007, 417-426.

Kußmaul, Heinz, Die Betriebswirtschaftliche Steuerlehre als steuerliche Betriebswirtschaftslehre, StuW 1995, 3-14.

Kühn, Michael F./ Schienke-Ohletz Tanja, Die geplante Reform der Hinzurechnungsbesteuerung nach §§ 7 ff. AStG unter Beachtung europarechtlicher Vorgaben, BB 2020, 1562-1570.

Lampert, Steffen, in: Musil/Weber-Grellet (Hrsg.), Europäisches Steuerrecht, C.H.Beck oHG, München 2019.

Lang, Michael, CFC-Gesetzgebung und Gemeinschaftsrecht, IStR 2002, 217-222.

Lehfeldt, Constanze, in: Strunk/Kaminski/Köhler (Hrsg.), Außensteuergesetz/Doppelbesteuerungsabkommen – Kommentar, Stollfuß Verlag – Zweigniederlassung der Lefebvre Sarrut GmbH, Bonn.

Lehner, Moris, in: Vogel/Lehner (Hrsg.), Doppelbesteuerungsabkommen – Kommentar, 7. Aufl., Verlag C.H.Beck oHG, München 2021.

Lentz, Karsten/ Sezer, Mustafa, Beteiligungserträge und Hinzurechnungsbesteuerung nach ATADUmsG-E, ISR 2021, 85-96.

Levedag, Christian, in: Schmidt (Begr.), Einkommensteuergesetz – Kommentar, 40. Aufl., Verlag C.H.Beck oHG, München, 2021.

Lieber, Bettina, Neuregelung der Hinzurechnungsbesteuerung durch das Unternehmenssteuerfortentwicklungsgesetz, FR 2002, 139-151.

Linn, Alexander, Die Anti-Tax-Avoidance-Richtlinie der EU – Anpassungsbedarf in der Hinzurechnungsbesteuerung?, IStR 2016, 645-652.

Linn, Alexander, Änderungen in der Hinzurechnungsbesteuerung durch das ATADUmsG?, IStR 2020, 77-83.

Linn, Alexander/ Pignot, Benedikt, Hinzurechnungsbesteuerung nach Cadbury Schweppes – FG Münster, Urteil vom 20.11.2015 – 10 K 1410/12 F, IWB 2016, 466-472.

Lohmann, Christoph, Die Europarechtskonformität der Hinzurechnungsbesteuerung in der Fassung des JStG 2008, Verlag Dr. Kovac GmbH, Hamburg 2012 (zugl. Diss. Münster 2011).

Luckey, Jörg, in: Strunk/Kaminski/Köhler (Hrsg.), Außensteuergesetz/Doppelbesteuerungsabkommen – Kommentar, Stollfuß Verlag – Zweigniederlassung der Lefebvre Sarrut GmbH, Bonn.

Lüdicke, Jürgen, Missbrauch und grenzüberschreitende Sachverhalte, in: Drüen/Hey/Mellinghoff (Hrsg.), 100 Jahre Steuerrechtsprechung in Deutschland 1918-2018, Festschrift für den Bundesfinanzhof, Band I, Verlag Dr. Otto Schmidt KG, Köln 2018, 1053-1076.

Lüdicke, Jochen/ Oppel, Florian, Kommissions-Entwurf einer Anti-BEPS-Richtlinie: Grundlegende Änderungen und Verschärfungen des deutschen Rechts, DB 2016, 549-555.

Maier-Frischmuth, Markus, Systemkonforme Hinzurechnungsbesteuerung nach dem Entwurf des UntStFG? (Teil I), IStR 2001, 610-616.

Mattern, Oliver, Über das Verhältnis der Hinzurechnungsbesteuerung zum Fremdvergleichsgrundsatz, DB 2019, 83-87.

Menck, Thomas, Halbeinkünfteverfahren, Schachtelprivileg über die Grenze und Außensteuergesetz, IWB 2000, 527-530.

Moser, Till, § 15 AStG idF des Referentenentwurfs des ATAD-Umsetzungsgesetzes, DStR 2020, 900-903.

Mössner, Manfred/ Rode, Oliver, in: Fuhrmann (Hrsg.), Außensteuergesetz – Kommentar, 3. Aufl., NWB Verlag GmbH & Co. KG, Herne 2017.

Musil, Andreas, Treaty Override als Dauerproblem des Internationalen Steuerrechts, IStR 2014, 192-196.

Musil, Andreas, in: Musil/Weber-Grellet (Hrsg.), Europäisches Steuerrecht, C.H.Beck oHG, München 2019.

Müller, Sergej, Hinzurechnungsbesteuerung: Die Unionsrechtsmäßigkeit des Substanztestes – Eine Analyse des BMF-Schreibens vom 17.3.2021, GmbH-StB 2021, 283-289.

Müller-Graff, Peter-Christian, in: Streinz (Hrsg.), EUV/AEUV, 3. Aufl., Verlag C.H.Beck oHG, München 2018.

Münch, Lukas, Ausschüttungen von Zwischengesellschaften in der Hinzurechnungsbesteuerung – Geltendes Recht und Reformdiskussion, FR 2019, 902-906.

Oestreicher, Andreas, BEPS – Base Erosion und Profit Shifting, NWB Verlag GmbH & Co. KG, Herne 2015.

Oppel, Florian, BEPS in Europa: (Schein-)Harmonisierung der Missbrauchsabwehr durch neue Richtlinie 2016/1164 mit Nebenwirkungen, IStR 2016, 797-803.

Oppel, Florian, Das BEPS-Projekt der OECD/G20 – Kerninhalte der Abschlussberichte und Auswirkungen auf das deutsche (internationale) Steuerrecht, SteuK 2016, 53-59.

Oppel, Florian, in: Schaumburg (Hrsg.), Internationales Steuerrecht, 5. Aufl., Verlag Dr. Otto Schmidt, Köln 2023.

Orlet, Patrick, in: Lang/Rust/Schuch u. a. (Hrsg.), Die Anti-Tax-Avoidance-Richtlinie, Linde Verlag Ges.m.b.H., Wien 2017, 105-130.

Osterloh-Konrad, Christine, Die Steuerumgehung – Eine rechtsvergleichende und rechtstheoretische Analyse, Verlag Mohr Siebeck GmbH & Co. KG, Tübingen 2019 (zugl. Habil. München 2017).

Pache, Eckhard, in: Schulze/Janssen/Kadelbach (Hrsg.), Europarecht – Handbuch für die deutsche Rechtspraxis, 4. Aufl., Nomos Verlagsgesellschaft mbH & Co. KG, Baden-Baden 2020.

Philipowski, Rüdiger, Einmal Missbrauch, immer Missbrauch? – IFSC-Gesellschaften im Fadenkreuz der Steuerbehörden, IStR 2003, 547-552.

Protzen, Peer Daniel G., in: Kraft (Hrsg.), Außensteuergesetz – Kommentar, 2. Aufl., Verlag C.H.Beck oHG, München 2019.

Quilitzsch, Carsten, Die Hinzurechnungsbesteuerung – Eine rechtsökonomische Analyse der Regelungen in Deutschland und Japan, Nomos Verlagsgesellschaft mbH & Co. KG, Baden-Baden 2013 (zugl. Diss. Halle-Wittenberg 2012).

Rättig, Horst/ Protzen, Peer Daniel G., Unbeabsichtigter Systemwechsel bei der Hinzurechnungsbesteuerung von Kapitalgesellschaften als Folge des Steuersenkungsgesetzes?, IStR 2000, 394-401.

Rättig, Horst/ Protzen, Peer Daniel G., Holdingbesteuerung nach derzeit geltendem und kommendem Außensteuergesetz, IStR 2000, 548-557.

Rättig, Horst/ Protzen, Peer Daniel G., Die im Entwurf eines Gesetzes zur Fortentwicklung des Unternehmenssteuerrechts vorgesehenen Änderungen der Hinzurechnungsbesteuerung der §§ 7-14 AStG, IStR 2001, 601-610.

Rättig, Horst/ Protzen, Peer Daniel G., Praktische Folgen der Unvereinbarkeit der Hinzurechnungsbesteuerung mit der EU-Niederlassungs- sowie Kapitalverkehrsfreiheit – Eine nach Fallgruppen geordnete Darstellung der Unanwendbarkeit der §§ 7-14 AStG, GmbHR 2003, 503-506.

Rättig, Horst/ Protzen, Peer Daniel G., Zur Europarechtswidrigkeit der §§ 7-14 AStG und zu den Folgen für die internationale Steuerplanung, IStR 2003, 195-202.

Rautenstrauch, Gabriele/ Suttner, Johannes, Die EU Anti-BEPS-Richtlinie: Überblick und künftige Anpassungsnotwendigkeiten im deutschen Recht, BB 2016, 2391-2396.

Rautenstrauch, Gabriele, Referentenentwurf eines ATAD-Umsetzungsgesetzes – (k)eine Reform der Hinzurechnungsbesteuerung?, GmbHR 2020, R36-R38.

Rehfeld, Lars, Die Vereinbarkeit des Außensteuergesetzes mit den Grundfreiheiten des EG-Vetrags, Verlag Peter Lang Group AG, Frankfurt am Main 2008 (zugl. Diss. Bochum 2007).

Reiche, Felix, in: Haase (Hrsg.), Außensteuergesetz/Doppelbesteuerungsabkommen, 3. Aufl., Verlag C.F. Müller GmbH, Heidelberg 2016.

Reuter, H. P./ Asseyer, M., Die Geltung des Internationalen Schachtelprivilegs, DStR 1971, 335-338.

Richter, Lutz/ Kortendick, Andreas/ Ekinci, Orkun, Tatsächlich, wirklich oder doch wesentlich? – Die Exkulpationsklausel nach dem ATADUmsG im Lichte des Unionsrechts, GmbHR 2020, 694-703.

Rödel, Sabine, in: Kraft (Hrsg.), Außensteuergesetz – Kommentar, 2. Aufl., Verlag C.H.Beck oHG, München 2019.

Rödder, Thomas, Ist der Hinzurechnungsbetrag gewerbesteuerpflichtig?, IStR 2009, 873-877.

Rödder, Thomas/ Schönfeld, Jens, Mündliche Verhandlung vor dem EuGH in der Rechtssache „Cadbury Schweppes“: Wird sich der Missbrauchsbegriff des EuGH verändern?, IStR 2006, 49-52.

Rödder, Thomas/ Schumacher, Andreas, Der Regierungsentwurf eines Gesetzes zur Fortentwicklung des Unternehmenssteuerrechts (Teil II), DStR 2001, 1685-1693.

Rödder, Thomas/ Schumacher, Andreas, in: Schaumburg/Rödder (Hrsg.), Unternehmensteuerreform 2008, C.H.Beck oHG, München 2007.

Saß, Gert, Zur Vereinbarkeit der Hinzurechnungsbesteuerung nach dem AStG mit den EU-Grundfreiheiten, DB 2002, 2342-2346.

Schaumburg, Harald, in: Schaumburg (Hrsg.), Internationales Steuerrecht, 5. Aufl., Verlag Dr. Otto Schmidt, Köln 2023.

Schaumburg, Harald, in: Schaumburg/Englisch (Hrsg.), Europäisches Steuerrecht, 2. Aufl., Verlag Dr. Otto Schmidt KG, Köln 2020.

Schilcher, Michael/ Knesl, Pavel, Die § 10a KStG-VO zur Hinzurechnungsbesteuerung und zum Methodenwechsel im Überblick, RdW 2019, 54-61.

Schlücke, Katharina, Die Umsetzung von EuGH-Entscheidungen in das deutsche Steuerrecht – Das Beispiel der Betriebsstättenverluste, Nomos Verlagsgesellschaft mbH & Co. KG, Baden-Baden 2014 (zugl. Diss. Köln 2013).

Schlücke, Katharina, Hinzurechnung passiver Einkünfte nach § 8 AStG und Gegenbeweis – verdeckte Einlagen in Dreiecksverhältnissen, ISR 2019, 41-44.

Schmidtmann, Dirk, Hinzurechnungsbesteuerung bei internationalen Umwandlungen – Neuregelungen durch das SEStEG –, IStR 2007, 229-235.

Schmidtmann, Dirk, Anforderungen an die wirtschaftliche Substanz im Außensteuerrecht – Zugleich Anmerkungen zum BFH-Urteil vom 13.6.2018, I R 94/15, GmbHR 2019, 59-67.

Schmidtmann, Dirk, Der Motivtest nach dem Entwurf eines Gesetzes zur Umsetzung der Anti-Steuervermeidungsrichtlinie – Gleichlauf und Verschärfungen entgegen der ATAD, IWB 2020, 176-187.

Schneider, Stephan, Die Kapitalverkehrsfreiheit im Verhältnis zu Drittstaaten und ihre Auswirkung auf die Anerkennung ausländischer Gesellschaften, Nomos Verlagsgesellschaft mbH & Co. KG, Baden-Baden 2018 (zugl. Diss. Erlangen-Nürnberg 2018).

Schnitger, Arne, Gegenberichtigung bei Zwischengesellschaft zur Vermeidung von Doppelbesteuerung, BFH, Urt. v. 19.3.2002 – I R 4/01, mAnm. Schnitger, BB 2003, 264.

Schnitger, Arne, Die Grenzen der Einwirkung der Grundfreiheiten des EG-Vertrages auf das Ertragsteuerrecht, IDW Verlag GmbH, Düsseldorf 2006 (zugl. Diss. Freiburg 2006).

Schnitger, Arne, Die Niederlande als Niedrigsteuerland i. S. des § 8 Abs. 3 AStG und die gewerbesteuerliche Kürzung des Hinzurechnungsbetrags, IStR 2011, 328-331.

Schnitger, Arne/ Gebhardt, Ronald/ Krüger, Sebastian, Hinzurechnungsbesteuerung und Unionsrecht – Anmerkungen zum BMF-Schreiben v. 17.3.2021 – IV B 5 – S 1351/19/10002 :001, IWB 2021, 344-358.

Schnitger, Arne/ Krüger, Sebastian/ Nielsen, Lars, Neues zur Unionsrechtskonformität der (erweiterten) Hinzurechnungsbesteuerung – Zugleich Anmerkung zum EuGH-Urteil v. 26.2.2019 – C-135/17, IStR 2019, 340-347.

Schnitger, Arne/ Nitzschke, Dirk/ Gebhardt, Ronald, Anmerkungen zu den Vorgaben für die Hinzurechnungsbesteuerung nach der sog „Anti-BEPS-Richtlinie" – Systematische Würdigung der Implikationen für den deutschen Rechtskreis, IStR 2016, 960-975.

Schön, Wolfgang, Der „Wettbewerb" der europäischen Steuerordnungen als Rechtsproblem, in: Pelka (Hrsg.), Europa- und verfassungsrechtliche Grenzen der Unternehmensbesteuerung, DStJG Band 23, Verlag Dr. Otto Schmidt KG, Köln 2000, 191-226.

Schön, Wolfgang, Hinzurechnungsbesteuerung und Europäisches Gemeinschaftsrecht, DB 2001, 940-947.

Schön, Wolfgang, Deutsche Hinzurechnungsbesteuerung und Europäische Grundfreiheiten, IStR-Beihefter 2013, 3-23.

Schönfeld, Jens, Hinzurechnungsbesteuerung und Europäisches Gemeinschaftsrecht, Verlag Dr. Otto Schmidt KG, Köln 2005 (zugl. Diss. Bonn 2004).

Schönfeld, Jens, Hinzurechnungsbesteuerung und Anti-Tax-Avoidance-Directive, IStR 2017, 721-729.

Schönfeld, Jens, Aktuelle Entwicklungen zum „Cadbury-Test" im Rahmen der Hinzurechnungsbesteuerung – Kritische Überlegungen zum BMF-Schreiben zu § 8 Abs. 2 AStG v. 4.11.2016, IStR 2017, 949-951.

Schönfeld, Jens, Aktuelle Entwicklungen zur Hinzurechnungsbesteuerung, IStR 2019, 397-401.

Schönfeld, Jens/ Ellenrieder, Benedikt, Das Verhältnis von Primär- und Sekundärrecht – oder: Gibt es „gegen Primärrecht immunisiertes Recht"?, StuW 2019, 253-266.

Schönfeld, Jens/ Rüsch, Gary, in: Flick/Wassermeyer/Baumhoff u. a. (Hrsg.), Außensteuerrecht – Kommentar, Verlag Dr. Otto Schmidt KG, Köln.

Schönfeld, Jens/ Wassermeyer, Franz, in: Flick/Wassermeyer/Baumhoff u. a. (Hrsg.), Außensteuerrecht – Kommentar, Verlag Dr. Otto Schmidt KG, Köln.

Schumann, Rheda/ Jahn, Luisa, Hinzurechnungsbesteuerung von Zwischeneinkünften mit Kapitalanlagecharakter im Drittstaatenfall – EuGH, Urteil v. 26.2.2019 – Rs. C-135/17 „X“, IWB 2019, 410-416.

Sedlaczek, Michael/ Züger, Mario, in: Streinz (Hrsg.), EUV/AEUV, 3. Aufl., Verlag C.H.Beck oHG, München 2018.

Seiler, Christian, Das Steuerrecht unter dem Einfluss der Marktfreiheiten, StuW 2005, 25-36.

Sieker, Klaus, Steuervergünstigungsabbaugesetz: Vorgesehene Verschärfungen der Rechtsfolgen der Hinzurechnungsbesteuerung, IStR 2003, 78-84.

Spengel, Christoph/ Jaeger, Claudia/ Müller, Katja, Europarechtliche Beurteilung des Gesetzesentwurfs zur Senkung der Steuersätze und zur Reform der Unternehmensbesteuerung, IStR 2000, 257-262.

Straßburger, Benjamin, Die Dogmatik der EU-Grundfreiheiten, Verlag Mohr-Siebeck GmbH & Co. KG, Tübingen 2012 (zugl. Diss. Mainz 2012).

Suchanek, Markus/ Herbst, Christian, Auslegungsfragen zum DBA-USA: Die Zuordnung von Beteiligungen zum Betriebsstättenvermögen, IStR 2007, 620-627.

Sullivan, Matthew/ Wallner, Robert/ Wübbelsmann, Stephan, Die deutsche Hinzurechnungsbesteuerung auf dem europäischen Prüfstand, IstR 2003, 6-14.

Thiele, Katja, Hinzurechnungsbesteuerung und Unionsrecht, Verlag Dr. Kovac GmbH, Hamburg 2011 (zugl. Diss. Halle-Wittenberg 2010).

Tiedje, Jürgen, in: von der Groeben/Schwarze/Hatje (Hrsg.), Europäisches Unionsrecht, 7. Aufl., Nomos Verlagsgesellschaft mbH & Co. KG, Baden-Baden 2015.

Tiedtke, Klaus/ Mohr, Martin, Die Grundfreiheiten als zulässiger Maßstab für die direkten Steuern, EuZW 2008, 424-428.

Tulloch, Anthony, StÄndG 1992: Die neue Hinzurechnungsbesteuerung im AStG als Instrument der Mißbrauchsbekämpfung, DB 1992, 1444-1449.

Ukrow, Jörg/ Ress, Georg, in: Grabitz/Hilf/Nettesheim (Hrsg.), Das Recht der Europäischen Union, C.H.Beck oHG, München.

Vogt, Gabriele, in: Brandis/Heuermann (Hrsg.), Ertragsteuerrecht – Kommentar, Verlag Franz Vahlen GmbH, München.

Wacker, Roland, Hinzurechnung passiver Einkünfte nach § 8 AStG und Gegenbeweis – verdeckte Einlagen in Dreiecksverhältnissen, IStR 2018, 882-888.

Wassermeyer, Franz, Der Scherbenhaufen „Hinzurechnungsbesteuerung“, EuZW 2000, 513.

Wassermeyer, Franz, Die Fortentwicklung der Besteuerung von Auslandsbeziehungen – Anmerkungen zu den derzeitigen Überlegungen zur Reform des Außensteuerrechts, IStR 2001, 113-117.

Wassermeyer, Franz, Fortsetzung der Unternehmenssteuerreform – international gesehen, in: Herzig/Günkel/Niemann (Hrsg.), Steuerberater-Jahrbuch 2001/2002, Verlag Dr. Otto Schmidt KG, Köln 2002, 63-72.

Wassermeyer, Franz, Niederlassungsfreiheit – Gemeinschaftsrechtskonformität der Hinzurechnungsbesteuerung? – Rechtfertigungsgründe – Abgrenzung zum Missbrauch, DB 2006, 2045-2050.

Wassermeyer, Franz, in: Wassermeyer/Baumhoff (Hrsg.), Verrechnungspreise international verbundener Unternehmen, Verlag Dr. Otto Schmidt KG, Köln 2014.

Wassermeyer, Franz, Der Reformbedarf bei der Hinzurechnungsbesteuerung auf der Grundlage der BFH-Rechtsprechung, IStR 2018, 744-747.

Wassermeyer, Franz, in: Flick/Wassermeyer/Baumhoff u. a. (Hrsg.), Außensteuerrecht – Kommentar, Verlag Dr. Otto Schmidt KG, Köln.

Wassermeyer, Franz/ Schönfeld, Jens, Die EuGH-Entscheidung in der Rechtssache „Cadbury Schweppes" und deren Auswirkungen auf die deutsche Hinzurechnungsbesteuerung, GmbHR 2006, 1065-1073.

Wassermeyer, Franz/ Schönfeld, Jens, in: Flick/Wassermeyer/Baumhoff u. a. (Hrsg.), Außensteuerrecht – Kommentar, Verlag Dr. Otto Schmidt KG, Köln.

Weber, Klaus/ Zöller, Daniel, An die Substanz – zur Unionsrechtmäßigkeit der Hinzurechnungsbesteuerung im Drittstaatenfall, FR 2020, 288-297.

Wenzel, Peter, ATAD: Umsetzungsbedarf bei der spanischen „Transparencia fiscal internacional" – ein Vorbild für die Reform der deutschen Hinzurechnungsbesteuerung?, ISR 2017, 432-441.

Winkeljohann, Norbert/ Weihmann, Lars-Volkmar, Finanzierungseinkünfte in Belgien und den Niederlanden aus Sicht deutscher Unternehmen, Ubg 2008, 161-168.

Wischmann, Rolf, Einkünftekorrektur und Hinzurechnungsbesteuerung, GmbH-StB 2002, 281-282.

Wiskemann, Jörg, Ir(r)land – Die gemeinschaftsrechtlichen Aspekte der Dublin Docks-Fälle –, IStR 2003, 647-648.

Wojcik, Karl-Philipp, in: von der Groeben/Schwarze/Hatje (Hrsg.), Europäisches Unionsrecht, 7. Aufl., Nomos Verlagsgesellschaft mbH & Co. KG, Baden-Baden 2015.

Rechtsprechungsverzeichnis

Entscheidungen des Europäischen Gerichtshofs

Urt. vom 5.2.1963,	C-26/62,	„van Gend en Loos/Administratie der Belastingen", ECLI:EU:C:1963:1.
Urt. vom 15.7.1964,	C-6/64,	„Costa/E.N.E.L.", ECLI:EU:C:1964:66.
Urt. vom 12.2.1974,	C-152/73,	„Sotgiu/Deutsche Bundespost", ECLI:EU:C:1974:13.
Urt. vom 20.2.1979,	C-120/78,	„Rewe/Bundesmonopolverwaltung für Branntwein", ECLI:EU:C:1979:42.
Urt. vom 28.1.1986,	C-270/83,	„Kommission/Frankreich", ECLI:EU:C:1986:37.
Urt. vom 8.5.1990,	C-175/88,	„Biehl/Administration des contributions", ECLI:EU:C:1990:186.
Urt. vom 4.10.1991,	C-246/89,	„Kommission/Vereinigtes Königreich", ECLI:EU:C:1991:375.
Urt. vom 28.1.1992,	C-204/90,	„Bachmann/Belgischer Staat", ECLI:EU:C:1992:35.
Urt. vom 31.3.1993,	C-19/92,	„Kraus/Land Baden-Württemberg", ECLI:EU:C:1993:125.
Urt. vom 14.7.1994,	C-379/92,	„Peralta", ECLI:EU:C:1994:296.
Urt. vom 14.2.1995,	C-279/93,	„Finanzamt Köln-Altstadt/Schumacker", ECLI:EU:C:1995:31.
Urt. vom 11.8.1995,	C-80/94,	„Wielockx/Inspecteur der directe belastingen", ECLI:EU:C:1995:271.
Urt. vom 26.10.1995,	C-151/94,	„Kommission/Luxemburg", ECLI:EU:C:1995:357.
Urt. vom 30.11.1995,	C-55/94,	„Gebhard/Consiglio dell'Ordine degli Avvocati e Procuratori di Milano", ECLI:EU:C:1995:411.
Urt. vom 14.12.1995,	C-163/94	„Sanz de Lera u.a.", ECLI:EU:C:1995:451.

Urt. vom 15.5.1997,	C-250/95,	„Futura Participations und Singer/Administration des contributions", ECLI:EU:C:1997:239.
Urt. vom 16.7.1998,	C-264/96,	„Imperial Chemical Industries/Colmer", ECLI:EU:C:1998:370.
Urt. vom 29.4.1999,	C-311/97,	„Royal Bank of Scotland", ECLI:EU:C:1999:216.
Urt. vom 8.7.1999,	C-254/97,	„Baxter u.a.", ECLI:EU:C:1999:368.
Urt. vom 14.9.1999,	C-391/97,	„Gschwind", ECLI:EU:C:1999:409.
Urt. vom 21.9.1999,	C-307/97,	„Saint-Gobain ZN", ECLI:EU:C:1999:438.
Urt. vom 28.10.1999,	C-55/98,	„Vestergaard", ECLI:EU:C:1999:533.
Urt. vom 13.4.2000,	C-251/98,	„Baars", ECLI:EU:C:2000:205.
Urt. vom 13.4.2000,	C-420/98,	„W.N.", ECLI:EU:C:2000:209.
Urt. vom 6.6.2000,	C-35/98,	„Verkooijen", ECLI:EU:C:2000:294.
Urt. vom 21.11.2002,	C-436/00,	„X und Y", ECLI:EU:C:2002:704.
Urt. vom 12.12.2002,	C-324/00,	„Lankhorst-Hohorst", ECLI:EU:C:2002:749.
Urt. vom 30.9.2003,	C-167/01,	„Inspire Art", ECLI:EU:C:2003:512.
Urt. vom 11.12.2003,	C-215/01,	„Schnitzer", ECLI:EU:C:2003:662.
Urt. vom 11.3.2004,	C-9/02,	„de Lasteyrie du Saillant", ECLI:EU:C:2004:138.
Urt. vom 15.7.2004,	C-315/02,	„Lenz", ECLI:EU:C:2004:446.
Urt. vom 7.9.2004,	C-319/02,	„Manninen", ECLI:EU:C:2004:484.
Urt. vom 13.12.2005,	C-446/03,	„Marks & Spencer", ECLI:EU:C:2005:763.
Urt. vom 26.1.2006,	C-514/03,	„Kommission/Spanien", ECLI:EU:C:2006:63.

Urt. vom 23.2.2006,	C-471/04,	„Keller Holding", ECLI:EU:C:2006:143.
Urt. vom 12.9.2006,	C-196/04,	„Cadbury Schweppes und Cadbury Schweppes Overseas", ECLI:EU:C:2006:544.
Urt. vom 3.10.2006,	C-452/04,	„Fidium Finanz", ECLI:EU:C:2006:631.
Urt. vom 12.12.2006,	C-374/04,	„Test Claimants in Class IV of the ACT Group Litigation", ECLI:EU:C:2006:773.
Urt. vom 30.1.2007,	C-150/04,	„Kommission/Dänemark", ECLI:EU:C:2007:69.
Urt. vom 6.3.2007,	C-292/04,	„Meilicke u.a.", ECLI:EU:C:2007:132.
Urt. vom 13.3.2007,	C-524/04,	„Test Claimants in the Thin Cap Group Litigation", ECLI:EU:C:2007:161.
Urt. vom 24.5.2007,	C-157/05,	„Holböck", ECLI:EU:C:2007:297.
Urt. vom 18.7.2007,	C-231/05,	„Oy AA", ECLI:EU:C:2007:439.
Urt. vom 11.10.2007,	C-451/05,	„ELISA", ECLI:EU:C:2007:594.
Urt. vom 23.10.2007,	C-112/05,	„Kommission/Deutschland", ECLI:EU:C:2007:623.
Urt. vom 25.10.2007,	C-464/05,	„Geurts und Vogten", ECLI:EU:C:2007:631.
Urt. vom 8.11.2007,	C-379/05,	„Amurta", ECLI:EU:C:2007:655.
Urt. vom 6.12.2007,	C-298/05,	„Columbus Container Services", ECLI:EU:C:2007:754.
Urt. vom 18.12.2007,	C-101/05,	„A", ECLI:EU:C:2007:804.
Urt. vom 15.5.2008,	C-414/06,	„Lidl Belgium", ECLI:EU:C:2008:278.
Urt. vom 27.11.2008,	C-418/07,	„Papillon", ECLI:EU:C:2008:659.
Urt. vom 26.3.2009,	C-326/07,	„Kommission/Italien", ECLI:EU:C:2009:193.
Urt. vom 17.9.2009,	C-182/08,	„Glaxo Wellcome", ECLI:EU:C:2009:559.

Urt. vom 19.11.2009,	C-540/07,	„Kommission/Italien", ECLI:EU:C:2009:717.
Urt. vom 21.1.2010,	C-311/08,	„SGI", ECLI:EU:C:2010:26.
Urt. vom 25.2.2010,	C-337/08,	„X Holding", ECLI:EU:C:2010:89.
Urt. vom 28.10.2010,	C-72/09,	„Etablissements Rimbaud", ECLI:EU:C:2010:645.
Urt. vom 10.2.2011,	C-436/08,	„Haribo Lakritzen Hans Riegel", ECLI:EU:C:2011:61.
Urt. vom 5.5.2011,	C-384/09,	„Prunus und Polonium", ECLI:EU:C:2011:276.
Urt. vom 30.6.2011,	C-262/09,	„Meilicke u.a.", ECLI:EU:C:2011:438.
Urt. vom 15.9.2011,	C-310/09,	„Accor", ECLI:EU:C:2011:581.
Urt. vom 20.10.2011,	C-284/09,	„Kommission/Deutschland", ECLI:EU:C:2011:670.
Urt. vom 29.11.2011,	C-371/10,	„National Grid Indus", ECLI:EU:C:2011:785.
Urt. vom 10.5.2012,	C-338/11,	„Santander Asset Management SGIIC", ECLI:EU:C:2012:286.
Urt. vom 5.7.2012,	C-318/10,	„SIAT", ECLI:EU:C:2012:415.
Urt. vom 19.7.2012,	C-31/11,	„Scheunemann", ECLI:EU:C:2012:481.
Urt. vom 19.7.2012,	C-48/11,	„A" ECLI:EU:C:2012:485.
Urt. vom 6.9.2012,	C-18/11,	„Philips Electronics UK", ECLI:EU:C:2012:532.
Urt. vom 25.10.2012,	C-387/11,	„Kommission/Belgien", ECLI:EU:C:2012:670.
Urt. vom 13.11.2012,	C-35/11,	„Test Claimants in the FII Group Litigation", ECLI:EU:C:2012:707.
Urt. vom 3.10.2013,	C-282/12,	„Itelcar", ECLI:EU:C:2013:629.
Urt. vom 7.11.2013,	C-322/11,	„K", ECLI:EU:C:2013:716.
Urt. vom 13.3.2014,	C-375/12,	„Bouanich", ECLI:EU:C:2014:138.

Urt. vom 10.4.2014,	C-190/12,	„Emerging Markets Series of DFA Investment Trust Company“, ECLI:EU:C:2014:249.
Urt. vom 11.9.2014,	C-47/12,	„Kronos International“, ECLI:EU:C:2014:2200.
Urt. vom 9.10.2014,	C-326/12,	„van Caster“, ECLI:EU:C:2014:2269.
Urt. vom 10.6.2015,	C-686/13,	„X“, ECLI:EU:C:2015:375.
Urt. vom 24.11.2016,	C-464/14,	„SECIL“, ECLI:EU:C:2016:896.
Urt. vom 7.9.2017,	C-6/16,	„Eqiom und Enka“, ECLI:EU:C:2017:641.
Urt. vom 20.12.2017,	C-504/16,	„Deister Holding“, ECLI:EU:C:2017:1009.
Urt. vom 31.5.2018,	C-382/16,	„Hornbach-Baumarkt“, ECLI:EU:C:2018:366.
Beschl. vom 14.6.2018,	C-440/17,	„GS“, ECLI:EU:C:2018:437.
Urt. vom 20.9.2018,	C-685/16,	„EV“, ECLI:EU:C:2018:743.
Urt. vom 22.11.2018,	C-679/17,	„Huijbrechts“, ECLI:EU:C:2018:940.
Urt. vom 4.12.2018,	C-378/17,	„Minister for Justice and Equality und Commissioner of the Garda Siochana“ ECLI:EU:C:2018:979.
Urt. vom 26.2.2019,	C-115/16	„N Luxembourg 1“, ECLI:EU:C:2019:134.
Urt. vom 26.2.2019,	C-116/16,	„T Danmark“, ECLI:EU:C:2019:135.
Urt. vom 26.2.2019,	C-135/17,	„X“, ECLI:EU:C:2019:136.
Urt. vom 21.12.2021,	C-357/19,	„Euro Box Promotion u.a.“, ECLI:EU:C:2021:1034.

Schlussanträge der Generalanwälte beim Europäischen Gerichtshof

GA Darmon	SchlA vom 7.6.1988	C-81/87	„The Queen/Treasury and Commissioners of Inland Revenue, ex parte Daily Mail and General Trust PLC", ECLI:EU:C:1988:286.
GA Stix-Hackl	SchlA vom 15.12.2005	C-386/04	„Centro di Musicologia Walter Stauffer", ECLI:EU:C:2005:785.
GA Léger	SchlA vom 2.5.2006	C-196/04	„Cadbury Scheweppes und Cadbury Schweppes Overseas", ECLI:EU:C:2006:278.
GA Mengozzi	SchlA. vom 5.6.2018	C-135/17	„X", ECLI:EU:C:2018:389.

Entscheidungen des Bundesverfassungsgerichts

Beschl. vom 29.5.1974,	2 BvL 52/71,	BVerfGE 37, 271.
Beschl. vom 22.10.1986,	2 BvR 197/83,	BVerfGE 73, 339.

Entscheidungen des Bundesfinanzhofs

Urt. vom 21.5.1971,	III R 125-127/70,	BStBl. II. 1971, 721.
Urt. vom 29.1.1975,	I R 135/70,	BStBl. II 1975, 553.
Urt. vom 24.6.1976,	IV R 101/75,	BStBl. II 1976, 562.
Urt. vom 29.7.1976,	VIII R 41/74,	BStBl. II 1977, 261.
Urt. vom 29.7.1976,	VIII R 142/73,	BStBl. II 1977, 263.
Urt. vom 5.3.1986,	I R 201/82,	BStBl. II 1986, 496.
Urt. vom 20.4.1988,	I R 41/82,	BStBl. II 1988, 868.
Urt. vom 20.4.1988,	I R 197/84,	BStBl. II 1988, 983.
Urt. vom 16.5.1990,	I R 16/88,	BStBl. II 1990, 1049.
Urt. vom 23.6.1992,	IX R 182/87,	BStBl. II 1992, 972.
Urt. vom 23.10.1996,	I R 55/95,	BStBl. II 1998, 90.
Urt. vom 2.7.1997,	I R 32/95,	BStBl. II 1998, 176.
Urt. vom 15.10.1998,	III R 75/97,	BStBl. II 1999, 119.
Urt. vom 19.1.2000,	I R 94/97,	BStBl. II 2001, 222.
Urt. vom 19.1.2000,	I R 117/97,	BFH/NV 2000, 824.
Urt. vom 29.11.2000,	I R 85/99,	BStBl. II 2002, 720.
Urt. vom 19.3.2002,	I R 4/01,	BStBl. II 2002, 644.

Urt. vom 20.3.2002,	I R 63/99,	BStBl. II 2003, 50.
Urt. vom 25.2.2004,	I R 42/02,	BStBl. II 2005, 14.
Urt. vom 29.1.2008,	I R 26/06,	BStBl. II 2008, 978.
Urt. vom 20.8.2008,	I R 34/08,	BStBl. II 2009, 263.
Urt. vom 21.10.2009,	I R 114/08,	BStBl. II 2010, 774.
Urt. vom 13.10.2010,	I R 61/09,	BStBl. II 2011, 249.
Urt. vom 2.3.2016,	I R 73/14,	BStBl. II 2016, 887.
Urt. vom 12.10.2016,	I R 80/14,	BStBl. II 2017, 615.
Urt. vom 26.4.2017,	I R 84/15,	BStBl. II 2018, 492.
Urt. vom 13.6.2018,	I R 94/15,	BStBl. II 2020, 755.
Urt. vom 22.5.2019,	I R 11/19, (vormals I R 80/14)	BStBl. II 2021, 265.
Urt. vom 18.12.2019,	I R 59/17	BStBl. II 2021, 270.
Beschl. vom 18.5.2021,	I B 75/20 (AdV)	BFH/NV 2021, 1489.

Enscheidungen der Finanzgerichte

Münster	Urt. vom 26.10.2000	15 K 5406/98 F	EFG 2001, 62.
Berlin-Brandenburg	Urt. vom 14.10.2008	6 K 3331/03 B	EFG 2009, 201.
Münster	Urt. vom 11.11.2008,	15 K 1114/99 F, EW	EFG 2009, 309.
Münster	Urt. vom 17.8.2009	8 K 4552/04 F	EFG 2009, 1951.
Hamburg	Vorlagebeschluss vom 4.4.2011	2 K 33/10	EFG 2011, 1460.
München	Beschl. vom 5.10.2011	3 V 2094/11	EFG 2012, 723.
Münster	Urt. vom 20.11.2015	10 K 1410/12 F	EFG 2016, 453.
Köln	Urt. vom 27.5.2018	10 K 2695/15	EFG 2020, 732.

Entscheidungen sonstiger Gerichte

EFTA-Gerichtshof	Urt. vom 9.7.2014	E-3/13 und 20/13,	„Fred. Olsen u.a. und Petter Olsen u.a.", [2014] EFTA Ct. Rep. 400.
RFH	Urt. vom 12.2.1930	VI A 899/27	RFHE 27, 73.

FSC
www.fsc.org
MIX
Papier | Fördert gute Waldnutzung
FSC® C083411

Kolibri 360 GmbH
Ferdinand-Jühlke-Straße 7
99095 Erfurt, Deutschland
produktsicherheit@kolibri360.de